アーレントと二〇世紀の経験

川崎　修＋萩原能久＋出岡直也　編著

慶應義塾大学出版会

序にかえて

川崎　修

本書は、二〇一五年三月八日に、慶應義塾大学で開催された公開シンポジウム「実証的研究の文脈におけるハンナ・アーレント（Hannah Arendt）」をベースに執筆・編纂されている。本書を構成する各章は、第五章と第一〇章以外は、基本的には、各章執筆者による当日の報告をもとに、それぞれさらなる推敲や変更を加えたものである（ただし、章によっては、シンポジウム当日の報告とは大きく変更されたものもある）。今回の書籍化にあたって、新たに第五章と第一〇章を追加した。

このシンポジウムは、本書の編者の一人であり、第五章の執筆者でもある出岡直也氏を中心に、慶應義塾大学の萩原能久氏（編者・第三章執筆者）と山本信人氏（第八章執筆者）らの協力と慶應義塾大学の学事振興資金による助成のもとに開催された。筆者も、当日、総括的コメントを担当した関係で、本書の編者の一角に加えさせていただいた次第である。なお、書籍化にあたっては、もとのシンポジウムのタイトルである「実証的研究の文脈におけるハンナ・アーレント」を『アーレントと二〇世紀の経験』と改めた。

本書の最大の意義は、何よりも、アーレント研究者だけでなく、アーレント研究を専門としない第一線の研究者も多数参加したアーレント論集だということである。このことは、今日の日本のアーレント研究の状況においては画期的とも言えると自負している。もちろん、筆者もかつて論じたように、アーレント研究なるものがひとつの専門的な「研究分野」として認知されるようになる以前には、日本においても、アーレントへの関心は「アーレント研究者」の専有物ではなかった。(1) さらに、アーレントの思想自体が、社会科学の様々な分野に影響を与え、海外はもとより日本でも興味深い研究を生みだしている。しかし、他方で、今日では、アーレント研究の進展とそれにともなう専門化、そして同じく政治学諸分野の進展と専門化によって、アーレント研究を専門としない諸分野の第一線の研究者が、その立場から改めてアーレントを論じるということこのような論集を企画すること自体、困難になってきている。

アーレントをめぐるこのような両義的な状況、これはなにも日本だけでもなさそうである。社会科学のみならず文化や思想にも深く通じたヨーロッパ現代史家であるトニー・ジャット（Tony Judt）は、一九九五年に書かれたエッセイ(2)の冒頭でこう述べている。

ハンナ・アーレントは一九七五年に死去した際に、奇妙で分裂した遺産を残した。ある人たちにとって彼女は、「大陸」哲学を実践することの最悪の部分を代表していた。すなわち、いかなる制度的もしくは知的規律によっても拘束されず、しばしば傲慢に、経験的な裏づけを考慮せずになされる、近代とその病理についての形而上学的思弁を代表していたのである。彼女をこのようにとらえる人々は、しばしば正確さを犠牲にした言い回しや洞察への彼女の偏愛を指摘している。こうした批判者たちにとって、二〇世紀の災いに関する彼女の洞察は、せいぜい模倣的なもので、悪く言えば明らかな間違いである。他方で、アーレントの作品を研究し議論しつづけている多くの若いアメリカの学者たちも含めて、彼女のことを刺激的な知的存在であると考えている人たちもいる。アカデミックな規範や説明のための慣習的なカテゴリーを受けいれることを拒むアーレントの姿勢は、彼女の批判者たちに非常に不満を与え、苛立たせるのであるが、それこそまさに彼女の賞賛者たちを最も惹きつけるものなのだ。アーレントの死から二〇年後に賞賛者たちが見たのは、集合的な公共的活動の「新しい政治」への彼女の欲望が、一九八九年の諸革命によって立証され、一般的には近代社会、個別的には全体主義についての彼女の説明の正しさが、現代史の辿った道筋によって証明されるさまであった。彼女の批判者、賞賛者のどちらにも一理ある。もっとも、彼らが同一人物について語っていることをときどき忘れてしまいそうになるのだが。(3)

ジャット自身のアーレントへの評価もまた、ある意味で分裂している。一方で、個々の著作や論点に対するジャットの評価は手厳しい。「確かに、『全体主義の起原』は完璧な本ではない。また、際立って独創的な本でもない。帝国主義をめぐるいくつかの節は、一九〇五年に出版されたJ・A・ホブスン（John A. Hobson）の古典的著作『帝国主義論』やローザ・ルクセンブルク（Rosa Luxemburg）の『資本蓄積論』（一九一三年）におけるマルクス主義的説明に多く依拠している。(4)」また、「アーレントは、彼女とおなじように亡命者であり、ナチやソヴィエトの国家に関する彼女の論述を大幅に先どりしていた、フランツ・ノイマン（Franz Neumann）やフランツ・ボルケナウ（Franz Borkenau）の著作から幅広く、あまり断りなしに、借用をおこなっていた。(5)」さらに、「アーレントの厳密な意味で哲学的および理論的な遺産は確かに軽い。(6)」「アーレントの理論への試みの多くが与える支配的な印象は、混乱しているというものである。(7)」

しかし、このエッセイ全体を通して見るならば、ジャットがアーレントの業績の重要性を高く評価していることは疑いない。そのことは、個々の論点に対して彼自身が行った批判の後には、決まって、アーレントの議論の重要性を擁護する別の観点が提示されていることからも明らかである。そして、実際、彼は次のような言葉でこのエッセイを締めくくっている。

アーレントはかなり多くの小さな間違いをおかし、彼女の多くの批判者たちはそれを決して許すことはないだろう。しかし、アーレントは数々の大きな問題を正しくとらえていたのであり、それゆえに、彼女は思い出されるに値するのである。(8)

このいささか控えめな賛辞は、この著者の日頃の辛辣さを考えれば、破格の高評価とも言えそうである。では、ジャットはアーレントの思想の本質をどう考えて、このような評価をしているのだろうか。彼によれば、アーレントの最も主要な関心の中心は「二〇世紀における政治的悪の問題」と「現代世界におけるユダヤ人のジレンマ」であったという。(9) そして『全体主義の起原』や『イェルサレムのアイヒマン』などの著作は、このような観点から評価されている。「悪」の問題に真正面から対峙したこと、ジャットがアーレントの中で最も評価するのはこの点である。そして、こうした関心事の背景にあり、絶えずそこへと彼女を呼び戻したものこそ、全体主義の経験なのである。

全体主義の経験が、『人間の条件』なども含めて、アーレントの思想を貫いているというのは、特段目新しい解釈ではない。(10) しかし、ジャットはもうひとつ、アーレントに関する興味深い叙述を行っている。すなわち、彼女は、地理的には文化の周縁にありながら、同時にその文化の中心でもある都市、ケーニヒスベルクで生まれた。このことゆえに彼女は、彼女が認識していたかもしれない以上に、中心的であると同時に周縁的でもある、ほかの脆くも崩れやすい諸都市に生まれた、同時代の著作家たちとより多くを共有していた。……そしてそれゆえに、アーレントは非常に特別なつかの間の共同体、つまり二〇世紀の激動の生存者たちがその意思に反して形成した、二〇世紀の文芸の共和国の一員であったと言えるのだ。(11)

このコスモポリタンな「二〇世紀版『文芸の共和国』」の一員であること、ジャットによればそれこそが二〇世紀の知識人のひとつの典型的な姿であり、アーレントは紛れもなくその代表の一人であったというわけである。(12)

以上、いささか長くジャットの議論を紹介してきたが、ジャットの言うところのコスモポリタンな「知識人」としての性格、これこそが、彼女を政治学の学説史的に位置づけたり、教科書的に説明したりしようとするときに感じる、据わりの悪さの一因であるようにも思われる。彼女は、ドイツの思想家なのか、アメリカの思想家なのか。どちらでもあるが、どちらにも回収しきれないものが残る。彼女は哲学者なのか政治学者なのか。彼女の学問的出自は哲学であり、哲学的な議論も多いが、本人は自分を哲学者だとは思っていなかった。(13)彼女の学問的名声を確立した『全体主義の起原』は政治学の書物と言えるだろうが、それは、今日、政治学と呼ばれているものの中心からは大きく離れている。しからば、政治哲学者か。これも彼女がそう自称することを避けていた言葉だ。(14)それに、政治哲学ということで、ロールズのような意味での規範理論的なものを想定するならば、そこからは彼女の著作はけっして近いところにあるとは言えない。それならば思想史や歴史なのか。たしかにそれにかかわる著作や叙述は多いが、それも今日の思想史学や歴史学の立場から見れば、その学問的規範に十分従っているかは疑わしい。

これらの事情は、アーレントの諸著作は、確立した様々な専門分野における学術研究という文脈、いわば、学者の業績が生まれ評価される文脈で現れたわけではないということと関係していると言えよう。それは、まさに、全体主義に象徴される二〇世紀の経験の文脈から現れた、そのような知的営みであった。しかし同時に、彼女が残したテクストが読まれる文脈は、必ずしも思想の生成の文脈と同じではない。本書のいくつかの章でこれから論じられるように、彼女のテクストは多くの学術分野で読まれ、影響を与えたり批判されたりしてきた。そして、本書は、一言で言うならば、アーレントの思想を、生成と受容の多様な文脈に改めて位置づける試みである。

以下では各章の構成を簡単に紹介しておきたい。第一章では、アーレントの「評議会」論についての詳しい検討を通じて、彼女の「活動」の概念の意義について立ち入った考察が加えられている。第二章では、アーレントにおける「〈活動《アクション》〉としての政治」と「製作《メイキング》・工作《ファブリケイション》としての「政治」」の対比を検討し、むしろ後者に、政治の現実の「冷徹な認識」を見出している。第三章ではアーレントの全体主義論における「根源悪」の議論と「忘却の穴」の議論に焦点を当てて論じるとともに、とりわけ前者とCrime against Humanity（第三章ではこれを「人類に対する罪」と訳している）との関係に注目している。

第四章と第五章は、今日の比較政治学の立場から、『全体主義の起原』を再読して、その特色、意義、限界を考察している。この二つの章はともにアーレントと社会科学の関係を真正面から考えるものであり、本書のもとになったシンポジウム「実証的研究の文脈におけるハンナ・アーレント」のもともとの問題関心の中心を占めるものであると言えよう。第六章もやはりアーレントと全体主義に関する社会科学との関係を論じている。その場合の社会科学は比較政治学でなく、ホルクハイマー（Max Horkheimer）を中心としたフランクフルト学派の権威主義研究である。

第七章と第八章ではアーレントとナショナリズム論の関係が論じられる。第七章では、アーレントのナショナリズム論を内在的に分析することを通じて、そこに（「社会科学的手法」と対置された）「現象学的手法」と呼びうる方法が用いられていることに注目している。第八章では、アーレントのナショナリズム論が、一九七〇年代にはじまるイギリスを中心としたナショナリズム研究には影響を与えなかったが、反対に一九九〇年代以降、ネーションの暴力性や難民問題に関心が集まる中で、再発見されたことを論じている。

第九章と第一〇章は、主に『革命について』を題材に、アーレントのアメリカ革命論とフランス革命論が論じられる。第九章では、歴史学におけるアメリカ革命史研究の動向とアーレントのアメリカ革命論との関係や相違を、デモクラシーや連邦憲法などについて分析している。第一〇章では、歴史学におけるフランス革命史研究に照らして、アーレントのフランス革命論を、「社会問題」の扱いやアーレントのルソー批判を中心に、批判的に検討を加えている。

本章の各章は、それぞれ独立した論文として書かれている。各章の内容は、大まかなテーマ以外は、その章の担当者に基本的に任されており、用語や形式的な事柄を除いては、全体の統一などは行っていない。したがって、読者各位には、本書をどの章から読んでいただいてもかまわない。そこから、読者各位が、改めて現代においてアーレントを読む意味を考えていただければ幸いである。

最後に、編者として、各章を執筆していただいた著者の皆様、シンポジウムを支援していただいた慶應義塾大学、そして本書の刊行にご尽力いただいた慶應義塾大学出版会の乗みどりさんに、心よりお礼を申し上げる次第である。

（1）川崎修「ハンナ・アレントと日本の政治学」（『ハンナ・アレントと現代思想　アレント論集Ⅱ』岩波書店、二〇一〇年、二二九―二六六頁）。

（2）Tony Judt, “At Home in This Century,” *The New York Review of Books*, April 6,1995, pp. 9–14. このエッセイはもともと、Hannah Arendt, edited by Jerome Kohn, *Essays in Understanding 1930–1954*, Harcourt Brace, 1994（アーレント（齋藤純一・山田正行・矢野久美子訳）『アーレント政治思想集成　1・2』みすず書房、二〇〇二年）と Edited and with an Introduction by Carol Brightman, *Between Friends: The Correspondence of Hannah Arendt and Mary McCarthy*, Harcourt Brace, 1995（キャロル・ブライトマン編（佐藤佐智子訳）『アーレント＝マッカーシー往復書簡』法政大学出版局、一九九九年）の書評として書かれた。のちに、Tony Judt, *Reappraisals: Reflections on the Forgotten Twentieth Century*, Penguin Books, 2008（トニー・ジャット（河野真太郎・生駒久美・伊澤高志・近藤康裕・高橋愛訳）『失われた二〇世紀（上）（下）』ＮＴＴ出版、二〇一一年）の第四章として‘Hannah Arendt and Evil’（「ハンナ・アーレントと悪」、邦訳（上）一〇三―一三〇頁）というタイトルで収録されている。なお、以下でジャットの文章からの引用にはこの邦訳を使用させていただいたが、一部、訳文を変更している。

（3）Judt, *Reappraisals*, p. 73（邦訳（上）一〇三―一〇四頁）.

（4）*Ibid*., pp. 74–75.（邦訳（上）一〇五頁）。なお『帝国主義論』の原書 *Imperialism, a Study* の初版の刊行は一九〇二年であるが、ジャットは第二版の刊年である一九〇五年を示しているのでそれに従う。また、ジャットはホブスンの名前を、（*The New York Review of Books* でも *Reappraisals* でも）J. L. Hobson と書いているが、これは J. A. Hobson の誤りだと思われる。なお、アーレントとホブスンおよびローザ・ルクセンブルクとの関係については、かつて筆者自身も論じたことがある。川崎修「帝国主義と全体主義――ハンナ・アレント、ローザ・ルクセンブルク、ホブスン」（『ハンナ・アレントと現代思想　アレント論集Ⅱ』、岩波書店、二〇一〇年、一五四—一八七頁)。

(5) *Ibid.*, p. 75(邦訳(上)一〇六頁).

(6) *Ibid.*, p. 82(邦訳(上)一一八頁).

(7) *Ibid.*, p. 83(邦訳(上)一一八頁).

(8) *Ibid.*, p. 90(邦訳(上)一三〇頁).

(9) *Ibid.*, p. 74(邦訳(上)一〇四頁).

(10) ジャットは「アーレントの思考の全てにおいて、全体主義の問題が中心にあることは、明白なように思える」と述べたうえで(*ibid.*, p. 74(邦訳(上)一〇四頁))、その箇所に対する註において、Margaret Canovan, *Hannah Arendt: A Reinterpretation of Her Political Thought*, Cambridge University Press, 1992; 1994(マーガレット・カノヴァン(寺島俊穂・伊藤洋典訳)『アレント政治思想の再解釈』未來社、二〇〇四年)を「この点を強調する」ものとして高く評価している(*ibid.*, p. 90(n.1)(邦訳(上)二五〇—二五一頁(第4章註01))。さらに、ジャットは、このエッセイの中で『人間の条件』を論じた箇所においても、その主題が全体主義の問題への応答としての性格をもつことを強調している(*ibid.*, pp. 83–84(邦訳(上)一二〇—一二一頁))。

(11) *Ibid.*, pp. 88–89(邦訳(上)一二八頁).

(12) *Ibid.*, p. 14(邦訳(上)二一—二三頁).

(13) Arendt, *Essays in Understanding 1930–1954*, pp. 1–2(『アーレント政治思想集成 1』二頁).

(14) *Ibid.*,(同右).

目次

第二部　全体主義と権威主義

第一部

活動・政治・悪

第一章　アーレントの「活動」論再考
――「評議会」論を手がかりに

森川輝一

はじめに

今日、アーレントの著作は広く読まれているが、あまり好ましいことではないと言うべきかもしれない。アーレントは総力戦（total war）と全体主義（totalitarianism）の時代を生き延び、全体主義の構造と来歴を解明する書によって政治理論家として認知され、それ以降の著作でも、全体主義を出現させた、もしくは、その出現を防ぐことができなかった近代世界の病理について、手厳しい批判を続けた人である。批判の切れ味は深く鋭く、新鮮な驚きに満ちているが、「解答よりも問題提起、挑発性において輝く人」と言われるように、建設的な解答を与えてくれるわけではない。[1] 少しあとの世代に属するロールズ（John Rawls）やハーバーマス（Jürgen Habermas）が、戦後世界における自由民主主義《リベラル・デモクラシー》の定着と発展という経験をベースに、正義や熟議といった規範的原理を提示して今日の政治理論の枠組みを作り上げたのに対して、アーレントの方は、全体主義の時代経験にこだわり（あるいはとらわれ）、現代がいかに「暗い時代」であるかを執拗に論じ続けた。そんな彼女の遺した著作が、今なお何らかの現実性《アクチュアリティ》・現代性をもつのだとすれば、私たちもまた、彼女が生きたのと同じ「暗い時代」を生きていることになるのではないか。

暗い話がしたいわけではない。アーレントにしても、暗い話ばかりしていたわけではなく、ときには明るい将来像を語ってもいた。一九七一年のインタヴューで、あなたは、主権国家や代議制はもう失効している、現代の政治はもうダメだ、という類いの話ばかりなさいますけど、代替案をおもちなんでしょうか、と問われたアーレントは、もちろんありますよ、それは「評議会制」です、と答えている。

評議会〔の人々〕は言うのです。私たちは参加したい、議論したい、公衆に自分たちの声を聞かせたい、そして私たちの国の針路を決定しうる可能性をもちたい、と。国は、私たち全員が集まって私たちの運命を決するには大きすぎるから、その中にいくつかの公的空間が必要なのだ。〔…中略…〕政党はまったく適さない。政党から見れば、私たちの大半は、有権者という操作の対象でしかない。しかし、たった一〇人でもテーブルの回りに腰掛けて、めいめい自分の意見を表明し、他人の意見を聞くならば、そうした意見の交換を通じて理性的な意見の形成がなされうる。またそこで、もう一つ上の評議会で私たちの見解を述べるのに誰が最もふさわしいかが明らかになるだろう。

評議会（council）とは、市民が直接参加して「理性的な意見の形成」を行う小さな公的領域であり、普通選挙に代わる「政治的エリート」の選抜制度でもあり、この評議会を下から上へとピラミッド状に積み上げることで、

「権力が垂直的にではなく、水平的に構成される」新たな「連邦制」が構成されるだろう。[2] アーレントはそう語るのであるが、一体彼女はどういうつもりなのか。

『全体主義の起原』では、こう述べていたではないか。「現代の政治」が直面しているのは、従来の政治においては決して問題になり得なかった「すべてか無かという問題」であり、そして、「すべてとは、無数に存在する人間の共生の様式であり、無とは、強制収容所システムの勝利がもたらすであろう人間存在の例外なき抹消、あるいは、水素爆弾の使用がもたらすであろう人類の滅亡である」、と。[3] 人間世界の根絶という地球大の危機を前に、とりあえず「たった一〇人でも」いいから、話し合いを始めましょう、とは、ずいぶん呑気で、哀しくなるほど滑稽な話ではないか。

しかし、アーレント自身は大真面目なのである。全体主義という「新しい統治形態」が出現した二〇世紀半ば以降、代議制と主権国家はすでに有効性を失い、人間世界の行く末は、評議会（制）という「もう一つの新しい統治形態」の可能性に賭けられている。言い換えると、①全体主義体制、②自由民主主義体制、③評議会制、という三つ巴の中で、①の再来を防ぎ、②の凋落を克服するのが、③の評議会制である、とアーレントは考えている。「たった一〇人」の評議会でどうしようというのか、と呆れてしまいたくなるところであるが、彼女に従うなら、評議会から始めないと駄目なのだ。「たった一〇人でも」よいから、そこから始めるしかないのだ。だから私たちも、途方に暮れながら、そこから考えるしかない。アーレントを読む、とはそういうことなのだ。

一　評議会をめぐって

思考は出来事の意味を問う過程であり、常に生ける人々の経験と結びついている。(4)評議会をめぐるアーレントの思考もまた例外ではなく、一九五六年のハンガリー革命という出来事を始まり《アルケー》としてもつ。当時ヨーロッパに滞在中だったアーレントは、ソ連による軍事介入が、同時期に発生したスエズ動乱（第二次中東戦争）と連鎖反応を起こして新たな世界大戦を誘発することを危惧しつつ、自由を求めて立ち上がったハンガリーの人々に喝采を送っている。彼女が見たのは、単なる反乱や蜂起ではなく、人々の自由な活動によって「評議会」という「新しい国家形態」が「自ずから spontan」出現する、という事態である。(5)

（一）評議会の経験――ハンガリー革命をめぐる省察

一九五八年二月公刊の論文「帝国主義的全体主義――ハンガリー革命をめぐる省察」を手がかりに、アーレントがハンガリー革命に何を見出したのかを確認しておこう。アーレントは何よりもまず、革命が「知識人と大学生、それも総じて若い世代」を担い手として始まり、「彼らの目指すところが、自らや同胞市民たちの物質的な窮乏ではなく、もっぱら自由と真実に存した」ことを強調してやまない。彼女の見るところ、イデオロギーの虚偽を排して「真実」を語りたいという衝動が、言論の自由の要求となって学生たちを街頭へ向かわせ、「数千の学生たちのデモンストレーション」は、瞬く間に「労働者」や「兵士」をも巻き込む「巨大な民衆運動」となり、多様な語り合いの空間、すなわち「評議会」の自発的な生成をもたらしたのである。(6)

同年公刊の『人間の条件』の用語で言い直せば、政治とは、私的な利益ではなく公的な関心（人々の間に－あるもの inter-est）にかかわる営みであり、公的領域における対等な市民の自由な語り合いを旨とする。公的領域では、多様な意見が現れ、競い合い、またそれをつうじて、意見の語り手各々が他者の前に自らのユニークな姿をさらすことになる。この意味で公的領域とは「現れの空間」であり、その原型は、オイコス（家政）と区別されたポリスにおいて「強制と暴力ではなく、言葉と説得によってすべてが決定されていた」、古代のアテナイ民主政に遡る。(7) しかしアーレントは、ポリス論では触れていない重要な政治的機能を、ハンガリー革命の「評議会」に見出している。それは、政治的代表（者）の選出という機能である。

アーレントによれば、西欧諸国の代議制は、真に民主的な代表選抜システムではない。諸政党は「党内官僚と指導者」の寡頭制的支配のもとで、特定の「階級的利益」あるいは「世界観」を代表しているにすぎず、自由な意見の表出と競合を抑圧しているからである。これに対して、ハンガリー革命時の評議会においては、代表の選出自体が自由な討論に委ねられていた。各評議会の代表は、イデオロギー的観点からでないことはむろん、経済的な利益代表という観点からでもなく、「もっぱら人間としての評価によって、つまり、その者が自分たちの代表となるために十分な人格的高潔さ、勇気、そして判断力を備えているかに従って」、言い換えれば、すぐれた「意見」を述べて人々を「説得する」という「政治的な能力」に即して選出された。この「評議会制」こそ、「政党制」にとって代わるべき「民主的な代表選出のための唯一のオルタナティヴ」なのだ、というのである。(8)

こうした評議会の代表選出機能を、アーレントは『革命について』の結び近くで、「政治的エリート」という言葉で語り直している。革命の過程で自発的に評議会という新たな政治体を組織した人々は、「人民から生まれた人民の唯一の政治的エリート」であり、彼らの中から「より上位の評議会におくる代表」が選出され、さらにその上位の評議会に……という代表選抜機能をもつ「この統治形態は、完全に発展させられたとすれば、ピラミッドのかたちをとったであろう」。ピラミッドの底辺にあたる「基本的な評議会」から、何度もエリートの選出を繰り返していけば、統治の任に当たる最上位の評議会には、「政治的に最良の人々」が選び出されることになる。[9]「評議会」はこのように、経済的領域から自立した「現れの空間」であるという古代のポリスの単なる再現にとどまらず、統治を担うべき政治的エリートの選抜機能をもつがゆえに、代議制に代わる新たな統治形態となる、とアーレントは考えるわけである。

（二）評議会の危うさ

アーレントの評議会論は、「〈利益〉とはことなって、〈活動〉は定義からして代表されえない」という洞察に基づき、「下からの自発的な合議体という形態をとって自然発生的に出現」する「評議会という自己統治組織の理念的本質」を、「簡潔かつ的確に表現」している。しかしながら、「これを行動綱領化するには内容があまりにも理想的というか観念的でありすぎ」るし、そもそもアーレントの評議会論には、「その実態についての当事者たちの具体的な証言やデータにもとづく記述はいっさい出てこない」。評議会なるものは、現実的な経験の裏付けを欠く、「『自由の空間』を希求してやまないアーレント自身のせつないばかりの思いが生みだした幻影であった」というほかないのではないか。[10]

美しい幻影であれば、有益ではないが、有害でもない。だが、街頭の民衆運動から真正なる政治体が自ずから生まれ出るという想定は、あまりにもナイーヴであり、危険ですらあるのではないか。ハンガリー革命論を読んだヤスパース（Karl Jaspers）は、アーレントに問いかけている。君の考察によれば、評議会は特定の統治者をもたず、人々の「意気盛んで有能な活動ぶり」を支えとするが、逆に言えば、「ひとたび政府（統治 die Regierung）

が成立するや、評議会の意味は失われてしまう」ことになる。「そうならないとしたら、つまり評議会を廃止し、悪平等的な大衆選挙によって政府をつくりだす、という道をとらないとしたら、その結果は〝協同体国家〟とならざるをえないのではないでしょうか？　あれほどムッソリーニがこの概念を濫用してとんでもないことをやったのに、この概念はふしぎな魔力をもっている」[11]。ヤスパースが、「ファシズム大評議会」を最高機関としたムッソリーニ体制を引き合いに出すのは、単なる名称の一致のためではないだろう。ファシズムやナチズムもまた、街頭での示威行動によって支持者を増やし、運動の活力を高め、普通選挙と複数政党制を否定する新たな国家体制の構築に向かったのである。アーレントの言う「評議会」もまた、その危険を免れないのではないか。

民主主義の現状に危機感を募らせていた点は、ヤスパースも同じである。しかし、だからといって、議会制そのものを否定してよいのか。「選挙という手続きをとり、諸集団を選び出して配置するという技法と順序のうちに、民主主義的な制度の核心がある」ことは揺るぎなく、「民主主義の道が自由に通じう
ることを信じ」て、議会制民主主義の改善を目指すべきではないのか[12]。普通選挙と複数政党制を否定して、革命の中から自生的に現れる「評議会」なるものに新たな統治形態の構成を託す、とは一体どういうことなのか。ヤスパースならずとも、そう呟きたくなるところである。アーレントは何を考えているのか。

二　政治的空間の構成について

視点を変えてみよう。「評議会」が何かはよくわからないが、「評議会」で（のみ）実現可能な何かが、アーレントの念頭にはあったはずだ。「評議会」なるもので、アーレントは一体どのような政治的課題を追求しようと

したのか。(13)

（一）　私的な自由と立憲政体

冒頭で引いたインタヴューでアーレントが強調するところでは、現代世界の喫緊の課題とは、「現代経済のきわめて非人間的な諸条件のもとでなお、各人にどれだけの所有権 property とどれだけの権利を認めることができるのか」、言い換えれば、「産業社会によって財産 property を奪われた大衆が、財産を回復することができるようにするには、事態をどのように調整すべきなのか」、である。そして、資本主義の「過程に内在する怪物的な潜勢力を統御し抑制できるのは、経済的な強制力とその自動作用から独立した、法的・政治的諸制度だけ」である、という（*COR*, pp. 212–214／二〇九頁以下）。膨張する資本主義システムによる「徴用」に抗して、個人の所有（権）を保障する法秩序を構築しなければならない。この課題は、『人間の条件』ですでに論じられていた。

財産とは本来、たとえば「自分の家をもつ」ことがそうであるように、各人に「世界の中に自分固有 proper の場所」を与える機能をもつ。すなわち財産を所有することは、公的領域とは区別された「私的領域」を確保し、個人が尊厳ある生を送るための不可欠の条件なのである（*HC*, sec. 8, p. 60f.／九〇頁以下）。しかし近代資本主義の勃興とともに、財産は互換可能な商品となり、社会的な「富 wealth」の蓄積過程へと徴用されていったのであり、その結果、人々は社会から隠れて生きるための私的領域を奪われ、剝き出しの労働力として「社会的なものの過程」にますます駆り立てられてゆくことを余儀なくされている。市場原理が財の適正な配分を実現して「個人の自由を守る」、などという「自由主義的経済学者」の「楽観主義」は、アーレントから見れば、何の根拠もない寝言にすぎない。今日個人の自由を脅かしているのは「国家ではなく社会であり」、個人の自由を保障するものは「国家」を措いてないのである（p. 67f. n. 72／一二九頁）。

個人の自由の制度的保障がアーレントにとっていかに重要であったかは、彼女の全体主義論に明らかである。全体主義の新しさは、公的領域および自由を破壊する点にあるのではなく（それは従来の暴政や専制も同じである）、その「テロルの箍《たが》」で「私的な生のための空間」をも根絶し、生が根ざすべき場所をすべて奪い去られて「孤絶 loneliness」に追いやられた人間たちの塊《マ》（大衆《ス》）を、イデオロギーが命ずる虚構の世界の実現へと不断に動員してゆく点にこそある（OT, p. 474／（三）三一八頁）。これに対置されるのは、個人の自由と権利を保障する「立憲政体」の構成である。「法律によって囲われている人々の間の空間こそ、自由の生きる空間」であり、「法の安定性は、あらゆる人間的な事柄の絶え間ない変動に、つまり、人間たちが生まれ、死んでゆくかぎり、けっして止むことのない運動に、対応している」のだから（p. 465f.／（三）三〇七頁）。

個人の自由と権利を保障する立憲政体を、全体主義運動はむろん、経済的自由主義という名を冠した資本主義の「怪物的な過程」からも独立したかたちで、政治的に構成しなければならない。換言すれば、私的な諸自由《リバティーズ》を守るためには、公的な自由《フリーダム》を実践する政治的市民が現れ、憲法秩序を支え保つ必要がある。このように理解すると、アーレントの主張はさほど奇特なものではなく、たとえば次のように言い直すことができるだろう――「非政治的な生活の自由（近代人の自由）を含む民主主義的な諸自由の安全は、立憲政体を維持するために必要な政治的な徳をもつ市民たちによる、能動的な参加を必要とする」のであり、「私たちが自由で平等な市民であり続けたいのであれば、私的生活への全般的退却は許されないのである」(14)。ロールズが『政治的自由主義』の中で、自らの立場を「古典的共和主義 classical republicanism」として論じたくだりである。通例水と油のように思われているロールズとアーレントであるが、自由主義的原理を政治的に実現しなければならないと考える点から見れば、両者の間に「重合的合意」を見出すことは十分に可能である。アーレントと同様、ロールズもまた、財産所有が私的な自由のみならず、公的な自由の実現にとっても不可欠であると考え、「財産私有型民主制」を説く。すなわち「富と資本の所有を分散させ、それによって、社会の小さな部分が経済を支配したり、また間接的に政治的生活までをも支配してしまうのを防止」し、「基本的諸自由に加えて政治的諸自由の公正な価値と機会の公正な平等をも保障する」政治体制であり、ロールズはこれを「資本主義に代わる選択肢」と位置づけている(15)。

とはいえ、二人の思想家の「重合的合意」を過度に強調するわけにはゆかない。立憲政体を支える市民の参加のチャンネルが、なぜ「評議会」でなければならないのか。ロールズから見れば、それは「政治的生活への広範かつ精力的な参加」を「特権的な善き生」と位置づける「公民的人文主義 civic humanism」であり、「ハンナ・アーレントによって、悲観的にではあるが、力強く描き出された類いの公民的人文主義」は、到底「理に適った」政治構想ではない(16)。ここで議論は振り出しに戻る。なぜ、アーレントは「評議会」に拘泥するのか。

(二)　市民社会の崩壊と「政治的なもの」の捉え直し

ロールズによれば、自由な立憲政体を支える重合的合意は、普通選挙による統治者の選抜、政党をはじめとする結社の活動、様々なメディアを介した世論の洗練、裁判官や学者といった各種専門家の営為など、多種多様な経路をたどって分厚く形成され、また、そうした無数の営みを通じて育まれる「市民社会の背景的文化 background culture of civil society」に根ざしている。ここから見ると、革命のさなかに現れる「評議会」なるものに、公的合意の形成はおろか、統治者の選抜まで委ねるというアーレントの構想は、まるで理に適っていない。しかし、アーレントの視座から見れば、ロールズの政治的自由主義は、リベラルな市民社会の実在に依拠することで、初めて成り立つ類いの議論でしかない。ロールズは、政治的自由主義を支える「二つの根本的な理念《アイディア》」として、「自由かつ平等な人格としての市民の理念と、正義の政治的構想によって実効的に規定された、よく秩序化された社会の理念」を挙げているが[17]、もし、それらが文字どおり単なる「観念《アイディア》」にすぎないとすれば、政治的自由主義はその足場を失うことになってしまう。そんな構想の一体どこが、政治的だというのか[18]。

アーレントから見ると、政治的自由主義の基礎を、非政治的な社会に、ましてや近代市民社会なるものに求めるなど、笑止である。けだし近代市民社会とは、経済的市民《ブルジョワジー》が利得を競い合う「欲望の体系」にすぎず、政治的秩序を構成するどころか解体する契機しかもたないからである。「欲望の体系」の際限なき膨張に歯止めをかけ、多様な社会的集団を政治的に統合し、市民の法的権利を保障するのは、公的な政治体である「国家」の役割でなければならない。ところが、『起原』第二部でアーレントが跡づけるように、フランス革命以降一般化した国民国家秩序は、十分にその政治的役割を果たすことができず、やがて「不断の経済成長を内的な法則とする資本主義」に従属して、勢力圏の膨張を目指す帝国主義運動の推進装置に変質してしまった（*OT*, p. 126／(二) 七頁)。一九世紀国民国家の政治的脆弱さに対するアーレントの批判は、その主要な政治制度である議会制と政党にも向けられる[19]。国家と社会を媒介する位置にあった政党は、実際には特定の社会集団や階級の利害を代表するにすぎず、「自らを全体のなかの単なる一部として看做す」のを常とし、「民主的な指導力」を発揮することはなかった。その典型が、「第一次大戦後に、一時は絶対的多数派に登りつめたにもかかわらず、その立場に見合った権力の行使を拒んだ、ドイツとオーストリアの社会民主党」にほかならない（p. 253／(二) 二一四頁)[20]。

経済的自由主義の専横を、その下僕に堕した議会制ともども批判し、政治的なものの回復を目指す。こうしたアーレントの主張は、シュミット（Carl Schmitt）の自由主義批判と共鳴するのではないか。「自由主義は、国家を根本的に否定したわけではないが、積極的な国家理論や独自の国家形態を見出すこともなく、ただ単に、国家を倫理的なものによって拘束し、経済的なものに従属させようと試みたに過ぎなかったのである」[21]。討論で利害の対立を克服する、という議会制を支える観念は、「私的諸個人の自由な経済的競争」から「諸利害の社会的調和と最大可能な富とがおのずから生ずる」という「形而上学的」想定の副産物にすぎない[22]。『起原』の脚注でアーレントが言うところでは、「民主主義と立憲的統治の終焉にかんするシュミットの極めて独創的な理論は、今もなお読者を引き寄せる力をもっている」(*OT*, p. 339, n. 65／(三) 六一頁)。

とはいえ、一九三三年以降、ナチスの桂冠法学者と亡命ユダヤ人という正反対の道を歩んだ二人の間では、「政治的なもの」の理解そのものが決定的に異なる。シュミットによれば、「民主主義が不可避的に必要とするのは、第一に同質性であり、第二に——その必要があれば——異質なものの排除あるいは殲滅であ」り、「ルソーの仕方で構成される一般意志とは、本当のところ、同質性なのである」[23]。こうしたシュミット的な政治観を、アーレントは『革命について』のフランス革命論で、シュミットの名を挙げずにではあるが、徹底的に批判する[24]。人民を一者に結合して「敵」に対するテロルを正当化し、主権者たる人民の意志に絶対的な法創造の権能を与える論理がもたらしたのは、テロルの嵐と、共和政体の崩壊でしかない。『人間の条件』の行為の三類型に照らすと、シュミットの法理論は「制作」の様式で考えられており、法を創造する主権者は、制作物を自由に造り出す「制作スル人 *homo faber*」に相当する(*HC*, sec. 19, p. 143f.／二二三頁)。しかしながら、法とは人々の間に存在するものであり、法の構成は、一人の職人が行うテーブルの制作の流儀ではなく、複数の人々がテーブルを囲んで自由に語り合う行為、すなわち「活動」の様式で行われるのでなければならない。

「欲望の体系」の暴走を食い止め、各人の自由と諸権利を保障する立憲政体の構成は、すでに限界を露わにした代議制に依拠することなく、また一者による決断という隘路に陥ることなく、複数の人々の自発的な活動の過程に委ねられねばならない。ハンガリー革命の人々が、自由な語り合いの実践をつうじて、「評議会」という「現れの空間」を出現させたように。

三　「活動」の可能性と危うさ――『人間の条件』第五章を読む

一九五八年に『起原』第二版を公刊するさい、アーレントは初版のエピローグを削除して五三年の「イデオロギーとテロル」に差し替え、さらに「ハンガリー革命をめぐる省察」を加えて終章としている。「イデオロギーとテロル」は、「労働 labor」「制作（仕事）work」「活動 action」の三類型が最初に提示された論文であり、イデオロギーという「運動の法則」に駆り立てられる全体主義体制下の大衆が、他者との関係を失って生産過程に従う「労働スル動物」に重ね合わされるとともに、個々人の新たな誕生に淵源する「活動」の自由が新たな政治の始まりとなる、と結ばれている（*OT*, p. 475–479／(三)三一九–三二四頁）。[25] そしてアーレントは、やはり五八年公刊の『人間の条件』第五章「活動」の中で、全体主義とは対極に位置する「もう一つの新しい統治形態」として、「評議会」に論及する。ここに、全体主義の暴虐と近代労働社会の隘路――「私たちの最も新しい経験と最も現代的な不安」（*HC*, p. 5／一六頁）――に対して、自由な活動による公的領域の構成をもって応答しようとする、アーレントの一貫した理路を見出すことができる。その理路に従って『条件』の「活動」章を読み解くことで、立憲政体をつくるという課題をアーレントが「制作」ではなく「活動」で追求する理由を明らかにし、活動の過程から自ずと統治形態が生まれるとはいかなる事態かというヤスパースの疑念に対して、アーレントがどう応答するのかを理解することができるだろう。これが本節の課題であるが、あらかじめ言っておけば、焦点となるのは、活動の「脆さ」（二六節）と「過程的性格」（三二節）がもたらす、活動による政治の危うさである。

（一）活動の脆さ、活動の政治の困難――『人間の条件』二四～三二節

「活動」章は全部で一一の節から成るが、アーレントの狙いを浮き彫りにすべく、三つの部分に分けて考察することにしたい。三つの部分とは、（1）活動という行為の基本的性格の解明と、活動の偶然性にまつわる難問の提示（二四～二六節）、（2）活動の政治の困難と、「制作」による克服の試みの検討（二七～三一節）、（3）活動の過程的性格と、活動によるその克服（三二～三四節）、である。(26)

（1）人間は「始まり《イニティウム》」であるというアウグスティヌスの言葉とともに、「出生」が活動の原理（始まり *archē*）であること（*HC*, sec. 24, p. 176f.／二八八頁）、そして「第二の誕生」たる活動においては、人々が「言葉の話し手」であることから、言葉による自己の開示が生じることが示される（p. 179／二九一頁）。自己開示とは、自らの演技の評価を観客に委ねる役者《アクター》のように、活動する者《アクター》の行為や言葉が、他の人々に判断されてしまう事態を指す。活動者は、自らの活動が生み出す物語の主体ではあっても作者ではあり得ず、そもそも活動は所与の「人間関係の網の目《ウェブ》」の中で始まり、そこへと「落とし込まれる《フォール・イントゥー》」のであるから、個々の活動者の「目的が達成されることはほとんどない」と言わねばならない（sec. 25, p. 183f.／二九八頁）。このように、偶然性と予測不可能性を不可避的に伴う活動の基本的構造を、アーレントは二六節「人間的な事柄のもろさ」において、「アルケイン *archein*」と「プラッテイン *prattein*」というギリシア語の動詞を使って提示する。すなわち、誰かが何かを始め《アルケイン》、別の誰かがその成就に加わる《プラッティン》とき、ひとつの活動の過程が始まるのであり、「始めて導く者は助けを求めて他者

に依存し、その者に続く者たち followers は自分たちが活動する機会を求めて、始めて導く者に依存する」わけであるが、後から続く者たちの実践《プラクシス》もそれぞれひとつの始まり《アルケー》であり、既存の出来事の進行に絶えず新たな要素をもちこむことになる。すなわち、活動は常に先行する活動への「反応 reaction」であり、数多の活動の連なりは「連鎖反応 chain reaction」を引き起こし、誰もがその過程で思いもよらない出来事の帰結を「被る suffer」ことを免れない。ゆえに「活動する者」は、常に「受難する者 sufferer」となる（sec. 26, p. 189f.／三〇六頁以下）。

活動の連鎖が生み出す過程は、その範囲を抑制し難く（無制限性）、その帰結を予測することもできない（予言不可能性）。こうまで脆く、危うい活動なるものによって、政治を行うことは可能なのか。二六節の半ばでアーレントがこう問いかけるとき、活動の政治の困難という問題が前景に現れる。彼女によれば、「実定法」のような「制限や境界線」によって活動の領域を空間的に囲い込むことで、活動の「無制限性」についてはある程度制御が可能となるが、「予言不可能性」に対しては無力である。「諸々の制限や境界線が与える枠組みは、各々の新しい世代が自らを挿入する際の衝撃に、しっかりと耐え得るものではない」からである（p. 190f.／三〇九頁）。

（2）二七節で、活動の政治の最古の歴史的範例として古代のポリスが登場するが、アーレントが、活動から出来する「現れの空間としてのポリス」と、物理的実体としての「都市国家 city-state」とを厳密に区別した上で、後者の建設を「ギリシア人の解決」と位置づけていることに留意せねばならない。ポリスの人々は、活動の過程から生まれる「現れの空間」の脆さと危うさを、都市の壁の中に閉じ込めることで抑制しようとしたのであり、それは、彼らが「法」を「都市を囲う壁のようなもの」と考え、活動ではなく制作の所産とみなしていたことに明らかである（p. 194／三一四頁）。しかし二六節で強調されたとおり、空間的な囲い込みによって活動の偶然性を封じ込めることはできないのであり、「都市国家が驚くほど短期間で没落に至った」のは当然と言わねばならない（p. 197／三一七頁）。「現れの空間」を支え保つ力は、制作に特徴的な暴力（violence）ではなく、また強制力（force）でもなく、人々が共に活動する力（権力 power）であり、実践の「能力（潜勢力 *dynamis*）」とアリストテレスが呼んだものにほかならない（sec. 28, p. 200f.／三二二頁以下）[27]。その潜勢力《デュナミス》は人々が共存するところならどこにでも孕まれており、アッティカの丘であれブダペストの街頭であれ、誰かが始《アルケイン》めて他者が引き継《プラッテイン》ぐという様式で現勢化《エネルゲイン》されるとき、活動する人々の間に「現れの空間」を出来させるのである。

　近代になると、「現れの空間」は、活動する人々ではなく、制作物が現れ、交換される「市場」へと変質し（二九節）、産業革命とともに労働社会が全面化してからは、労働と消費の過程に呑み込まれてしまう。ところが、三〇節「労働運動」でアーレントが光を当てるのは、万人が「労働スル動物」に堕したかに見える社会のただなかで、ほかならぬ「労働者たち」によって行われた、活動の政治の実践にほかならない。「一八四八年の諸革命から五六年のハンガリー革命まで、ヨーロッパの労働者階級は、人民の内で唯一組織化された集団として、それゆえ人民の指導的な部分として、近年の歴史の中で最も栄光に満ち、恐らく最も見込みのある一章を記してきたのである」（p. 215／三四三頁）。アーレントが称賛するのは、既存の体制の内部で経済的分け前を要求するにすぎない「労働組合」ではなく、「不正や偽善」に「抗議」して「公的舞台」に現れ、「新しい統治形態という問題」を追求した、労働者主体の政治的運動である。それは、失効した議会制と政党制に代わる、また「全く破壊的ではあるが、正真正銘の新しい統治形態を樹立」した「全体主義」の対極に位置する、「人民の評議会制度」という「もう一つの新しい統治形態」を出現させたのである（p. 216f／三四四頁以下）。

　とはいえ「評議会」もまた一瞬現れ、束の間の輝きを放ったにとどまる。活動の政治は、やはり不可能なのではないか。だからこそ、始めること《アルケイン》を後に続く者たちの実践《プラクシス》から切り離し、理想のポリスの制作を「始める者＝支配者 *archōn*」に独占させようとしたプラトン以来、近代の主権理論にいたるまで、「制作」が「活動の代替物」と目されてきたのではないのか（sec. 31, p. 222f.／三五一頁以下）。

（二）　活動の危険を活動で救済する――『人間の条件』三二～三四節

以上の行論を整理すると、二六節で提起された「活動の脆さ」という難問を、「制作」に依拠して解決しようとする思考様式の検討が（二七、二九、三一節）、「活動」の政治の可能性をめぐる省察を間に挟む形で（二八、三〇節）、進められてきたことがわかる。こうしたいわば「活動」論と「制作」論の反復を経て、三二節以降で（3）活動の過程的性格と、活動によるその克服が論じられるのであるが、その転回点となる三二節「活動の過程的性格」の論述はいささか異様であり、不穏な相貌を帯びている。

冒頭のパラグラフでアーレントが言及するのは、現代自然科学における「活動」である。そこでは、たとえば新たな「元素過程を解き放つ」ように、「人間なしには実現するはずのない、新しく自発的な過程を始める」という「活動の能力」が遺憾なく発揮されている。現代の科学技術は「自然の中へと活動する act into nature」のであり、人間が目的に従って自然を支配する「制作」の様式にはもはや従っていない。現代の「基礎研究とは、自分が何をしているのかわからないことを為すことだ」、とはフォン＝ブラウン（Wermher von Braun）の言であるが（*HC*, p. 230f.／三六二頁以下）、そのような試行錯誤《トライアル・アンド・エラー》の過程をつうじて、彼はナチス・ドイツで弾道弾（V２号）を実用化し、戦後のアメリカでは月に人間を送り込んだわけである。このように、一度解き放たれた活動の過程《プロセス》は、元に戻すこともできず、行き着く先を予見することもできなければ、「たった一つの行為による過程が、文字どおり時代を越えて、人類そのものが終わりを迎えるまで続くということもあり得る」（p. 233／三六六頁）[28]。
現代自然科学を引き合いに活動の「過程的性格」を明示することで、アーレントは、「制作」行為によって活動の偶然性を制御しようとするプラトン以来の伝統的な思いなし《ドクサ》に、とどめを刺す。活動の偶然性は、「出生」に始まる人間の生の原理に基づき（二四節）、複数の始まりが引き起こす「連鎖反応《チェーン・リアクション》」を主権的に制御できる者は存在しない（二六節）。「主権が可能になるのは、ただ想像の中で、リアリティを代償として支払ったのみである」ことを、私たちは銘記しなければならない（sec. 32, p. 235／三六九頁）。主権的な力で世界をつくるという幻想を振り捨て、活動の能力をもつがゆえに新しいことを始めてしまうという自らの生の原理を引き受け、活動の力で共生してゆかねばならない。言い換えれば、活動の過程的性格の危険を制御するのは、活動する能力以外にあり得ないのであるが、そのためにこそ、言葉がある。アリストテレスが言ったように、私たちが「政治的な生き物《ゾーン・ポリティコン》」であるのは、「言葉で生きる存在《ゾーン・ロゴン・エコン》」であるからなのだ。

現代の科学技術（者）は、「新しい過程を始める」活動の力を存分に振るっているが、自らが解放した過程を制御する術をもたないし、そもそも閉ざされた実験室の内部で行われるその活動は、公的な語り合いに開かれておらず、政治的な活動ではない（sec. 45, p. 324／五〇二頁）。政治的な活動とは、活動する人々の間に出来する「現れの空間」を言葉の力で支え保ち、活動の過程的性格の危うさを克服することでなければならない。すなわち、行為がもたらす予見不可能な過ちを互いに赦し合い、互いの関係性を刷新する「赦し」と（三三節）、不確かな未来に対処すべく、各々が守るべき法を定め、その履行を誓い合う、「約束」の活動である（三四節）。約束の力による活動の危うさの救済は、「古代ギリシアの人々が無視した」ところの「世界に対する信仰と希望」と結びついており、その信仰と希望を告げ知らせるのは「子どもの誕生」という「福音」である、と述べてアーレントは「活動」章を結び（sec. 34, p. 247／三八六頁）、続く『革命について』において、「約束」の反復と拡大による新たな立憲政体の構成を、アメリカ独立革命という出来事に跡づけてゆく。そして私たちは、同書の末尾で再び、「評議会」の可能性を説くアーレントに出会うことになるのである。

「約束」を交わし、守ることで、はかない「現れの空間」を支え保ちながら、真に政治的な代表が自分たちの間から出現するのを俟つ。一応、筋は通っている。とはいえ、「約束」による「活動の過程的性格」の救済は、後者が内包する途方もない危険性から見ると、救済と呼ぶにはあまりにも無力で、まったく当てにならないように思える。むしろアーレントは、活動の危険性にこそ目を凝らしていたのではないか。「人間の活動は、厳密にいって政治的なあらゆる現象同様、人間の複数性に結びついている」が、「活動する能力が、人間のもつすべての能力と可能性のうちで、最も危険であるのは疑いえない」（*BPF*, pp. 61, 63／七九頁、八二頁以下）。ことは科学技術にとどまらず、政治的な事柄に及ぶ。たとえば、第一次世界大戦の勃発という「最初の爆発が解き放った連鎖反応《チェーン・リアクション》は、私たちを今なお拘束し、誰も止めることができないように見える」ではないか（*OT*, p. 267／(二)二三五頁）。活動の危うさは、誰かが何かを始め《アルケイン》、別の誰かがその成就《プラッティン》に加わる、というその原理に由来するのだから、人間が活動する存在者であるかぎり、その危険から解放されることはない。第一次大戦に敗れた後のドイツにおいて、街頭でのアドルフ某の叫びに始まり、数多の人々がその成就《プラッティン》に加わることで膨れ上がったあの運動が、立憲政体の枠組みを食い破り、世界大戦を引き起こし、それでも止まらずに、行政的大量殺人という誰もが予測できなかった出来事を成し遂げてしまったように。[29]

「評議会」もまた活動の危険性を免れない。どころか、活動の力のみで政治体を構成しようとする以上、その危うさと表裏一体であると言わねばならない。「ムッソリーニがこの概念を濫用してとんでもないことをやったのに……」というヤスパースの疑問は、問題の本質を言い当てていたのである。とはいえ、活動の危うさは、人間が活動する存在であるかぎり逃れえない人間の条件であり、活動の力で引き受けるしかない。具体的には、活動しながら思考を続け、ある出来事の始まり《アルケイン》にいかに応答する《プラッティン》かを、一人ひとりが吟味し、批判的に応答し続けること。ユニークな自他の現れを活き活きと保ち、けっして、空疎な観念《イデオロギー》の論理に従う「行進」に足並みを揃えないようにすること。「行進で足並みを揃えると、一人ひとりの兵士の歩く努力は和らげられる」が（*HC*, sec. 30, p. 214／三四一頁）、異なる意見が闘わされる「現れの空間」は失われ、また同時に、公的な領域を離れて一己の私となり、そこにおいて私自身と自己内対話を重ねるべき私固有の空間までもが奪われてしまう。だから、まずは、自分たちが自分たちの声を確かめることができる、小さな「現れの空間」から始めるのがよい。ごく小規模で互いの顔が見える、「たった一〇人」程度の「評議会」から始めてみようではないか。いや、そこから始めるしかないのだ。

おわりに

活動の過程の行く末は、その過程を織り成す個々の活動者が、その過程で生起する諸々の出来事に、いかに応答する《プラッティン》か、どのように始め直す《アルケイン》か、にかかっている。『人間の条件』では主題から外されていた、「人間がもっている最高の、そしておそらくは最も純粋な行為、すなわち思考するという行為 activity of thinking」（*HC*, p. 5／一六頁）に、同書の結びでアーレントが論及するゆえんである。思考は自己の内面で行われるはたらき（activity）

であって、公的領域を構成する実践的行為ではない上に、「これほど脆い人間の能力は他にない」のではあるが（p. 324／五〇三頁）、私たち一人ひとりがよく考えて活動し、活動したあとでもっとよく考えることが、決定的に重要である。確かにそうだが、それだけなのか。「評議会制」という新たな統治形態の実現は、熟慮して活動を行い、活動の危うさを制御しながら「現れの空間」の保存と増大をなしうるような、「政治的エリートの出現」に委ねられる、ということなのか。「実現の見通しは〔…〕ほんのわずか、と言わざるをえませんが、それでも、もしかしたら、できるかもしれません――次の革命が盛り上がれば」（*COR*, p. 233／二三四頁）。

アーレントが「社会的なもの」と呼ぶ、資本主義と科学技術の地球大の膨張に対して、「たった一〇人」の「現れの空間」の自発的生成で応答する。ある種絶望的なこの見取り図が、空想趣味《ユートピアニズム》や懐古趣味《アナクロニズム》の産物ではなく、アーレントの思考を貫く、峻厳なまでの現実主義《リアリズム》の帰結であることを銘記せねばならない。「社会的なもの」の膨張過程のもとで、市民社会や代議制といった、近代自由民主主義体制が頼みとしてきた「手すり」が有効性を失い、たとえば二〇〇八年の世界恐慌が住宅を投機対象とする金融バブルの破綻に始まったように、各人の私的な居場所さえもが徴用の対象となる現実を見据えるとき、人間は「言葉で生きる存在《ゾーン・ロゴン・エコン》」であるがゆえに「政治的な生き物《ゾーン・ポリティコン》」である、という条件から始め直すしかないではないか。経済や技術は知らず、政治的能力という観点から見るかぎり、人間の「身の丈」は、現代の私たちと古代ギリシアの人々との間で、ほとんど変わっていないのだから。

もっとも、ロールズが主張するように、「よく秩序化された」市民社会や、そこにおける「道理に適った多元性の事実」が実在しているのであれば、話は別であって、評議会革命に望みをつなぐアーレントの方が、「悲観的で」非現実的な見方に陥っていることになる。あるいはハーバーマスが一九九〇年に謳ったように、「労働・

資本・財貨の市場に制御された経済の領域」である「ブルジョワ社会 bürgerlich Gesellschaft」から自律した「市民社会 Zivilgesellschaft」なるものが実在するのであれば、アーレントのように自由な熟議の場を小さな評議会に閉じ込める理由はなく、また代表制をはじめとする既存の政治制度に不信を抱く必要もなく、市民社会で行われる多様な熟議が代表政体に活力と正統性を与える、健全な熟議民主主義を構想することもできるのだろう[30]。冷戦末期に東欧諸国などで起こった民主化の潮流は、そうした市民社会の実在を証明したかに思われたが、その後多くの国で発生したのは、一部の富裕層による事実上の寡頭制支配と、格差への不満を背景に湧き上がる排外的ポピュリズムであり、「市民社会」の実在と発展に依拠したハーバーマス流の「ウィッグ史観」こそリアリティを失っているのではないか[31]。よき市民社会といった麗しい想定に依拠せず、今こそ私たちは、アーレントが思考した地点から、「政治的なもの」の原理をめぐる「手すりなき思考」を、新たに始めなければならないのではないか。

アーレントが思考した場所から、始め直す。冒頭で述べたとおり、それは好ましいことではない。だが、アーレントの思考した場所が、「すべての人が肌で感じ取ることのできる現実となり、難問となった」とすれば、「つまり、政治的にかかわる事実となった」のだとすれば（*BPF*, p. 14／一五頁）、そこから始めるしかないではないか。今日アーレントを読む、とはそういうことなのだ。

（1）川崎修『ハンナ・アレントの政治理論』（アレント論集I）、岩波書店、二〇一〇年、二四三頁。
（2）Hannah Arendt, *Crises of the Republic*, Harcourt Brace, 1972, p. 232f.（山田正行訳『暴力について』みすず書房、二〇〇〇年、二三二頁、強調は引用者）。以下、同書からの引用は *COR* と略記して該当する頁を示す（訳文適宜変更）。

(3) Arendt, *The Origins of Totalitarianism* (new edition with added Prefaces), Harcourt Brace, 1973, p. 443（大久保和郎・大島かおり訳『全体主義の起原』みすず書房、(三)二四〇頁）。以下、同書からの引用は、*OT* と略記して該当する頁を示す（訳文一部変更、以下も同じ）。

(4) Arendt, *Between Past and Future*, Penguin, 1968, p. 14（引田隆也・齋藤純一訳『過去と未来の間』みすず書房、一九九四年、一六頁）. 以下、同書からの引用は *BPF* と略記して該当する頁を示す（訳文適宜変更）。

(5) 一九五六年一二月二六日付ヤスパース宛て書簡、大島かおり訳『アーレント＝ヤスパース往復書簡：１９２６-１９６９』みすず書房、二巻八九頁以下（訳文一部変更）。夫のハインリッヒに宛てた書簡も参照（大島かおり・初見基訳『アーレント＝ブリュッヒャー往復書簡：１９３６-１９６８』みすず書房、四〇五頁以下）。

(6) Arendt, "Totalitarian Imperialism: Reflections on the Hungarian Revolution", *The Journal of Politics: XX-1*, 1958, pp. 23–25. 同論文は、スターリン死後のソ連の「全体主義的帝国主義」化を考察した第一節および第三節が、ハンガリー革命を論じた第二節を挟み込む構成になっている。「全体主義的帝国主義」の部分については、牧野雅彦『精読　アレント『全体主義の起源』』講談社選書メチエ、二〇一五年、第六章を参照。

(7) Arendt, *The Human Condition*, The University of Chicago Press, sec. 4, p. 26（志水速雄訳『人間の条件』ちくま学芸文庫、一九九四年、四七頁）. 以下、同書からの引用は *HC* と略記して該当する節と頁を示す（訳文適宜変更）。

(8) Arendt, "Totalitarian Imperialism", pp. 29–31.

(9) Arendt, *On Revolution*, Penguin Classics, 2006 (1963), pp. 269–271（志水速雄訳『革命について』ちくま学芸文庫、一九九五年、四三八—四一頁）. 以下、同書からの引用は *OR* と略記して該当する頁を示す。

(10) 上村忠男「評議会幻想」『現代思想』25-8（特集ハンナ・アーレント）、一九九五年、一九二頁。また、長崎浩『共同体の救済と病理』作品社、二〇一一年、序章「ハンナ・アレントとコミューン主義」、を参照。

(11) 一九五七年一二月一九日付アーレント宛て書簡、前掲『アーレント＝ヤスパース往復書簡』、二巻一二六頁以下。このヤスパースの問いかけに、アーレントがどう回答したかは、書簡からは確認できない。

(12) Karl Jaspers, *Die Aombombe und die Zukunft des Menschen*, Piper, Neuausgabe1982 (1958), S. 432, 438（飯島宗享・細尾登訳『現代

の政治意識——原爆と人間の将来』下、理想社、一九七六年). 右の書簡が交わされた頃、ヤスパースは同書の執筆を進めていた。なお、ウェーバー（Max Weber）を師と仰ぐヤスパースと、アーレントの政治観の違いについては、以下を参照。Chris Thornhill, *Karl Jaspers: Politics and Metaphysics*, Routledge, 2002.

(13) 本節の議論は、以下の拙稿と一部重複している。森川輝一「ハンナ・アーレントと現代民主主義の隘路」『韓国政治思想学会年報』第二二巻第二号、二〇一六年、一二三—一七四頁。

(14) John Rawls, *Political Liberalism: With a New Introduction and the Reply to Habermas*, Columbia University Press, 1996, p. 144. ロールズとアーレントは、ほぼ同時期に、憲法の基本原理を守るために、市民が「不服従」というかたちで政府権力に抵抗することを擁護する論陣を張っている。Rawls, “The Justification of Civil Disobedience”, in *Civil Disobedience: Theory and Practice*, edited by Hugo A. Bedau, Pegasus, 1969; Arendt, “Civil Disobedience” (1970), in *COR*.

(15) Rawls, *Justice as Fairness: A Restatement*, edited by Erin Kelly, Harvard University Press, 2001, pp. 135–139（田中成明・亀井洋・平井亮輔訳『公正としての正義・再説』岩波書店、二〇〇四年、二四一—二四八頁）。

(16) Rawls, *Political Liberalism*, p. 205f (n. 38), p. 405 (n. 45)（強調は引用者）.

(17) *Ibid*., p. 14f., 35, pp. 215–220.

(18) こうした批判は、今日様々に展開されている。Hans Sluga, *Politics and the Search for the Common Good*, Cambridge University Press, 2014, p. 24; Raymond Geuss, “Neither History nor Praxis”, in *Outside Ethics*, Princeton University Press, 2005; シェルドン・ウォーリン（尾形典男・福田歓一・佐々木武・有賀弘・佐々木毅・半澤孝麿・田中治男訳）『政治とヴィジョン』福村出版、二〇〇七年、第一五章一一節。

(19) アーレントの一九世紀国民国家批判が、国民国家の政治的脆弱さに向けられた批判であることについては、以下を参照。川崎修『ハンナ・アレント』講談社学術文庫、二〇一四年、第一章。Roy Tsao, “Arendt and the Modern State: Variations on Hegel in the Origins of Totalitarianism”, *The Review of Politics*: 66–1, 2004.

(20) ここでアーレントは、統治の「安定性」という観点から、英米の二党制と大陸ヨーロッパ諸国の多党制とを区別して、主として後者を批判しているのであるが、「評議会」に出会ったのち、「参加」という観点から政党制一般を厳しく批判するようになる。

川崎『ハンナ・アレントの政治理論』、一七八―一八四頁、を参照。

（21） Carl Schmitt, *Der Begriff des Politischen*, Duncker & Humblot, 1932, S. 57（田中浩・原田武雄訳『政治的なものの概念』未來社、一九七〇年、七四頁）.

（22） Carl Schmitt, *Die geistegeschichtliche Lage des heutigen Parlamentarismus*, Dunker & Humbolt, 1923, S. 45（樋口陽一訳『現代議会主義の精神史的状況』岩波文庫、二〇一五年、三七頁）.

（23） Schmitt, *Die geistegeschichtliche Lage des heutigen Parlamentarismus*, S. 14, 20（一三九、一四七頁）.

（24） シュミット主権論への明示的な批判としては、*BPF*, p. 163f., p. 296, n. 21（二二一頁以下、三九九頁）。

（25） 「ハンガリー革命をめぐる省察」は六七年以降の版では削除されたため、現在私たちが手にする『起原』では、「イデオロギーとテロル」が終章となっている。なお、同論文が示す、五〇年代前半に生じたアーレントの思想的転回については、森川輝一『〈始まり〉のアーレント――「出生」の思想の誕生』岩波書店、二〇一〇年、第四、五章を参照のこと。

（26） 二四〜二七節については、以下で考察している。森川輝一「アーレントの「活動」概念の解明に向けて――『人間の条件』第二四―二七節の注解」『聖学院大学総合研究所紀要』五〇号、二〇一一年。

（27） アリストテレスの「潜勢力」概念をアーレントが脱目的論的に読解していることについては、仲正昌樹『ハンナ・アーレント「人間の条件」入門講義』作品社、二〇一四年、三四八頁以下、を参照。

（28） アーレントの念頭にあるのは現代の核物理学および原子力テクノロジーである。この点については、森川輝一「ハイデガーからアーレントへ――ハイゼンベルク「不確定性原理」との対向を手がかりに」、『実存思想論集XXXII　アーレントと実存思想』理想社、二〇一七年、を参照。

（29） リンツは、孤立した現代大衆を全体主義運動が糾合していった、というアーレントの「大衆社会論的な見方」では、大衆の主体的参加という側面が抜け落ちてしまう、と指摘する。「ナチ運動に参加した人々のほとんど、とは言わないまでも多くは、孤立した個人ではなかった。彼らは、〝市民社会 civil society〟の――やがてナチの活動家に乗っ取られる――諸集団の構成員として参加し、友人と連れ立ってナチの集会に出かけたのである」（Juan J. Linz, "Further Reflections", *Totalitarian and Authoritarian Regimes: With a Major New Introduction*, Lynne Rienner Publishers, 2000, p. 18）。同様の指摘として、S. Fitzpatrick and A. Lüdtke, "Energizing the

Everyday: On the Breaking and Making of Social Bonds in Nazism and Staliism", *Beyond Totalitarianism: Stalinism and Nazism Compared*, ed. by M. Geyer and S. Fitzpatrick, Cambridge University Press, 2009.

他方、アーレントは全体主義体制を一切の自由が根絶された空間として描き出すが、彼女の「活動」概念に従えば、複数の人々が存在するかぎり、全体主義国家の内でも、収容所の内部においてさえ、「活動」の潜勢力が失われることはないはずである。こうした視座から、全体主義体制下で行われた様々な抵抗をアーレント的「活動」として論じるのが、Michal Aharany, *Hannah Arendt and the Limits of Total Domination: The Holocaust, Plurality, and Resistance*, Routledge, 2015 である。

いずれの指摘も、本章が浮き彫りにした「活動」の危うさと可能性を、裏書きするものである。

（30） Jürgen Habermas, *Strukturwandel der Öffentlichkeit*, Suhrkamp, 1990, S. 46（細谷貞雄・山田正行訳『公共性の構造転換（第二版）』未來社、一九九六年、ｘｘｘviii頁）.

（31） Aviezer Tucker, *The Legacies of Totalitarianism: A Theoretical Framework*, Cambridge University Press, 2015, pp. 3–11, 211–224.

第二章　『人間の条件』をいかに読むか

空井　護

はじめに

筆者はハンナ・アーレント（Hannah Arendt）の思想の研究を専門とする者ではない。よって本章は、彼女の著作はもとより、未発表草稿から個人書簡までをも渉猟し、さらに彼女についての膨大な学術研究に目をとおしたうえで新たに得られた知見を世に問うような、専門性の高い研究論文ではない。それは、アーレントについては一介のファンにすぎない政治学者が、彼女の作品と向き合うなかで得られたきわめて個人的な「アーレント経験」のありようを明かすものでしかない。タイトルにいう「いかに読むか」は、むろん「いかに読むべきか」ではないし、「読む」のはあくまでも筆者個人であって、ほかの人ではない。しかし、こうした非専門的で非学術的なエッセイの発表も、ほかならぬアーレントについては許されるものと、あるいは、学者にふさわしからぬそういう振舞いを許してくれる数少ない哲学界のビッグ・ネイムが彼女であると、筆者は勝手に考えている。

かつて英国の政治思想史家アイザイア・バーリン（Isaiah Berlin）はアーレントについて、「彼女の著作はすべて、いわば形而上学的な自由連想（metaphysical free association）の流れです」と断じた。(1) むろんこれは褒め言葉ではなく、けなし言葉である。そして近著においてこの手厳しい裁断を紹介するにさいし、「制度 institution」への感性の鋭さを基準に、バーリンには辛《から》くアーレントには甘い現代米国の政治理論家ジェレミー・ウォルドロン（Jeremy Waldron）は、「バーリン自身、最も厳密な思索者（thinker）でも、最も論理一貫した思索者でもないにもかかわらず」との一節をまじえることで一矢報いようとしている。(2) 筆者は、ウォルドロンのかかるバーリン評価を全面的に支持するものである。とはいえ、この皮肉の効果はいささか微妙でもある。最も厳密で論理一貫した思索者から「自由連想」とけなされるなら、まだしも救いがある。しかし、厳密さや論理一貫性に関してゆるさが認められる思索者からそのようにけなされるとすれば、いかにアーレントがイデオロギー的思考における「論理性の専制 tyranny of logicality」(3) の危険性を熟知し警戒していたとて、彼女の側の事態はかなり深刻かもしれないからである。

しかし、アーレントの「自由連想」の産物はいずれもまず例外なく、バーリンをはじめ並み居る思索者の成果のうちにはその存在がなかなか感じ取れないような、特筆すべき力を蓄えており、そこに彼女の大きな魅力があると筆者は考える。それは、読者の自由な連想を喚起する圧倒的な力である。この読者の側での自由な連想は、彼女の思考に触発されてのものだから、フロイト流精神分析でいうところの自由連想とは性格が異なる。しかし、アーレントの読者はたしかに、彼女の「自由連想」に巻き込まれることで、図らずも自分自身、きわめて自由度の高い連想を展開することが可能な状態に置かれることになるように思われるのである。そもそも、そうした読書経験を与えてくれる作品こそが、「古典」の名に真に値するともいえるだろう。さらに、あらたな古典は、他人の思考に依存しながらも自由になるという、いささか逆説的な状況のなかから生まれるものであり、その結果、古典は連鎖状に、あるいは波状にひろがってゆくものなのかもしれない。その間の事情を巧みにとらえているものとして筆者が折にふれて思い出すのは、ロマン派を代表する作曲家であると同時に鋭い鑑識眼と豊かな文才を備えた第一級の音楽批評家でもあったロベルト・シューマン（Robert Alexander Schumann）が若き日に想像し創造した、「ダヴィド同盟」の三人の芸術家のあいだで交わされる以下のような知的で愉しげな会話――「依存」というタイトルが付されている――である。[4]

ベートーヴェンは（いつも題目なしに）多くの作品を書いた。しかしシェークスピアがいなくてもメンデルスゾーンの《真夏の夜の夢》は生れ《ママ》たろうか。そう考えると憂鬱になる。

フロレスタン

そうだね――なぜ他人の自我に依存して初めて、自律的になるといった性格が多いのだろうか。たとえば並々ならず偉大なシェークスピアにしても、周知のように、その戯曲の材料はたいていは古い芝居か、小説のようなものからとったのだしね。

オイゼビウス

オイゼビウスのいう通りだ。多くの精神は、まず制限を感じた時に初めて自由に動き出す。

ラロー

以下では、アーレントという「他人の自我に依存」し、その「制限」を感じながら、しかし彼女の「自由連想」に触発されて「自由に動き出」した、政治学者としての筆者の「精神」を綴る。アーレントの所論が「腑に落ちる」ものであるとき、筆者においてそれはいかなるかたちをとっているのかを、まずは皆さんにお示ししたいわけである。とはいえ、筆者のアーレント了解の正当性を支えるのは、現時点で筆者がそのように了解しているという事実以外にない。そういう不確かで心許ないものとして、本章を理解していただければ幸いである。

一　〈活動《アクション》〉としての政治《ポリティクス》[5]

ここで取り上げるアーレントの著作は、すでにタイトルで明らかにしているとおり、彼女の主著との位置づけが与えられることの多い『人間の条件 *The Human Condition*』である[6]。しかしながら、この作品を政治学者が扱うのは、一見するとあまり自然なことではないだろう。書名からは、政治的な香りはとりたてて感じられないからである。そこに「政治」の文字はないし、「全体主義」とか「革命」といった、いかにも政治的なタームも含まれてはいない。有名な政治裁判の被告の名前も見当たらない。そのタイトルだけからでは、『人間の条件』が政治についての著述であるとの判断は下しかねることだろう。

ところが巷間、同書は現代政治学――ここで「現代」とは、おおむね「二〇世紀以降の」といった程度の意味である――の「名著」とされることが多い。たとえば今日、特定の学問分野における「名著」を並べ、それにその筋の専門家が解説を施すという、初学者にとっていたって便利で（多くの場合新書版サイズの）手頃な本が数多く見受けられるが、政治学分野におけるそうした本のさきがけをなしたと記憶する一九八九年刊行の佐々木毅編『現代政治学の名著』では、「政治とはいかなるものであるか」という普遍的な問いに対する「きわめて挑戦的でユニークな取組みとして全ての人々に知的刺激を与えることは疑う余地がない」(7)作品として、早速この『人間の条件』が取り上げられ、千葉眞氏によるじつに見事な解説が収められているのである。

とはいえ、研究手法が実証的であると理論的であるとを問わず、今日において政治学者を名乗る人間のうちでかなりの数の人びとにとって、『人間の条件』（あるいはその著者としてのアーレント）はいわば「一個の不気味な塊 un bloc inquiétant」(8)であり、その不気味さはおそらく他の追随を許さないだろう。アーレントのいう〈活動《アクション》〉・〈言論《スピーチ》〉としての政治《ポリティクス》は、ふつうの――多くの場合、経験的なアプローチをとる――政治学者の眼には、自らが理解する政治とはまるで異質で、それからかけ離れたものと映っているはずである。そして、政治学分野の「アーレント学者」にとっても、じつは同書はなかなかの難物らしい(9)。しかしながら、翻ってアーレントが政治《ポリティクス》について展開する所論が十分に説得的なものかどうか、そもそもそれが「自由連想」につきものの論理的な不整合性や非一貫性を免れていないかどうか、ここは大いに疑ってかかる余地がある。

周知のようにアーレントによれば、「活動的生活 *vita activa*」を構成する典型的なアクティヴィティとして〈労働《レイバー》〉、〈仕事《ワーク》〉、それに〈活動《アクション》〉と〈言論《スピーチ》〉のペアがあり(10)、このなかで〈活動《アクション》〉＋〈言論《スピーチ》〉こそが「すぐれて政治的《ポリティカル》なアクティヴィティ」（*HC*, p. 9）であるという。しかし、ここでの「政治的《ポリティカル》」とはなにか、もっと突きつめれば、この形容詞を成り立たしめる名詞の「政治《ポリティクス》」とはなにかと問われたとき、アーレントが用意しているのは結局のところ、自由な人びとによる自由な活動《アクション》と言論《スピーチ》のこと、という答えでしかないように思われる。だが、政治《ポリティクス》が〈活動《アクション》〉（＋〈言論《スピーチ》〉）であるならば、「政治《ポリティクス》はすぐれて活動《アクション》的な営みである」ならまだしも、「活動《アクション》はすぐれて政治的《ポリティカル》なアクティヴィティである」という言明は正確性に欠けるどころか、むしろ余計であり、混乱のもとでさえあるだろう。

同書のなかで、この三つ（ないし四つ）の主要なアクティヴィティと、それに「対応 correspond」（*HC*, p. 7）する人間存在の三つの「基礎的条件 basic condition」（*ibid.*）——〈生命《ライフ》〉、〈世界性《ワールドリネス》〉、〈複数性《プルラリティ》〉——のほかに、アーレントがそれらとは別系列で導入する重要なコンセプトとして公的《パブリック》／私的《プライヴェト》という対概念があるが、これと政治《ポリティクス》の関係もよくわからない。『人間の条件』の第二章「公的《パブリック》領域と私的《プライヴェト》領域」を読み始めると、最初は政治的《ポリティカル》と公的《パブリック》とはピタリと重なるように思われるが、実際に同章で提示されているのは、かつて古代においては「政治的《ポリティカル》なるもの」によって構成されていた公的《パブリック》領域が、近代においては「社会的《ソウシャル》なるもの」によって構成されるようになったという大きな物語である。近代以後、「社会《ソサイエティ》」が「公的《パブリック》な目立つ場所へとはなばなしく勃興した」（*HC*, p. 56）のであり、「社会的《ソウシャル》領域」において「生命《ライフ》プロセスが自らの公的《パブリック》分野（public domain）を確立した」（*HC*, p. 47）、あるいは「社会《ソサイエティ》が生命《ライフ》プロセスそれ自体の公的《パブリック》組織（public organization）を構成する」（*HC*, p. 46）に至ったのである。しかし、〈生命《ライフ》〉プロセスに「対応」するアクティヴィティは〈労働《レイバー》〉であって、〈活動《アクション》〉や〈言論《スピーチ》〉ではない。政治《ポリティクス》＝〈活動《アクション》〉（＋〈言論《スピーチ》〉）という等式が成り立つとすれば、公的《パブリック》＝政治的《ポリティカル》という当初想定された単純な等式は維持できないことになる。

しかも、このように第二章を悩みながら読み進めると、その最後に厄介な言明に出くわす。それは、「活動的生活のどのアクティヴィティが公的《パブリック》に示され、どのアクティヴィティが私生活《プライヴァシー》のうちに隠されるべきかについて、それぞれの政治的《ポリティカル》共同体が決定するさいの歴史的な判断が、それらのアクティヴィティの本性（nature）そのものと対応関係（correspondence）を有しているかもしれない」（*HC*, p. 78）という言明である。ここで共同体を「政治的《ポリティカル》共同体」にする「政治的《ポリティカル》」とは、いったいなにか。社会《ソサイエティ》が公的《パブリック》領域におどり出るとき、「政治的《ポリティカル》なるもの」はその圧力によって公的《パブリック》領域から押し出されていったのではなく、社会《ソサイエティ》の公的《パブリック》領域化を許す（permit）

／許さない（*HC*, pp. 46, 68）、あるいは認める（admit）／認めない（*HC* 46）といった判断を下すことができるような、特権的な審級を構成していたのだろうか。バーリンでなくとも、そろそろ「形而上学的な自由連想」を疑いたくなるというものであろう。

加えて、第三章「労働《レイバー》」から第五章「活動《アクション》」にかけて、つまり『人間の条件』の中心部分を読み終えて、あらためて気になるのは、〈活動《アクション》〉（＋〈言論《スピーチ》〉）と〈労働《レイバー》〉ならびに〈仕事《ワーク》〉との、アクティヴィティとしてのステイタスの違いである。アーレントによれば、この世に生を享ける人間にとっての三つの絶対的な条件、すなわち人間存在の〈生命《ライフ》〉性、人間を取り囲むモノの〈世界性《ワールドリネス》〉、そして人間存在の〈複数性《プルラリティ》〉は、それぞれに「対応」するアクティヴィティである〈労働《レイバー》〉、〈仕事《ワーク》〉、そして〈活動《アクション》〉（＋〈言論《スピーチ》〉）がそこから生じ（grow out）、それが変化しないかぎり、これらアクティヴィティが取り返しのつかないかたちで失われるようなことなく永続する、そういう「人間の条件」であるとされる（*HC*, p. 6）。ここには、「人間の条件」→アクティヴィティという方向での条件づけ関係が措定されているように見える。そして、プロローグの最後にそのように記された直後、第一章「人間の条件」のセクション一「活動的生活と人間の条件」の冒頭部分で、「人間の条件」とアクティヴィティの「対応」関係が論じられるさいにも、〈生命《ライフ》〉＝〈労働《レイバー》〉と〈世界性《ワールドリネス》〉＝〈仕事《ワーク》〉の二つの対に関し、たしかにこの方向での条件づけを示唆する言明が登場する。いわく、「労働《レイバー》（について）の人間の条件は生命《ライフ》それ自体である」（*HC*, p. 7）、「仕事《ワーク》（について）の人間の条件は世界性《ワールドリネス》である」（*ibid.*）。しかしながら実際には、このようなキャッチーなフレイズに縮約されている具体的な内容は、むしろアクティヴィティ→「人間の条件」という逆の方向での条件づけを強く示唆している。すなわち、「人間のカラダ（body）の自然な成長、代謝、そして最終的な衰えは、労働《レイバー》が生産し生命《ライフ》プロセスに供する生命維持にとっての必需品（vital necessity）によって拘束されている」（*ibid.*）のであり、また「仕事《ワーク》はすべての自然環境と明白に異なるモノ（thing）による「人工的」な世界を提供する」（*ibid.*）のである。そして、『人間の条件』の全体の行論から受ける印象もまた、この二つの対についてはアクティヴィティ↓「人間の条件」という方向での条件づけのほうがドミナントであり、これは私たちの常識的な理解にも十分に沿うものである。〈労働《レイバー》〉があるから〈生命《ライフ》〉は続くのであって、〈労働《レイバー》〉がなければ、せっかくこの世に灯った〈生命《ライフ》〉の火もたちまちかき消されてしまうだろう。また、〈仕事《ワーク》〉があるから〈世界性《ワールドリネス》〉が維持されるのであり、〈仕事《ワーク》〉がなくなればモノ世界は朽ち果て、〈世界性《ワールドリネス》〉は消滅することだろう。ここで、すべての人間が〈労働《レイバー》〉と〈仕事《ワーク》〉に同じように専念し励む必要はない。誰かの〈労働《レイバー》〉、誰かの〈仕事《ワーク》〉で十分である。しかし自分か、さもなければ誰かが〈労働《レイバー》〉し〈仕事《ワーク》〉していることで、はじめて自分の〈生命《ライフ》〉、そして自分の周りの〈世界性《ワールドリネス》〉が維持されるはずである。したがって、さきほど見た「労働《レイバー》（について）の人間の条件は生命《ライフ》それ自体である」と「仕事《ワーク》（について）の人間の条件は世界性《ワールドリネス》である」という二つの言明は、主語と述語を入れ替え、若干のパラフレイズを施したときに導かれる、以下のような逆方向の条件づけを意味する言明、すなわち「生命《ライフ》のアクティヴィティ的条件は労働《レイバー》である」、「世界性《ワールドリネス》のアクティヴィティ的条件は仕事《ワーク》である」という言明にそれぞれ置き換えたほうが、むしろ自然かもしれない。

ところが、〈複数性《プルラリティ》〉＝〈活動《アクション》〉（＋〈言論《スピーチ》〉）の対に関しては、「複数性《プルラリティ》は人間の活動《アクション》の条件である」（*HC*, p. 8）という、（表現はやや異なりながらも）同じく「人間の条件」からアクティヴィティに向けての条件づけ関係を示す言明を、逆方向のそれへと変換することは困難である。なぜなら、『人間の条件』の叙述に従うかぎり、〈活動《アクション》〉（＋〈言論《スピーチ》〉）としての政治《ポリティクス》は、古代ギリシアでその存在が確認されたのち、これまで二五〇〇年間にわたり一度として十全なかたちで復活していないからである。話をごく最近にかぎっても、近代人の主流は

〈労働《レイバー》〉に専念する「労働する動物 *animal laborans*」であり、もとよりそれは〈活動《アクション》〉能力や〈言論《スピーチ》〉能力を欠くから（*HC*, p. 215）、労働組合や労働者階級政党が経済的《エコノミック》な要求とは異なる政治的《ポリティカル》要求——それは「新しい政府（統治）形態 new form of government」（*HC*, p. 216）を求めるものとされ、この政府（統治）形態はおそらく〈活動《アクション》〉や〈言論《スピーチ》〉を展開可能にする仕組みを備えているのだろう——を前面あるいは全面に掲げて闘ったことなどない。労働者階級の枠を超えるかたちで構成される「政治的《ポリティカル》労働運動 political labor movement」（*HC*, p. 217）こそは唯一の希望の星だが、それもまた四八年革命このかた、無残にも敗北を重ねてきている。「新しい政府（統治）形態」の具体例としてアーレントが挙げるのは、「人民評議会 people's council」（*HC*, p. 216）だが、それはキール（一九一八年）やクロンシュタット（一九二一年）やブダペシュト（一九五六年）での「反乱 rebellion」や「革命」のさなか、その成立が一瞬垣間見えたにすぎない激レアもののようである。これでは、〈活動《アクション》〉（＋〈言論《スピーチ》〉）が大規模に展開されていなくとも〈複数性《プルラリティ》〉はしっかり維持されていることになり、アクティヴィティ↓「人間の条件」という方向での条件づけはきわめて重要な部分で否定されていることになろう。三つ（ないし四つ）のアクティヴィティのなかで、この〈活動《アクション》〉（＋〈言論《スピーチ》〉）だけが、「人間の条件」の再生産能力の見えにくさという点においてどこか異質なのである。なるほど、〈活動《アクション》〉（＋〈言論《スピーチ》〉）と「出生 natality」とのあいだに特に緊密な関連性が措定されていることは（*HC*, p. 9）、意図的か非意図的かはともかく、この綻びをいくらか繕うことにつながっているだろう。〈活動《アクション》〉（＋〈言論《スピーチ》〉）ではなく、この「出生」によって〈複数性《プルラリティ》〉が維持され得るからである。しかし、「人間の条件」とアクティヴィティの関係についてアーレントが提示する命題の束は、『人間の条件』という作品においてはア・プリオリな大前提として、一種の公理系を構成しているにもかかわらず、このようにその統一感は必ずしも高くはない。

そしてなにより、アーレントの〈政治《ポリティクス》〉＝〈活動《アクション》〉（＋〈言論《スピーチ》〉）という等式を支えるのは、古代ギリシアの、いまだ正確な生存年間推定さえできていないホメロス（Ὅμηρος, Homer）なる人物が残した叙事詩の記述と、そののちのアテナイという、かなり特殊な都市における短いあいだの人びとの経験でしかない。要するに、私たちから見て昔むかし、政治《ポリティクス》とは〈活動《アクション》〉や〈言論《スピーチ》〉のことでした、ということである。たしかに、古代ギリシアでは「ポリス」と呼ばれる都市ならびにそこに成立する人的共同体が多数存在し、そのポリスがほかならぬ「ポリティクス」なるタームの発生源であるということは、それなりに重要である（と多くの政治思想史家から教えられる）。しかしそうだからといって、そのことを理由に現在私たちが「政治」と呼んでいる人間のアクティヴィティが政治《ポリティクス》でないとしたところで、そこから先に話は進まないだろう。それは、私たちの「政治」認識をラディカルに問いただす主張であるかもしれない。しかし、私たちとのあいだで生産的な対話が展開する可能性は、かなり低い。

このように、アーレントが〈活動《アクション》〉（＋〈言論《スピーチ》〉）として積極的に提示した政治《ポリティクス》論は、そのつくりの粗さからいっても、またその正当性の脆さからいっても、現代の政治学者がまともにお付き合いするのは止《よ》したほうが良さそうである[11]。「不気味な塊」の最も不気味な中核部分は、とりあえず見て見ぬふりをしておくに如《し》くはない。

二　製作《メイキング》・工作《ファブリケイション》としての「政治」

しかしながら、以上は長めの前置きである。アーレントがポジティヴに措定した政治《ポリティクス》ではなく、それとは決定的に異なるものとして、いわばネガティヴに措定した私たちの「政治」の、その措定のしかた、より具体的には彼女がそれを製作《メイキング》あるいは工作《ファブリケイション》としてとらえたこと、このことは筆者にとって大いに「腑に落ちる」ところなのである。

ただし、このような反政治《ポリティクス》論が展開される第五章「活動《アクション》」のセクション三一「製作《メイキング》による活動《アクティング》の伝統的代替」において、アーレントが主に分析の俎上に載せるのは、〈活動《アクション》〉の代替物を探求する最初の試み、あるいは〈活動《アクション》〉からの「逃亡 escape」の最初の試みとして、早くもプラトン（Πλάτων, Plato）によって「支配《ルール》」概念が提示され、さらに彼がそれを「製作《メイキング》」という、より身近でもっともらしいコンセプトによって補強したのち、西洋の政治哲学が伝統的にこのプラトンの呪縛のもとにあり続けているという事実にとどまる（*HC*, pp. 222–230）。アルフレッド・ホワイトヘッド（Alfred North Whitehead）よろしく、プラトン以降の西洋政治哲学は彼の著述に脚注をつけることで成り立っているとの見立てである。

しかしこれまた、私たちにとってはおそろしく迂遠で、疎遠な話である。今日、私たちが「政治」と観念する人間の営為が、プラトン以来の政治哲学とまるで無縁であるとはいわない。とはいえ、この二五〇〇年間におよぶ伝統を識らない人も携わり、あるいは熱中し、語り、あるいは嘆き、忌避し、ときに憎悪する、そういうものとして私たちの「政治」は現にある。そのさい、「政治」の考察を哲学者のそれにまつわる深遠な議論の考究をもって代替することは、三木清のいう「議論を議論する慰戯」としての「哲学」[12]を地で行く所作である感が強いだろう。ちなみにアーレントは『精神の生活 *The Life of the Mind*』の第二部で、「意志 willing」に関する西洋のさまざまな理論——取り上げられる理論提唱者はアリストテレス（Ἀριστοτέλης, Aristotle）からマルティン・ハイデガー（Martin Heidegger）にまで及び、なかなかの壮観である——に検討を加えたうえで、「すべての意志の哲学」（*philosophy* of the Will）は、活動《アクション》の人びと（men of action）ではなく哲学者によって、つまりカントのいう「職業的思考者たち professional thinkers」によって考案され表現される」という事実にあらためて注意を促し、そういう職業的思考者や哲学者を脇に置き、「活動《アクション》の人びと」に注意をしっかり向けようと唱えて、「意志」に関する最後の検討に進むのだが[13]、彼女が『人間の条件』で取り上げる反政治《ポリティクス》としての「政治」論の考案者や表現者についてもまったく同じことがいえ、またその考察者はまったく同じ掛け声を自らにかけられそうである。私たちにとっても、政治哲学者の議論をたどるのではなく、私たちの「政治」をじかに観察し考察するのが王道というものだろう。そして筆者の理解では、私たちの「政治」は、たしかに製作《メイキング》あるいは工作《ファブリケイション》──それはアーレントによれば、「つくるヒト homo faber の仕事《ワーク》」であり、「モノにすること reification」(HC, p. 139) である──としてとらえることが可能なのであり、むしろそう理解すべきものとして、今そこにある。

私たちは人間のいかなる営みを「政治」と観念しているだろうか[14]。この問いへの答えを探るには、それを専門に行う人びと、つまり「政治家 politician」とはなにをしている人びとなのかを考えればよいだろう。そして、日本(と呼ばれる地理的領域)に住まう人間にとって、今日とりわけ馴染みの深い「政治」の仕組みを観察してみれば、「政治家」とは端的に、かなりの頻度で執り行われる普通・平等・自由選挙で選ばれる公職者であり、彼ら/彼女たちが行っているのは、同じく端的に「政府 government」をつくり、維持し、かたちを整え、動かすための、特に重要な指令の作成・確定であることがわかるはずである(そしてこれは、日本以外の国──と呼ばれる地理的領域──で行われている「政治」についても、今日まず例外なく観察できる事実である)。この指令が「政策 policy」であり、政治家とは要するに政策決定者 (policy decision-maker) のこと、そして「政治」とは政策決定 (policy decision) をめぐって広く展開される人びとの活動のことであるといえるだろう。そのさい、政府とは一定の地理的領域内の人的・物的秩序の維持を目的に掲げて活動する人的集団であり、その作動が「統治 government」である。そしてそれは「公務員」、あるいはもう少し限定的なニュアンスを帯びて用いられる「役人」によって構成される。政策には、この政府に対する行為指令が多数含まれるのだが、さらにそのなかには、政府が秩序維持の対象とする地理的領域内に存在する人びとの行為範型に関する認識指令——この認識は受動的なもの、単なるセンス・デイタの知覚などではなく、きわめて能動的かつ意図的なそれであり、行為との区別は容易にはつけがたい——が、これまた多数含まれている。

こうして、政治家は政府をつくる。もちろん政府とはヒトの集団であり、役所や裁判所の建物のことではない。そしてヒトを「つくる」とは、ヒトの行為に枠をはめ、それに定型性を与えることであり、これは「モノづくり」と同じことである。材料を集め、それにモノとしての新たなカタチを与えることが、モノづくりの本質であり、カタチを与えることは固（堅）さ（solidity）を与えることである。こうして、「最もこわれやすいモノであっても、すべてのモノには固（堅）さが備わっている」（*HC*, p. 139）ということになるのだが、ヒトの場合、（能動的・意図的な認識を含んだ）行為の定型性がたしかなものになればなるほどヒトとしての固さ／堅さは増し（「お堅い」ヒト）、「永続性 permanence」や「持続性 durability」（*HC*, pp. 94, 120, 138, 167, 272）という点ではモノ的モノにやや見劣りがするとはいえ、明らかにヒト的ではなくモノ的になることだろう。これは、厳密を期せば「ヒトづくり」ではなく、ヒトからモノを（あるいはモノ的なヒトを）つくることであるが、そうやってつくられたモノ的ヒトに顕著な特質は、「不可予言性 unpredictability」の高さをひとつの——筆者が見るところ最大の——特徴とする〈活動《アクション》〉や〈言論《スピーチ》〉ではなく、アーレントが大衆社会《マス・ソサイエティ》の画一化圧力によって生じると考えたところの、パタン化された「行動《ビヘイヴィア》」の主体であることである（*HC*, pp. 40–45）。アーレントにしてみれば、「政治行動 political behavior」などというのは、明白な語義矛盾なのである。

じつはこの直前の段落を記しながら、筆者はアーレントの「制限」を強く感じている。というのは、筆者には、以下の二点において彼女の議論はやや狭すぎるように思われるからであり、その二点とは、第一にアーレントが「人間の条件」のひとつである〈世界性《ワールドリネス》〉を厳格にモノ世界性と考えたうえで――ここまでは構わない――、それに「対応」する人間のアクティヴィティである〈仕事《ワーク》〉の素材をモノに限定しているように見える点、そして第二に、彼女が〈活動《アクション》〉を行動《ビヘイヴィア》へと変化させる主体として、社会《ソサイエティ》のみを意識しているように見える点である。しかし、いずれも「見える」にとどまり、アーレントが明確にそう断言したり断定したりしているわけではないから、ここで筆者の自由な連想をもって「制限」を緩め、以下のように理解することにしよう。すなわち、（一）ヒトはモノ的になり得、モノ的ヒトとしてモノ世界に収容可能であるが、それはモノと同様、ヒトの行為にカタチ・定型性が与えられることによってであり、換言すればヒトが〈活動《アクション》〉主体性を奪われ、行動《ビヘイヴィア》主体へと変化することによってである、（二）モノを素材にするのと同じく、ヒトを素材にする製作者《メイカー》や工作者《ファブリケイター》もこの世の中には存在し、それは社会《ソサイエティ》といった抽象的な概念的構成物ではなく、きわめて具体的な人間である[15]。

そのうえで話を元にもどせば、政治家とは、行動《ビヘイヴィア》主体としてモノ的なヒトである公務員・役人の集まりとしての政府の作成にあたる人びとであり、その意味でれっきとした製作者《メイカー》であり工作者《ファブリケイター》である。彼ら／彼女たちのモノづくりの〈仕事《ワーク》〉が上首尾に進んだとき、公務員・役人は見事に「人間らしさ」を失う。そして〈アイヒマン〉とは、公務員・役人の病的ながらも範例的（exemplary）[16]な姿の謂いであろう（既述のような意味での政府と化した全体主義政党の上級職員なども、十分に役人である）。それは、「思考 thinking」どころか、「意志 willing」や「判断 judging」を含む「精神的なアクティヴィティ mental activity」全般、つまり「観照的生活 *vita contemplativa*」を職務上禁じられるがまま完全に放棄するような、極限的にモノ的なヒトである。

なお、このような意味で政治家が製作者《メイカー》であり工作者《ファブリケイター》であり、要するに仕事人《ワーカー》であることは、政治家が何人おり、それがどのように構成されていようが、おそらくは変わらない。通常、一人支配（monarchy）・少数支配（oligarchy）・多数支配（polyarchy）――あるいは民衆支配（democracy）――というふうに、政治家の数に着目して「政治」体制が分類される。そして、多数（民衆）支配における政治家の複数性は、それこそが〈活動《アクション》〉（＋〈言論《スピーチ》〉）＝政治《ポリティクス》という図式の成立の場であり、それこそが政治《ポリティクス》らしい政治《ポリティクス》であるとの錯覚を生む。現に多数（民衆）支配のもとでの政治家たちは、古代ギリシア人さながら、「アゴーン（競技）精神 agonal spirit」、すなわち他人と比べて自らが優れていることを示そうという熱情的衝動（*HC*, p. 194）に満ち溢れているのである。さらに、多数（民衆）支配下での政策決定の不可予言性や「匿名性 anonymity」に対するフラストレイション[17]を解消すべく、あるいはそこで展開される〈活動《アクション》〉につきものの「不幸 calamity」（*HC*, p. 220）から「逃亡」すべく、これまでプラトンの哲人王構想を嚆矢とするさまざまな一人支配や少数支配のプランが生み出されたとの見立ても、それなりのもっともらしさを備えることだろう。しかし、これはアーレント理解としては誤りのはずである。彼女にいわせれば、私たちが通常語る多数（民衆）支配は、所詮は工作者《ファブリケイター》の複数性を保証する仕組みにすぎないのであり、あくまでも〈仕事《ワーク》〉の領域内での問題なのである。したがって、アーレントの政治《ポリティクス》論を私たちの民衆支配《デモクラシー》論にいきなり回収したり、そこに安易に適用したりすることは厳に慎むべきである――これは筆者の自己反省の弁でもある――。それは、異なる類への「メタバシス metabasis」（移行）の誤謬の危険性を多分に帯びている。

ところで、こうしたヒトを素材とする製作《メイキング》あるいは工作《ファブリケイション》は、なにも「政府づくり」に限った話ではないだろう。企業であれ大学であれ、さまざまな組織が、そうしたモノ的ヒトづくりの成果であるはずである。そして私たちは多くの場合、自らの〈生命《ライフ》〉の維持のためにモノ的ヒト組織に属し、身につけておくべき行為定型から大きく逸脱することなく、なんとか日々の糧を得ている。かくして、店員がやけに「人間味あふれる」接客をしたりすると、客のほうがかえって異様な感じをいだき、警戒することになるのであり、同じことは学生に応対する教員についてもいえるにちがいない。それでは、「政府づくり」には、ほかのモノ的ヒト組織づくりには見られない特質が、なにかあるのだろうか。

ここで、さきほど記したように、政府に対する指令としての政策には政府が人的・物的秩序維持の対象とする地理的領域内に存在する人びとの行為範型についての認識指令が含まれていることが、重要な意味を帯びてくる。たとえば政治家が法律を制定する——それは議会ででも、あるいは独裁者の宮殿においてでもよい——。この法律は、政府の作動領域内に存在する政府構成員（＝公務員・役人）以外の一般人の行為範型を、政府に認識として摺り込むものであることがある。この行為範型は、具体的には一般人の権利や義務、つまり有り体にいって「やってよいこと」や「やるべきこと」なのであるが、そのように認識するのは政府であって、政府とは無関係の当の一般人ではない。これは、法律が対政府指令であることからして当然である。そしてまた、いくら一般人が「私は権利をもっている」とか「私は義務を果たしている」とか主張したところで、政府によってそのように認定されなければ、それは単に「権利をもっているつもり」、あるいは「義務を果たしているつもり」にすぎず、意味をなさない。

そこで、工作者《ファブリケイター》として政治家が政府をつくり、整形し、動かすさい、まず政府が作動領域内で物理的暴力を十分独占的に確保するよう注意を怠らず、そのうえで一般人の行為範型を細かく規定し、政府をしてそれから逸脱する一般人に制裁を科すように、あるいはそれに同調する一般人に褒賞を与えるように指令するとともに、さらにその指令の実効性が低下しないように政府を不断にチェックし、そのカタチを整え続けることができれば、政府の作動領域内の人びとのなかに、特定の行為範型への同調者を多数確保できるようになる。つまり、政府の周りに、政府によって行為を統制され整序される人びとが数多く生まれることになるのであり、これが政府による領域内の人的秩序維持ということの具体的な内容である。そのさい、非政府一般人の行為範型への同調を支える心理的機制は問題にならない。とにかく同調が確保されさえすれば政府としては構わないわけである（ただし安上がりに同調が確保されるかどうか、これは大きな問題となり得る）。

こうして、政府は自らの作動領域内に、型にはまったヒトを大量につくりだす。この型の制約度は公務員・役人に比べれば低いから、ここに生まれる行為範型同調者のモノ度も、政府構成員よりは小さいだろう。それでも、モノ性を帯びたヒトが多数生まれることは確かである。この、政府によって行為を統制され整序されることを共通の属性とする人びとの集合は、政府によって共属性を与えられて成立する共同体ということで、「政府的共同体 governmental community」とでも名づけるのが適当だろうが、それは直接的には政府によって形成されるもの、そのおおもとをたどれば政治家が政府を使ってつくりだしている。政治家が〈仕事《ワーク》〉し、ヒトを素材につくりだすのは、直接的には政府であるが、それを中心にしてひろがる政府的共同体もまた、政治家の〈仕事《ワーク》〉の立派な産物なのである。この製作《メイキング》・工作《ファブリケイション》の産物の独特のひろがりこそが、おなじくヒトを素材にしながらも、「政府づくり」と企業や大学の経営者によるモノ的ヒト組織づくりの違いである。

自由連想よろしくあれこれ論じてきたが、要点は単純であり、（一）ヒトの行為が定型化され不確実性を縮減されれば、行為はパタン化された行動《ビヘイヴィア》と化し、ヒトはモノ化する、そのときヒトとヒトとのあいだに生じるはずの〈活動《アクション》〉や〈言論《スピーチ》〉は展開可能性を失う、（二）かかる意味でのヒトのモノ化を大規模に行っているのが、私たちが日ごろ目にする「政治」であり、たしかにそれはアーレントのいうとおり製作《メイキング》あるいは工作《ファブリケイション》としてある、よって今日、「政治家」とはヒトを素材にモノづくりに励む製作者《メイカー》・工作者《ファブリケイター》であり、つまりは仕事人《ワーカー》である、ということである。

こうした「政治」状況が、〈活動《アクション》〉や〈言論《スピーチ》〉としての政治《ポリティクス》からの「逃亡」として成立したものなのかどうか、その発生経緯は不明である。また、プラトン以来の西洋の「政治」哲学がかかる現実を生んだのか——それは哲学者を買いかぶりすぎというものだろう——、それとも「政治」哲学がかかる現実を反映したにすぎないのか——それは逆に哲学者の過小評価だろう——、筆者には判断する能力がない。しかし、私たちの「政治」が製作《メイキング》であり工作《ファブリケイション》であるというアーレントの冷徹な認識は、ヒトを素材としたモノを含んだかたちで世界の「モノ的性格 thing-character」（*HC*, p. 93）（あるいは逆に、生産されたモノの「世界的性格 worldly character」〔*HC* 94〕）を理解するとき、筆者にはまったくもって「腑に落ちる」ものなのである。

おわりに

以上は、筆者が『人間の条件』を現代政治学の「名著」として理解するさいの、現時点での「読み」（という名の連想）のあらましである。しかし最後に手の内を明かせば、筆者にとって同書が最も「腑に落ちる」ときの読みかたは、じつはこれではない。近代科学による「地球疎外 earth alienation」と近代哲学による「世界疎外 world alienation」を受け、「人間自身の精神への逃亡」（*HC*, p. 289）——ここでも「逃亡 escape」である！——を果たした近代人において、観照的と活動的というふたつの生活間での優劣関係の変容、およびそこで優位を確立した活動的生活における〈仕事《ワーク》〉の一時的勝利と〈労働《レイバー》〉の最終的勝利というアクティヴィティ間の序列の変化が生じたさまを骨太に描く第六章「活動的生活と近代」は、〈活動《アクション》〉＋〈言論《スピーチ》〉としてポジティヴに措定される政治《ポリティクス》の影がほとんどないこともあって、筆者には十分な説得力と迫真性を備えているように思われ、むしろこの最終章こそが『人間の条件』の白眉をなすとも思われるのだが、一番「腑に落ちる」のは、そういう巨視的なモダニティ論として同書を了解したときでもない。「「私たちがやっていること」が実際に本書の中心テーマである」（*HC*, p. 5）という、プロローグにおける宣言を額面どおり受け止め、人間存在についての反省と連想を促す人間学（anthropology）的な根本命題を内に秘めた作品として『人間の条件』を理解するとき、筆者にとって同書は最も「腑に落ちる」ものとなるのである。

アーレントが取り上げたアクティヴィティは、いずれも「基礎的な人間アクティヴィティ *fundamental* human activity」（*HC*, p. 7〔傍点・斜体引用者〕）である。つまりそれは、「一般的な人間能力 *general* human capacity」（*HC*, p. 6〔同前〕）であり、あるいは「人間の条件の最も初歩的な表現 the most elementary articulation」として、伝統的にも今日の考えでも「各人間存在 *every* human being の範囲内」（*HC*, p. 5〔同前〕）にあるとされてきたものなのである。したがって、たとえばヴォルフガング・モーツァルト（Wolfgang Amadeus Mozart）もたしかに人間なのだから、彼の〈仕事《ワーク》〉能力は人間能力であり、よって「私たち」のアクティヴィティであるなどと考えてよいわけではない（当たり前である）。モーツァルトの能力は一般性を欠いており、「各人間存在の範囲内」に収まってなどいない。そうではなく、私たち一人ひとりが備えている能力が〈労働《レイバー》〉であり、〈仕事《ワーク》〉であり、〈活動《アクション》〉と〈言論《スピーチ》〉なのである。そして、それらは私たちが現に各々「やっている」ことでもある。これはどういうことか。

人間にとって存在するのは、所詮は自分とモノとヒトである。人間は、「彼のカラダ（body）とともにだけあり、自らの命を保つというむき出しの必要性に向き合って」いるときに〈労働《レイバー》〉しているのであり、それはモノ世界ともほかのヒトとも、ともにない状態である（*HC*, p. 212）。モノ世界とともにあるとき、人間は〈仕事《ワーク》〉している。ほかのヒトとともにあるとき、人間は〈活動《アクション》〉し、〈言論《スピーチ》〉を行っている。しかし、この三つ（ないし四つ）のアクティヴィティの同時遂行は不可能である（アーレントは、アクティヴィティ間を峻別し、それらの相互滲透の可能性を認めない点において、厳格すぎるほどに厳格であり、そこに「自由連想」につきものの気儘《きまま》さはない）。したがって人間は、〈労働《レイバー》〉者（laborer）、〈仕事《ワーク》〉人（worker）、〈活動《アクション》〉者（actor）（＋〈言論《スピーチ》〉者〔speaker〕）のいずれかの役割を、不断に演じ分けていることになるのだろう（一〇〇パーセントの〈労働《レイバー》〉者といったものは明らかに異常であり、非現実的でもある）。ほかの人間――それはヒトであってもモノ的ヒトであっても構わない――とともにあっても、自分のコトしか眼中になく、自分の利益の維持や増進にのみ努めているとき、人間は〈労働《レイバー》〉者である。モノ、あるいはモノ的ヒトとともにあって、それらの処理に追われているとき、人間は〈仕事《ワーク》〉人である（ただしここでの〈仕事《ワーク》〉は、製作《メイキング》あるいは工作《ファブリケイション》という色合いを薄めているかもしれない）。そして、ほかの人間をヒトとして認識し、ヒトとして扱うとき、そのときに限り人間は〈活動《アクション》〉者であり〈言論《スピーチ》〉者である。人間は瞬間ごとに、この三つ（ないし四つ）のアクティヴィティ主体を往き来しているに違いない。

　もちろん、これは筆者のさらなる自由な連想であり、それがいまだにアーレントという「他人の自我に依存」し、その「制限」を感じながらのものといえるのかどうか、我ながら大いに疑問である。しかし、こうした「読み」（を騙る自由連想）にもひとつだけ、彼女の議論の綻びをいくらか繕うことができるという利点がありそうである。ここで綻びとは、さきに指摘したとおり、〈活動《アクション》〉（＋〈言論《スピーチ》〉）→〈複数性《プルラリティ》〉という、アクティヴィティから「人間の条件」に向かっての条件づけの希薄さのことである。

「私たちがやっていること」を思い起こしてほしい。自分の周りには、モノ世界に収容可能なモノ的ヒトがあふれているし、それに対して自分もモノ的ヒトとして応対しているはずである。そのとき、行動《ビヘイヴィア》によって織りなされ固化してしまった人間関係の「網の目 web」（*HC*, §25）を、〈活動《アクション》〉と〈言論《スピーチ》〉によって自ら意識的に切り裂き、自分自身と他者のモノ性を同時に解除しようと努め、運良く両者の意向が合致してその解除に同時に成功しないかぎり、ヒトとヒトの〈複数性《プルラリティ》〉を顕現させることなど到底できない相談なのではないか。つまり、ヒトとヒトの〈複数性《プルラリティ》〉は「人間の条件」として、いわば標準設定《デフォルト》としておのずから存在するのではなく、むしろ〈活動《アクション》〉や〈言論《スピーチ》〉によってつくられ——それがヒトをつくるものである以上、この作業に〈仕事《ワーク》〉性はない——、維持されるものなのではないか。このことは、家族であれ、友人であれ、恋人であれ、すべての特別な他者、つまりヒトとして付き合うべき他者とのあいだで私たちが築く関係のありかたと、とりわけ「人間事象 human affaire」に特有の思いもよらぬその「はかなさ frailty」（*HC*, §26）とを想起すれば、十分に納得できるところではなかろうか。

『人間の条件』をめぐっての、「読み」にかこつけた勝手な連想をこれ以上綴ることは、こうした〈仕事《ワーク》〉の場ではさすがに憚られる。それは、「手段と目的のカテゴリー category of means and ends のまったき外部」（*HC*, p. 207）において、ともに〈活動《アクション》〉し〈言論《スピーチ》〉するような、ごく少数のヒトに対してのみ明かすべき性格のものであろう。

（1） I・バーリン＝R・ジャハンベグロー（Ramin Jahanbegloo）（河合秀和訳）『ある思想史家の回想——アイザィア・バーリンとの対話』みすず書房、一九九三年（*Conversation with Isaiah Berlin*, London: Peter Halban, 1992）、一二五頁。アーレントを高く評価するバーナード・クリック（Bernard Crick）も、私的な会話でバーリンからその点を批判されたさい、「まったくの形而上学的な自由連想だよ Sheer metaphysical free-associaiton」とのアーレント批判を耳にしたとする（Bernard Crick, "Hanna Arendt and the Burden of Our Times," in *Crossing Borders: Political Essays*, London and New York: Continuum, 2001, p. 153）。

（2）Jeremy Waldron, *Political Political Theory: Essays on Institutions*, Cambridge MA and London: Harvard University Press, 2016, p. 13.

（3）Hanna Arendt, *The Origins of Totalitarianism* (New Edition with Added Prefaces), San Diego: Harcourt, c1979（大久保和郎・大島通義・大島かおり訳『全体主義の起原 一―三』みすず書房、一九七二―七四年）, p. 473.

（4）シューマン（吉田秀和訳）『音楽と音楽家』岩波書店（岩波文庫）、一九五八年、一〇二頁。

（5）以下では、アーレントが使用するタームのうちで特に重要なものには、その特異な含意に注意を促すべく、いささか煩瑣ながらもそのすべてに原語（英語）での発音をカタカナで振ることとする。

（6）本章では、マーガレット・カノヴァン（Margaret Canovan）の序論を冒頭に付した第二版、すなわち *The Human Condition* (Second Edition), Chicago and London: The University of Chicago Press, 1998（志水速雄訳『人間の条件』筑摩書房〔ちくま学芸文庫〕、一九九四年）をテクストとして使用する。以下、同書からの引用あるいは同書への参照指示は、頁の場合は（*HC*, pp. xx-yy）、セクションの場合は（*HC*, § zz）という簡略化したかたちで、文中に示す。

（7）佐々木毅編『現代政治学の名著』中央公論社（中公新書）、一九八九年、v―vi頁。

（8）これはバールーフ・デ・スピノザ（Baruch de Spinoza）を称してのポール・ヴェルニエール（Paul Vernière）の言葉である（上野修『デカルト、ホッブズ、スピノザ――哲学する十七世紀』講談社〔講談社学術文庫〕、二〇一一年、一〇二頁、二四一頁〔註（三二）〕）。

（9）たとえば、代表的なアーレント政治思想研究のひとつである Margaret Canovan, *Hannah Arendt: A Reinterpretation of Her Political Thought*, Cambridge: Cambridge University Press, 1992（寺島俊穂・伊藤洋典訳『アレント政治思想の再解釈』未來社、二〇〇四年）, Ch. 4 も、『人間の条件』の成立経緯をふまえ、またアーレントの「思考の流れ thought train」に沿い、それを『全体主義の起原』の延長線上に位置づけることで、彼女の作品群におけるその突出を回避しようとする試みと考えらえる。カノヴァンによれば、アーレントについての誤解は、その思想を解釈するさいに「間違った場所 wrong place」、つまり『人間の条件』から出発しがちであることに起因するという（p. 7）。「アーレント学者」にとってさえ、『人間の条件』がいかに難物かがわかるというものであろう。

（10）ただし、『人間の条件』では「思考 thinking」や「善行 doing good works」も活動的生活を構成するアクティヴィティに含まれるとされるから（*HC*, pp. 5, 74–78, 90, 171, 236, 325）、アクティヴィティがこの三つ（ないし四つ）に限られるわけではない。

（11）まともなお付き合いの相手としては、Bernard Crick, *In Defence of Politics* (Second Pelican Edition), London: Penguin Books, 1982（前田康博訳『政治の弁証』岩波書店、一九六九年）程度に稀釈されたものが良さそうだが、それでもかなりの曲者である。

（12）三木清は『パスカルにおける人間の研究』（岩波書店〔岩波文庫〕、一九八〇年）において、以下のように述べる。「哲学は生の現実に通路を有せぬ架空の仕事となるべき傾向を自己のうちに十分にもっておる。人間の存在の事実のうちに深く根を張っていない限り、哲学といえども自己逃避の慰戯に過ぎない。哲学が単に議論を議論する慰戯に終り易き事実を見定めて、パスカルは、「我々は決して事柄そのものを訊ねずしてかえって事柄の議論を訊ねる」（Nous ne cherchons jamais les choses, mais la recherche des choses. 135）といっている」（四五―四六頁）。

（13）Hannah Arendt, *The Life of the Mind* (One-volume Edition), San Diego: Harcourt, c1978（佐藤和夫訳『精神の生活 上・下』岩波書店、一九九四年）, Vol. Two / Willing, pp. 195–198.

（14）以下の部分は、拙稿「影響の体系としての現代民主体制」（宮本太郎・山口二郎編『リアル・デモクラシー――ポスト「日本型利益政治」の構想』岩波書店、二〇一六年所収）で展開した議論を圧縮したものである。詳しくはそちらを参照いただきたい。

（15）このことは、社会によるヒトの行為の定型化が起きないということでは、まったくない。私たちは、生まれた瞬間に始まり、死ぬまで間断なく続く社会化のプロセスのなかで、さまざまな役割の存在を認識し、自らへの妥当な役割の割り当てかたを学習し続けるが、役割とは行為定型の束に対応するヒトの類型・タイプが、伝達・共有可能な知識となったものにほかなるまい。ピーター・バーガー（Peter L. Berger）とトーマス・ルックマン（Thomas Luckmann）は以下のように論じる。「行為しつつある自己と行為しつつある他者は、ともに独特の個人として理解されるのではなく、さまざまなタイプとして理解される。……この種の類型化が行為者の集団に共通する対象化された知識在庫の文脈において生じるとき、われわれははじめて本来の意味で役割なるものについて語り始めることができる。役割とはそうした文脈内における行為者の諸類型に他ならない。役割の類型学の構築が行動の制度化にとってなくてはならない相関物であることは、容易に理解することができよう」（ピーター・バーガー＝トーマス・ルックマン〔山口節郎訳〕『現実の社会的構成――知識社会学論考』新曜社、二〇〇三年〔新版〕〔*The Social Construction of Reality: A Treatise in the Sociology of Knowledge*, New York: Anchor Books, 1967〕、一一三頁）。たとえば「子供は子供らしく」、「上司は上司らしく」というとき、「子供」や「上司」は役割であり、「らしく」は定型的な行為の総体を指す。アーレントは大衆社会《マス・ソサイエティ》の行為画一化圧力を重視したが、制度化や伝統化の程度に違いはあれ、社会一般について、ヒトの行為のかなりの定型化が、ヒトがそこに入り、そこにとどまるなかで、不可避的に生じるのである。そして、ヒトと場にふさわしい役割と行為定型に関する諒解の綻びから数多くの悲喜劇が生まれることは、私たちの生活常識である。

（16）「範例的妥当性 exemplary validity」については、Hannah Arendt, *Lectures on Kant's Political Philosophy*, Chicago: The University of Chicago Press, 1992（仲正昌樹訳『完訳 カント政治哲学講義録』明月堂書店、二〇〇九年）, pp. 76–77, を参照。

（17）アーレントによれば、〈活動《アクション》〉につきまとう三重のフラストレイションとは、結果の不可予言性、プロセスの「不可逆性 irreversibility」、そして（〈活動《アクション》〉と〈言論《スピーチ》〉の結果として生まれる物語《ストーリー》の）作者《オーサー》の匿名性に対するそれである（*HC*, pp. 184, 220）。しかし、不可逆性については、いささか疑問を感じる。時間の流れが一方向的である以上、あらゆる人間事象のプロセスは、例外なく不可逆的なのではないだろうか。そして、セクション三三「不可逆性と許す力」で主に扱われているのも、プロセスや「連鎖反応（連鎖的再〈活動《アクション》〉）chain reaction」（*HC*, pp. 190, 240）を中断し切断する働きをもつ「許し forgiveness」の力であるように筆者には思われる。

＊本章は、平成二六年度～平成二八年度科学研究費助成事業・基盤研究（B）「民主主義活性化のための政治理論と実証研究の共生成的政治学の研究」（課題番号二六二八五〇三五、研究代表者・小川有美）の成果の一部である。

第三章　Crime against Humanity
――「罪責」と「悪」のあいだ

萩原能久

はじめに

「実証的研究の文脈におけるハンナ・アーレント」と題されたのが本書の元となったシンポジウムであった。多くの報告は実証理論としてのアーレントの不備や現実の政治分析に彼女のアイディアを適用しようとする際の難点を指摘するものであったように思う。筆者はこれらの指摘のほぼすべてが批判として、正鵠を射たものであることを否定しようとは思わない。しかし「実証的研究」が学問のすべてではない。実証性に過度に目を奪われてしまうことによって、アーレントの考察が政治学に与えた重大なインパクトが見えなくなってしまうことを危惧する。本章ではアーレントの思想が、まさに実証主義が見逃してしまうたぐいの重大な人類の経験を法・政治理論のなかに取り込もうとするものであったことを示したい。特に問題なのは実証主義の一形態である法実証主義、あるいは実定法学（legal positivism）である。それはあらかじめ実定法によって規定された戒律違反が罪として、その度合いに応じて罰されるという立場であるが、それはこれまで存在していなかった新しいタイプの「悪」をとらえそこなってしまうのだ。したがって問題はアーレントの分析枠組が実証研究に使えるか否かという瑣末な点にあるのではない。こう述べたからといって、実証研究などに価値がないと主張したいのではない。むしろ実証分析に欠けがちな視点を相互補完するものとしてアーレントの問題提起を受け止めるべきであろう。

たとえばアーレントの全体主義論はしばしばフリードリッヒ（Carl J. Friedrich）とブレジンスキー（Zbigniew K. Brzezinski）による「六点症候群」[1]やシャピロ（Leonard Schapiro）の類型論[2]と比較される[3]。アーレントの全体主義論はこうした政治学者たちの「分析枠組」と比べるなら、たしかに使い勝手は悪かろう。しかし全体主義を国民国家（nation-state）没落後に新しく登場してきた二〇世紀政治システム論（川崎修）[4]、「制度」に「運動」を対置した「新しく登場した政治体制」論として読み解くアーレントの視点の斬新さが見逃されてはならない。カール・シュミット（Carl Schmitt）のように友と敵を区別し、敵を殲滅しようとするのは他ならぬ国民国家の論理である。全体主義はそれを凌駕する。国民国家のなかで法の支配によって確立されていた自由で自発的な会話や行為の可能性は全体主義のイデオロギーによって破壊される。さらにはテロルという手法が人民を強制して一定の運動に動員しつつ常に内部から新たに敵を作り出す。それが全体主義なのだ。しかしここに本章で検討したい問題がある。アーレントの全体主義論のなかで重要な位置を占めていた「忘却の穴」をめぐる議論と、カント（Immanuel Kant）から彼の思想を換骨奪胎させる形で引き継いだ「根源悪」論の二つがそれである。この二つの観念は後の作品である『イェルサレムのアイヒマン』で、前者は撤回され、後者は「悪の陳腐さ」の議論に取って代わられたと主張されることが多いが、果たして本当だろうか。

また本章で特に重視したいのがcrime against humanityの問題である。後述するように、筆者は通常、この犯罪に与えられている日本語の呼称「人道に対する罪」は、ことナチスの犯罪に関するかぎり極めてミスリーディングであると考えている。これはニュルンベルク裁判で初めて導入された概念であるが、その最大の特徴をアーレントは動機の不在に見る。なぜなら、特定の目的を実現するための合理的手段を比較秤量する目的合理性など、そこには全く存在していないからである。

一　戦争「犯罪」とは何か

これらの問題に対するアーレントの立ち位置を検討する前に、まずはやや回り道になるが、戦争犯罪とは何かという問題から考えてみたい。

欧米でよく用いられる諺に「恋愛と戦争では手段は選ばない」というものがある。この諺が含意しているのは、恋愛ではどんな策略や嘘も許され、戦争ではどのような暴力も許容されるのであり、それを道徳的に非難することなど無意味であるとのリアリスト的信条であろう。しかし恋愛ならいざ知らず、少なくとも戦争ではどんな卑劣なことも許されるというのは間違った認識である。そうでなければ、そもそも「戦争犯罪」という観念自体が成立しないことになる。「戦争犯罪」という観念は、まずある種の戦争それ自体が違法であり、だから犯罪であるということ、そしてそれとは別個の問題として、戦争そのものがいいか悪いかは別として、戦争の戦い方にはルールが存在し、そのルールに違反することも犯罪となるということを前提としている(5)。

こうした考え方は人類の歴史のなかで長い時間をかけて形成されてきた。戦争のルール化という問題を考える場合に避けて通れないのが中世ヨーロッパで形成された「正戦論 bellum justum」という思想である。英語ではこれを just war theory と訳すことが多いが、just war、つまり「正義の戦争」という訳語が与えるニュアンスは誤解を招くもととなってきた。戦争に打って出ることそれ自体は、いかにそこに崇高な理念や大義があろうと「悪しき手段」であることに変わりないからである。だからこそ、古来から、様々な宗教宗派のなかから「絶対平和主義」の思想が生み出されてきた。その意味ではたしかに正戦論とは、平和を愛する人たちからは評判の悪い理論である。現代の代表的な正戦論者であるマイケル・ウォルツァー（Michael Walzer）の言葉を借りて言えば(6)、正戦論とは天国に行き損ない、さりとて地獄に堕ちることもなく、現世で既存の権力に仕え続ける政治理論であるとも言える。しかし政治というものを考えるとき、ドイツの有名な社会学者マックス・ウェーバー（Max Weber）も語っているように、善からは善のみが、悪からは悪のみが生まれるのではないことを認識することがまずもって肝要なのであり(7)、われわれはいかにそれが道徳的に崇高で、論理的に首尾一貫している態度であるとはいえ、絶対平和主義に無条件で与することはできない。もし現実世界が不正義と抑圧に満ちており、それに対して力ずくで対抗するということが許されないなら、絶対平和主義は結果として不正義を黙認し、その蔓延を許してしまうことになり、それは不正義への間接的荷担となってしまう。そうでなくとも、「右の頰を打たれれば左の頰を差し出す」ような絶対平和主義は究極的には殉教の思想であり、それは現世的な価値からするならばまさに「犬死」に他ならない。正戦論とは戦争それ自体を悪であると認識しながらも、その悪のなかにはより大きな善、たとえば永遠平和のためには許される悪があるとするギリギリのところに成立する思想なのであり、無邪気な戦争肯定論では断じてない。

正戦論の原型がいつ頃できあがったかについては諸説あるが、その体系化にあたってキリスト教思想の影響は無視できない。ローマ帝国の末期に国教化されたキリスト教は、「汝殺すなかれ」という教えを含みもつ平和主義的宗教であったが、それが国教、つまり国家公認の宗教である限り、キリスト教徒であるローマ市民が兵役に就くことを許すような論理を構築する必要が当然の要請として出てくる。それを行ったのが四世紀から五世紀にかけて活躍したキリスト教の教父、アウグスティヌス（Augustinus）であり、それを精緻な形で体系化させたのが一三世紀のトマス・アクィナス（Thomas Aquinas）であった。トマス・アクィナスは『神学大全』のなかで、戦争という手段に訴えかけてよい三つの条件（jus ad bellum、日本語では「戦争への正義」とか「開戦法規」と訳すことが多い）をあげている。[8] まず君主のみが宣戦布告の権限をもつこと（これによって私的な武力行使が禁じられ、戦争主体が制限されることになる）、二つ目に戦争の理由が正当かつ必然的なものであること（justa causa、具体的には侵略戦争は許容されず、基本的に防衛戦争のみが容認され、不正に奪われたものの回復に正当原因が限られることになる）、そして三つ目に戦争には正しい意図（recta intention）が必要だと説かれている。具体的には勧善懲悪のみが容認され、残忍な復讐や権力欲が戒められる。こうした三つの基準のなかでもカソリックの正戦論のなかで一番重要視されていたのは「正当原因論 justa causa」であった。

近代にはいると、一四九二年の「新世界」発見以来、ヨーロッパ人たちは征服と植民の問題に直面することになる。スペインの法学者や神学者、なかでもビトリア（Francisco de Vitoria）やラス・カサス（Bartolomé de las Casas）は新世界に対するスペインの征服・植民活動を批判的に論じていた。ビトリアはアメリカ大陸の先住民であるインディオに対するスペイン国王の支配の法的根拠に異議を唱え、世界の諸民族間の交流の自由を法的に根拠づけつつ、異教徒たるインディオも人間として自然権を有するとその権利を擁護した。またラス・カサスはスペインの征服行為を不正とみなし、キリスト教徒たちがインディオたちをいかに残虐に扱っているかを暴き出した[9]。

このような先駆的業績を受けて、近代的な正戦論を展開したのが「国際法の父」とも称されるグロティウス（Hugo Grotius）である。三十年戦争のさなかに著された『戦争と平和の法』[10]でグロティウスがあげている正戦の基準は本質的にはカソリックのそれと変わるところはないようにも見えるが、そのような判断は早計である。「平和を保障するための戦争」のみを容認する彼が重視するのもたしかにカソリックと同じく正当原因論 justa causa なのだが、その根拠は宗教的なものではなく、合理的なものに変貌している。戦争をするのと、しないのとではどちらが有利かを考えれば、平和の方が有利であるという判断をグロティウスは重視する。そこから彼は戦争での残虐行為の緩和を主張することになる。彼は一方で「正当原因論」に固執しながらも、原因はさておき、いつでも戦争を終え、平和を回復できるように戦争そのものをルール化することによって、戦闘行為の緩和化・非人道性の削減を図ろうとするのである。jus ad bellum つまり「戦争への正義（ないしは開戦法規）」と区別してこちらの方は jus in bello つまり「戦争における正義」ないしは「交戦法規」と呼ばれることになる。

ここまでの話の要点を整理しておこう。戦争犯罪論とは戦争全般のなかでも犯罪にあたる不正な戦争と、犯罪とは言えない、やむをえない戦争があるという考え方を前提にするのだが、歴史的に展開されてきた正戦論では大きく分けて二つの戦争犯罪が問題視されてきた。ひとつが「不正な侵略戦争を始める」という犯罪に関わるもので、これが jus ad bellum「戦争への正義」に違反する行為として断罪される。自衛のために戦うことは原則的に犯罪ではない。この犯罪の責任が問われるのは基本的に侵略戦争を画策した国家の指導者である。

もうひとつのタイプの戦争犯罪は「戦い方」の問題で、jus in bello すなわち「戦争における正義」に違反する行為がこれにあたる。そこでは大きく分けて二つの原則違反が問題になる。

ひとつは「比例の原則」で、なされた不正を正すのに必要以上の力を行使してはならないというものである。必要以上の力を行使してはならないということには次のことも含まれる。すなわち、戦争の目的は「勝つ」ことであって人殺しを楽しむものではないわけだから、それにとって必要なのはできるだけ多数の敵国兵士を戦闘外に置くことだけである。したがって負傷したり、降伏したりしてすでに戦闘外に置かれた者の苦痛を無益に増大させたり、この目的の範囲を超えた殺傷は「必要を超えた力の行使」として戦争犯罪となる。毒ガスや生物化学兵器が禁止されているのはこのためであり、また捕虜の虐待が禁止されているのも同じ理由からである。

もうひとつが区別の原則である。戦闘員と非戦闘員、つまり兵士と民間人の区別を設定し、戦争において非戦闘員を意図的に攻撃対象としてはならないというルールがこれにあたる。兵士が軍服を着ているのは、その方がもちろん勇ましく、格好良く見え士気を高めるということも理由のひとつではあろうが、それ以上に、民間人と自分たちを一目ではっきりと区別させるという目的こそが肝要なのである。民間人を意図的に攻撃の対象にしてはならないということでしばしば問題になるのが空爆、そしてその最も極端なケースとしての広島・長崎への原爆投下である。軍需工場や軍事施設が広島や長崎にあったことは間違いないが、そこには普通の市民も暮らしていた。基本的にこれが明白な戦争犯罪であったということは、アメリカの良識ある学者たち(11)も一様に認めるところなのだが、ここに戦争犯罪の裁かれ方の問題が如実に示されることになる。

二　戦争裁判の問題性――「東京裁判批判」を中心に

現代世界では戦争犯罪を裁くための常設機関として国際刑事裁判所 International Criminal Court（略称 ICC）という機関が存在している。これは比較的に新しい機関で一九九八年にその設立のための条約の調印が採択され、二〇〇二年の七月にこの条約が発効することによって史上はじめてオランダのハーグに誕生したものであり、まだ一五年ほどの歴史しかない。それ以前は、たとえばユーゴの内戦を裁く旧ユーゴ国際戦争犯罪法廷やルワンダ内戦時における虐殺の責任を問うルワンダ国際戦争犯罪法廷がそうであったように、戦争終結後、その都度設置されていた戦争裁判所がこの問題を扱っていた。こうした戦争裁判所の起源を遡ると行き着くのは第二次世界大戦でのナチスの戦争犯罪を裁くニュルンベルク国際軍事裁判所と日本の戦争犯罪を裁く極東軍事裁判所（いわゆる東京裁判）である。

日本でも東京裁判に対する反発をあからさまにして、保守や右翼の立場から、「東京裁判史観」などという言葉が持ち出されるのは衆知の通りである。彼らの批判はある意味で正しく、ある意味では正しくない。そこでまず、「東京裁判史観」を批判する人たちの見解から簡単に検討することで、「戦争を裁く」ことの一般的問題性を考察しつつ、アーレントのこの問題への貢献がどのようなものであったのか検討したい。

まず戦争裁判で一番問題になるのは、いわゆる「勝者の裁き」問題であろう。勝った側が負けた側を一方的に裁く、このような裁判の「公正さ」は大いに疑問視されてよい。事実、旧日本軍の戦争犯罪を裁く裁判では通常の裁判では証拠として採用されない、自分が直接見たり聞いたりしたのではない「伝聞」が証拠採用されたりもしていた。東京裁判ではまた、連合国にとって都合の悪い陳述や弁護は許されず、被告側から提出された証拠資料も却下された。もうひとつの問題は負けた側の犯罪のみが問題視され、連合国側の戦争犯罪は一切不問に付されたことである。先述のごとく、アメリカ軍による広島・長崎への原爆投下、東京大空襲をはじめとする一般市民への無差別爆撃で四〇万人の非戦闘員が命を落としている。ソ連による満洲侵略とこれに続く日本人のシベリア抑留も捕虜虐待を禁止する国際法への重大な違反であるが、これも裁かれてはいない。

二つ目の批判は東京裁判でも用いられた「共同謀議」論に対するものである。共同謀議とは複数の人間が共同で犯罪の実行を相談し、合意することであり、もともと英語の conspiracy の訳語であるから、「陰謀」と訳した方が一般になじみがあるかもしれない。日本にはない英米法特有のこの犯罪のモデルはマフィアに代表されるようなギャングへの適用を想定したものである。「共同謀議」はナチスの戦争犯罪を裁くニュルンベルク裁判所条例を先例に、それをそのまま極東軍事裁判所条例としたものなのだ。ナチスがある意味で世界支配の陰謀をたくらんでいたとみなすことはできるかもしれないが、日本はどうか。当時の日本はまがりなりにも立憲君主国家であり、議会も機能していた。東京裁判の起訴状にある昭和三年から終戦の二〇年までの一七年間に、内閣は一六回更迭されている。しかもその理由は、主として閣内の意見不一致によるものだった。それにもかかわらず、検察側は二八被告の「全面的共同謀議」によって侵略戦争が計画され、準備され、実施されたと主張し通したのである。この二八人のなかには相互に面識もない人たちが多く含まれていた。顔も知らず、会ったこともない人間とどうして共同謀議などできよう。

一般の刑事事件でも複数の人間からなる共同主体の扱いは、「ぬれぎぬ」を着せ、人権侵害をひきおこす危険に満ちていると言える。だからこそ近代刑法には「責任主義」の原則がある。これは一言で言うと「責任なければ刑罰なし」という原則であり、行為者にその責任を問えない行為は罰することができないという原則である。ここでの「責任」とは簡単に言ってしまえば「非難できること」を意味する。しかもその「責任」はあくまで「自己責任」つまり自分の行為の結果についてのみ責任を問われるのであって、他人の行為から生じた結果については、責任を負わなくてよいのである。そして行為者を（刑法上）非難できるのは、行為者に故意があるか、少なくとも過失があった場合に限られると考えられている。したがってどんなに結果が重大であっても、本人に落ち度のない「結果責任」や「連帯責任」は近代刑法においては許されない。共同謀議の議論はこうした原則とも抵触する。

しかし戦争裁判にとってもっとも重要なのは、東京裁判において多数意見に対し、ただ一人「日本無罪論」といわれている見解を唱えたインドのパル判事の議論と関係する問題である。ニュルンベルクでも東京でも通常の戦争犯罪（つまり jus in bello 違反）と並んで裁判の訴因のひとつになっていたのは「平和に対する罪 crime against peace」であった。これは端的に、侵略戦争を開始した国家指導者、つまりA級戦犯の罪を問うものである。侵略戦争が違法であることは、たとえば日本も署名している一九二八年の「パリ不戦条約」でも謳われているように、国際社会においてすでに第一次大戦終了時以来確立してきていた。しかしそれについて個人の刑事責任を問うことまでは、この段階ではまだ予想されていなかったのである。それにもかかわらず軍事裁判所で「平和に対する罪」について指導者個人を処罰することは、この裁判以前には存在しなかった新しい罪名を作ってそれを後から適用しようとする事後法の適用にあたる。これは、どのような行為が犯罪とされ、それに対していかなる刑罰が科せられるか、犯罪と刑罰の具体的内容が事前の立法によって規定されていなければならないという「罪刑法定主義」、「法の不遡及」原則に明確に抵触する。

「罪刑法定主義」の原則に対しては、そもそも国内法である刑法と比較して、国際法に遡及処罰の禁止という原則がその当時、確立していたとは言えないという見解もある。また仮に法の不遡及禁止という一般原則が国際法にあったとしても、東京裁判に関しては、日本がポツダム宣言を受諾していたのであるからこちらの方が特別ルールとして優先する。ポツダム宣言は日本の独立を保障する代わりに戦争犯罪者は厳格に処罰すると事前に日本に通知し、降伏にあたってこれを日本も承諾していたのである。

しかし、そうした問題以上に重要なのが、新しいタイプの犯罪に、法がどう対応できるかという問題である。罪刑法定主義とはあらかじめ罪と罰の釣り合いを決めておくことによって人間の支配に往々にして見られる恣意的な処罰を排除することがその狙いである。しかしそのためには罰の対象となる罪があらかじめ想定されていなければならない。これまで知られているような犯罪を超え出たものは、それがいかに人類の良心に衝撃を与えようと犯罪たりえないことになってしまう。ここに罪刑法定主義のデメリットがある。従来の法律が想定していた可能性を超えたタイプの〈悪〉が発生した場合に、法律規定から処罰が難しかったり刑罰に上限ができてしまい、その〈巨悪〉の処罰が難しかったり厳罰にすることができないという問題が生じてしまうのだ。

三　根源悪としての crime against humanity

東京裁判では実質上、その適用がなかったが（日本の通常戦犯たちはまとめてB・C級戦犯と呼ばれた）ニュルンベルク裁判では裁かれることになったのがこの新しいタイプの〈巨悪〉なのだ。それはナチスが行ったユダヤ人に対する迫害と殲滅で、「人類に対する罪 crime against humanity」[12]と名づけられた。これがなぜ人類に対する犯罪なのか。アーレントは『イェルサレムのアイヒマン』のエピローグで、彼女の師でもあったカール・ヤスパース（Karl Jaspers）の次の言葉を紹介している。「この罪は普通の殺人以上でも以下でもある。しかもそれは〈戦争犯罪〉ではないが、もし諸国家がこのような罪を犯すことを許されていたならば、人類は確実に滅亡する」ことは疑いない[13]。

ニュルンベルク裁判の管轄する犯罪を規定した国際軍事裁判所憲章第六条ではこの犯罪は次のように定義されている。

> 犯罪の行われた国の国内法に違反すると否とにかかわらず、本裁判所の管轄に属するいずれかの犯罪の遂行として、またはこれに関連して行われたところの、戦前または戦時中のすべての一般住民に対する殺人、殲滅、奴隷化、強制的移送その他の非人道的行為、もしくは、政治的・人種的または宗教的理由にもとづく迫害（傍点は引用者）。

殺人、殲滅、奴隷化……これらのものはもちろん通常の「戦争犯罪」に該当する。事実、行為の実態としては「人類に対する犯罪」と通常の「戦争犯罪」とのあいだに大差はない[14]。「人類に対する犯罪」が「新しい犯罪」であると言えるのは、この定義に示されている次の三点の傍点を付した特色がゆえである。

まず「犯罪の行われた国の国内法に違反するかどうか」は問題ではない。このことは、その犯罪行為が当時のドイツ国内法上は合法であったとの言い訳を許さないということを意味している。当時のドイツは事実上、独裁国家であったから、どのような手前勝手な法だってつくることができたであろう。実際、ドイツ人とユダヤ人の結婚を禁止し、ユダヤ人から市民権を奪うニュルンベルク法をナチス政権は制定していた。

次に「戦前または戦時中」という表現が示しているのは、この戦争犯罪が戦時中に限定されず、平時において開始されていても国際的な戦争犯罪にあたることを意味する。

そして「すべての一般住民」という表現は、まず迫害にあったユダヤ人がそもそもドイツ国内に居留するドイツ国民であったことを意識したものに他ならない。戦争犯罪という用語は普通は戦時の、敵国民に対する犯罪を想起させるのだが、ナチスの主たる迫害・虐殺の対象はまず自国民のユダヤ人だったのである。通常は内政不干渉の原則によって口出しも手出しもできないドイツ政府の非道行為を断罪する必要がそこに込められていたのである。しかしそれは「すべての」住民であるから、最終的には国籍に関係なく、連合国の国民や枢軸国の国民、中立国の国民のすべてを含むし、「一般住民」という言葉から、この犯罪が軍隊を構成している兵士ではなく民間人、一般市民に対して行われた行為に限定されることがわかる。

しかし実際のニュルンベルク裁判では、この crime against humanity はこの新しいタイプの犯罪が遡及法であり、罪刑法定主義に違反するとの批判を恐れて、通常の戦争犯罪や武力行使と関係づけられてしまい、この犯罪が「新しい犯罪」であることが曖昧にされてしまったのである。(15)

その「新しさ」とは何か。それをあぶり出したのがアーレントであった。ナチスのユダヤ人虐殺、いわゆるホロコーストに関与し、数百万の人々を強制収容所に移送するにあたって指導的役割を演じたのがアドルフ・アイヒマン（Adolf Eichmann）であったが、イスラエルの秘密警察モサドに捕らえられ、イェルサレムに移送されてその地で行われた彼の裁判を傍聴していたアーレントは次のように書いている。

この正常性はすべての残虐行為を一緒にしたよりもわれわれをはるかに愕然とさせる。なぜなら人類共通の敵であるこの犯罪者は自分が悪を犯していると知る、感じることがほとんどできない状況のもとでその罪を犯しているからである。(16)

アイヒマンは倒錯者でもサディストでもなく、一片の罪悪感も抱いてはいなかった。彼は命令された仕事を黙々とこなす、いたってノーマルな、どこにでもいる普通の男だったのである。アイヒマンはいわば怪物的意図を有しないまま怪物的な犯行に及んだと言えよう。通常の刑法犯罪を構成する「悪意」はそこには不在である。だからこそ crime against humanity は「人道に対する罪」ではなくて「人類に対する罪」なのだ。ナチスに人間的温情や温かみ、つまり人道性が欠けていたと非難されているのではない。この特色がゆえにこそ、通常犯罪の残虐行為だとか、戦争犯罪と切り離して、これまで存在しなかった第三のタイプの戦争犯罪としてこの犯罪をとらえなくてはならないのである。crime against humanity は「その土地の住民全体を取り除く計画の一部」と認定されるべきものであり、けっして領土拡大だとかの、既知の犯罪的意図、目的とは異なるものである。強制収容所に入れられていたのはユダヤ人だけでなく、ポーランド人もロマも収容されていた。ある〈人種〉を地球上から永遠に抹殺することを公然たる目的とする事業を遂行しようとしたナチスは、個々の民族に対して罪を犯す以上の、人類に対する罪を犯したと認定されてしかるべきだったのである。

しかしながらアーレントがこのような「新しい犯罪」の存在と、それがその新しさゆえに、あらかじめ決定されていた罪と罰の釣り合いという罪刑法定主義を超え出たものであり、法学の手に負えるものではないと認識するようになったのは、アイヒマン裁判がきっかけだったのではない。『イェエルサレムのアイヒマン』が書物の形で公刊されたのは一九六五年であるが、もともとは一九六三年に雑誌 *The New Yorker* に連載されたアイヒマン裁判傍聴記であった。しかしそれに一〇年先立つ『全体主義の起原』のなかでアーレントは全体主義の悪を、カントの議論を換骨奪胎する形で「根源悪」論としてとらえようとしていたのである。[17] リチャード・バーンスタイン（Richard Bernstein）は全体主義論における「根源悪」をめぐるアーレントの議論の特色を以下の五点にまとめあげている。[18]

1. 人間としての人間を余計にする現象
2. 人間の予測不可能性と自発性の除去
3. 個人の全能性妄想
4. 伝統的道徳禁令ではとらえきれない
5. 利己心（動機）で説明も理解もできない

「人間としての人間を余計にする現象」が露呈するところには人間としての根源的権利、すなわち「権利を有する権利」としての人権が顧みられることはない。こうしたことを可能とする「根源悪」は人間的存在を解体し、人間的な個体性と自発性、自由と連帯を徹底的に破壊することによって人間の予測不可能性と自発性を除去しようとする。また個人の全能性妄想はそもそもアーレントが政治的生活の根本的条件として慫慂する人間の複数性という構想と相いれるものではない。アーレントにとって、われわれが「異なる地平」を有しつつも、それでも「世界がひとつ」であるとの実感を得ることができるためには、人々の意見が競い合う場が必要となるのであるが、その競演の場こそが彼女にとって政治空間を意味していた。しかるに「人間が人間として全能であるとすれば、複数の人間が存在しなくてはならない理由はなくなってしまう」。[19] このような全体主義体制にあってそこに存在することが許される人間性はひとつの型だけであり、各個人はいつでも他のものと交換可能な部品でしかなくなる。生涯、ユダヤ教にコミットすることのなかったアーレントであるが、バーンスタインは彼女のこうした思考様式に神学的オーラを嗅ぎつけている。「悪をかくも際立たせ、かくも根源的にする余計さとはいったい何なのか。それは（ユダヤ人であるかどうかにかかわらず）何百万人ものの人間に対する侮辱、拷問、および組織的な殺戮にかぎられない。自分たちは全能で、人間の複数性をを創造した神に比肩しうると思い込んだ全体主義の指導者たちの傲慢《ヒュブリス》さでもある(20)」。

このような「根源悪」は十戒に代表される伝統的道徳禁令を越え出たものであり、伝統的な悪の一覧表、すなわち「利己主義」や「権力欲」、「貪欲」、「サディズム」を用いて説明できるものではない。カントの根源悪思想がそうであったように、自己愛や利己心という動機では説明も理解もできない。いや、説明も理解もできないことこそが根源悪を絶対悪たらしめているのだ。そもそも何かを説明するということはそれを正当化することと等価である。「あなたがそれを理解出来るなら、それは悪ではない(21)」のである。なぜならポール・リクール（Paul Ricœur）も言うように「悪とは、それに対して戦うべきもの。存在しているものだが、存在すべからざるもの。なぜ存在するか言えぬもの。非・当為存在(22)」に他ならないからである。

しかしこの「不可知な悪」にどこかは蠱惑的な魅力がある。なぜ存在すべからざる悪にわれわれは時に魅了されてしまうのだろうか。アーレント自身はその理由について詳らかにしているわけではないが、それに警鐘を鳴らすことを忘れない。ナチスを「デモーニッシュな悪」と形容することは、図らずもそれを賛美することにつながってしまうからである(23)。

四　根源悪論の撤回？

さて、これまで検討してきたことから、『全体主義の起原』が全体主義の生成とその悲劇的結末を歴史的に説明しようとした業績であると位置づけてしまっては、この書物の射程を見誤ることになることがわかるだろう。ベンジャミン・バーバー（Benjamin Barber）が言うように「『起原』とは全体主義の歴史的説明ではなく『根元悪』の系譜学」[24]なのである。そうであるとすると、ここで問題となるのが、後年、アーレントが自ら「根元悪」論を撤回しているかのごとき発言を行っていることであろう。

ゲルショム・ショーレム（Gershom Scholem）への書簡のなかでアーレントは次のように記していた。

わたしは考えを変え、もはや「根元悪」については語りません……それは菌類のように表面に広がるからこそ、はびこりわたり全世界を荒廃させるのです。それが「思考を拒絶する」というのは、思考はある深さに到達しよう、根元に行こうとし、悪とかかわる瞬間、そこにはなにもないために挫折するからです。それがその「陳腐さ」です。善だけが深さをもち根元的でありうるのです。[25]

それに代わって『イェルサレムのアイヒマン』の副題ともされ、彼女がアイヒマンの犯罪を特徴づけるキーワードとして用いているのが〈悪の陳腐さ banality of evil〉である。アーレントはホロコーストに関して、それは怪物的な動機もなく怪物的な行為が実行されるという現象であったとしているが、そこで際立っているのがアイヒマンの〈無思考性 thoghtlessness〉である。

アイヒマンはイヤゴーでもマクベスでもなかった。しかも〈悪人になってみせよう〉というリチャード三世の決心ほど彼に無縁のものはなかったろう。自分の昇進にはおそろしく熱心だったということのほかに彼には何らの動機もなかったのだ……彼は自分のしていることがどういうことか全然わかっていなかった。まさにこの想像力の欠如のために彼は数ヶ月にわたって警察で訊問にあたるドイツ系ユダヤ人と向き合って坐り、自分の心の丈を打ち明け、自分がＳＳ中佐の階級までしか昇進しなかった理由や出世しなかったのは自分のせいではないということをくりかえしくりかえし説明することができたのである。……完全な無思考性 sheer thoghtlessness――これは愚かさとは決して同じではない――、それが彼があの時代の最大の犯罪者の一人になる素因だったのだ……このような現実離反と無思想性は、人間のうちに恐らくは潜んでいる悪の本能のすべてを挙げてかかったよりも猛威を逞しくすることがあるということ――これが事実イェルサレムにおいて学びえた教訓であった。[26]

アイヒマンは怪物的意図を有しないまま怪物的な犯行に及んだ〈凡庸な人物〉であった。アイヒマンは愚鈍ではないどころか、知的でむしろ有能な官吏だった。彼は自ら思考し、判断することを拒絶し、想像力を巡らせて他者の立場に立って考えてみることを放棄した。彼は徹頭徹尾、保身に走るだけの俗物であった。

彼の語るのを聞いていればいるほど、この話す能力の不足が考える能力――つまり誰か他の人の立場に立って考える能力――の不足と密接に結びついていることがますます明白になってくる。アイヒマンと意志の疎通が不可能である。それは彼が嘘をつくからではない。言葉と他人の存在に対する、従って現実そのものに対する最も確実な防衛機構[27]〔すなわち想像力の完全な欠如という防衛機構 absoluter Mangel an Vorstellungskaraft（独）〕で身を鎧っているからである。

このことは次の二つの看過できない教訓をわれわれに与えてくれる。まず全体主義の本質のひとつである官僚制がいとも簡単に人間を行政装置のなかの単なる歯車に変えてしまい、そのようにして非人間化された組織の歯車が〈死の工場〉（M・ハイデガー）を稼働させてしまうということがそれである。さらにはわれわれの誰もが、同じ事情のもとではアイヒマンと同じ悪に手を染めてしまう可能性があるかもしれないということだ。

いずれにせよ、「悪」の問題をこのようにとらえ直そうとするアーレントの根源悪論は廻り回ってカントのそれに近づくことになる。カントは人間のなかに、義務を踏み超える、純粋で抗しがたい性癖があることを認め、それを根源悪としていた。これは人間自身が自らの自由意志で自分のなかに引き入れた性癖であり、それについては人間は無制約な責任を負わなければならないとカントは考えていた。それに対して、単なる人間的弱さや愚かさはそうした悪と区別されなければならない。翻ってわれわれは他人の悪意をなぜ感じることができるのだろうか。逆説的だが、他人の悪を感じるとは、自分のなかに、その他人のものではない、純粋に自分自身の同じ悪意があるから以外の何ものでもない。悪を犯している当の本人が「自分は道徳法則への敬意から行為している」と信じている自己欺瞞、これがカントにとっての根源悪なのであり、自分自身を煙に巻く不誠実なのである。たとえば自分自身がアイヒマンと同じ状況に置かれていたとき、本当に自分は彼とは異なった行動をとることができるかという反省を欠いた他人事としての道徳的批判は欺瞞でしかない。悪とは、常に根元へ、根元へと辿っていこうとする、思考の深みを拒絶するところにあるという意味では、言葉の本来的意味で「ラディカル＝根源的」ではない。しかし、誰の心にも、その奥深くに、自分自身が引き入れてしまった悪への性癖が根づいており、その意味で凡庸な（banal）なものであるというラディカルさがそこにある。

五　全体主義の「忘却の穴」を押しとどめる

根元悪論と同じく、もうひとつ、『全体主義の起原』においては全体主義の特徴を表すキーコンセプトでありながら、のちにアーレント自身が「撤回した」かのようにも思える議論が存在する。「忘却の穴」をめぐる議論である。

アーレントは全体主義支配の本質を犠牲者の殺害にとどまらず、その人が生きていたという存在そのものの記録、さらにはその人に関する「記憶」自体が、「忘却の穴」に落とされて抹消されてしまうことにあるとしていた。

> 殺害がおこなわれた、もしくは誰かが死んだことを教える屍体も墓もなかった。この最新の〈粛清〉方法にくらべれば、ほかの国々の、またほかの時代の政治的暗殺や犯罪的殺人などは、愚にもつかぬ手段でおこなわれたまことに原始的な試みとしか見えない。屍体を後に残し、ただ自分が誰かを知らせる手がかりを消すことだけに気を配っている殺人者などは、犯行の痕を残さず、犠牲者を生きている人間たちの記憶のなかから抹消するに足る大きな政治的に組織された権力を持っている現代の大量虐殺者の足もとにも寄れない(28)。

しかるに『イェルサレムのアイヒマン』ではアーレントは次のように記しているのである。

全体主義的支配が……忘却の穴を設けようとしたことは事実である……反対者たちを〈言葉もなく人に知られぬままに消滅させ〉ようとするすべての努力も空しかったのである。忘却の穴などというものは存在しない。人間のすることはすべてそれほど完璧ではないのだ。[29]

結論から言うと全体主義とは「忘却の穴」を作ろうとした史上初めての「人間抹消計画」であったが、所詮、悪魔ならぬ人間の行うことには綻びがあり、成功しないということであろうか。しかしこの問題が重要であるのは、「忘却の穴」というセンセーショナルな表現を改めたか否かという単なる言葉の問題にとどまるものではない。『全体主義の起原』以降、アーレントが終生をかけて取り組んできたのは、全体主義を二度と招来させないために、人間が忘れ去られることなく、人々の記憶のなかに存在し続けるということはどういうことかという問いであったからであり、『人間の条件』という書物は、その問いに対して一定の回答を与える試みであったからである。

『イェルサレムのアイヒマン』ではヒトラー暗殺未遂事件やショル兄妹の白バラ抵抗運動に加えて、ユダヤのパルチザンを援助したドイツ国防軍軍人アントン・シュミット曹長の逸話が取り上げられているが、これは全体主義のあらゆる脅しにも挫けず「忘却の穴」に陥ることなく、全体主義体制に抵抗した人たちが存在したということ、そしてまた、その勇気を記憶し、語り継ぐ人たちが存在したということに、アーレントが希望を託していたことのあらわれである。[30]

『全体主義の起原』(一九五一)と『イェルサレムのアイヒマン』(一九六五)という二つの著作に挟まれた時期に執筆・公刊された『人間の条件』(一九五八)では、「活動」を論じた章の冒頭にイサク・ディネセン(Isak Dinesen）の印象的な言葉が添えられている。

どんな悲しみでも、それを物語に変えるか、それについて物語れば、堪えられる。[31]

語る人、語ろうとする人が存在し続ける限り、そこに希望は残り続ける。しかしながら「活動すること」と「語ること」とのあいだには埋めがたい溝があることもまた確かである。

物語作者が語る事柄は……必ず活動者自身から隠しておかなければならない。なぜなら、活動者にとって、自らの活動の意味はその活動に続く物語の中にはないからである。結局、物語とは活動が生み出す結果であるとしても、物語を感じ取り、それを「作る」のは活動者ではなく、物語作者なのである。[32]

全体主義という悪の巨象にからだを張って抵抗した者たちの偉業について、勇気について、後世の語り部がそれを語り継ぎ、それを讃えることによって彼らを忘却から救い出すことができるとしても、当たり前のことであるが、犠牲となった彼らは生き返りはしないのである。政治のもつ根源的な「暴力」に抗して、複数の人間による「活動」と「思考」に自らの政治学の可能性を託したアーレントであるが、活動することと思考すること、他者と協働することと自己自身との自己内対話を繰り広げること、この二つのものの架橋にアーレントは成功しないまま世を去ることになった。

六　おわりに――道徳的罪責：集団の罪？

最後に、先に言及しておいた「共同謀議」との関連で、「集団の罪」という概念の成立の余地について言及しておきたい。

アーレントは「集団的犯罪」概念を認めないわけではないが、それに対してはどちらかというと批判的で懐疑的であった。なぜならばドイツ人の「全員が有罪ならば、誰も有罪ではないということ」になるからである。

みんなが「われわれには罪がある」と叫んでいるところでは、どんな犯罪がなされたのか、ほんとうはもう発見できません。[33]

戦後間もない時期に、ヤスパースは戦争責任問題に関して次の四つの罪を区別していた。まずナチスの犯罪に直接的に関わった者が負うべき刑法上の罪、二つ目がナチス体制を支持し、それに共に参加した政治的罪、三つ目がナチス体制に対する消極的同調者に問われるべき道徳的罪、そして最後に迫害や虐殺の場に遭遇しながら見て見ぬ振りをし「自分にはどうしようもなかった」と言い訳をする者が神の前で問われる形而上学的罪がそれである。[34] しかし「集団の罪」に関してはヤスパースは歯切れが悪い。一方で彼は民族全体や諸民族からなる一集団に刑法上の罪や、政治的罪、道徳的罪を問うことはありえないことだと退けている。[35] それにもかかわらずナチス政権の成立を受忍せず、道徳的に清廉潔白なドイツ人であっても道徳上の集団の罪といったようなもの（so etwas eine moralische Kollektivschuld）が宿されているとしているからである。[36]

集団の罪という観念は、たしかに、刑法上はもちろん、政治的罪についても道徳的罪についても認めてしまうわけにはいかない。アーレントも主張するように、たとえばドイツ人の全員がドイツ人であるがゆえに有罪ならば、結局は誰も有罪ではないということと同じことになるからである。しかし人間は自分が住む社会に対して責任がある。ある国家のなかで生活し、その国家の秩序によって自己の生存が守られている限り、どのような政府を選び、その政府にどのように自分たちが統治されるかは、一般国民の責任である。これは厳しすぎる要求のように見えるかもしれないが、これなくしては自由で民主主義的な社会を維持するために必要な諸制度が存続し、機能することはできないのである。

その意味でオランダ人ジャーナリストのイアン・ブルマ（Ian Bruma）が日本人とドイツ人の戦争責任のとり方、過去の克服の仕方の違いを分析した際に述べた次の言葉には格別の重みがある。

東京裁判の二十八人のA級戦犯や、彼らより階級の低い何千という戦犯が有罪か否かも、真の問題ではない。ポイントはただ一つ、自分の罪を裁かなければならないのは観客席にいるわれわれ自身だ。(37)

自分がたまたま戦争中とは異なる平和な時代に生き、また戦争指導者の立場にいなかったから、戦争犯罪を裁かれた戦犯たちに全責任をかぶせて、安閑としていいだろうか。あるいは上官の命令に逆らえず不本意ながら捕虜を虐待してしまったＢＣ級戦犯たちを愚かであったと哄笑できるだろうか。アイヒマンがしたような、「自分は命令に従っただけで、戦争という巨大な死の機械の歯車にすぎなかった」という言い訳が通用するだろうか。

そのような言い訳に対してはすかさず次の反問が返ってくるだけである。「そのような状況で、あなたはどうして歯車になり、車輪であり続けたのですか[38]」と。

（1）Carl J. Friedrich and Zbigniew K. Brzezinski, *Totalitarian Dictatorship and Autocracy*, Cambridge: Harvard University Press, 1961.

（2）Leonard Schapiro, *Totalitarianism*, London: Macmillan, 1972（河合秀和訳『全体主義』福村出版、一九七七年）。

（3）たとえばエンツォ・トラヴェルソ（柱本元彦訳）『全体主義』平凡社新書、二〇一〇年の第七章「起源、機能、イデオロギー――概念から理論へ」を参照。

（4）川崎は言う。「『全体主義の起源』はナチズム・スターリニズム論としてではなく、二十世紀の政治・社会・思想に関する文明論的な考察、二十世紀秩序論として読まれるべき書物である。しかし、実はそれと同時に、この本は十九世紀秩序論、より正確には十九世紀秩序解体論なのである。」『現代思想の冒険者たち17　アレント　公共性の復権』講談社、一九九八年、四一―四二頁。

（5）藤田久一『戦争犯罪とは何か』岩波新書、一九九五年、二頁。

（6）マイケル・ウォルツァー（駒村圭吾・鈴木正彦・松元雅和訳）『戦争を論ずる』風行社、二〇〇八年、一三頁。

（7）マックス・ヴェーバー（脇圭平訳）『職業としての政治』岩波文庫、一九八〇年、九四頁。

（8）トマス・アクィナス（大鹿一正・大森正樹訳）『神學大全』第一七冊、創文社、一九八七年、七九―八三頁（Ⅱ-2、第四十問題）。

（9）このあたりの事情に関しては松森奈津子『野蛮から秩序へ――インディアス問題とサラマンカ学派』名古屋大学出版会、二〇〇九年、およびリチャード・タック（萩原能久監訳）『戦争と平和の権利――政治思想と国際秩序：グロティウスからカントまで』風行社、二〇一五年、第二章が詳しい。

（10）フーゴー・グローチウス（一又正雄訳）『戦争と平和の法』全三巻、酒井書店、一九八九年。

（11）たとえばJ・ロールズ（川本隆史訳）「なぜ原爆投下は道徳的不正なのか」『世界』一九九六年二月号、一〇三頁以降、あるいはM・ウォルツァー（萩原能久監訳）『正しい戦争と不正な戦争』風行社、二〇〇八年、四八〇頁以降を参照。

（12）清水正義は『「人道に対する罪」の誕生――ニュルンベルク裁判の成立をめぐって』（白鷗大学法政策研究所叢書、丸善プラネット、二〇一一年）において、この新しく発明された「人道（人類）に対する罪」はナチスを裁くという政治的要請がまず先にあり、その後に法的根拠が求められたものであって、完全に「事後法」であるとしつつも、もしこの罪がなかったらニュルンベルク裁判の意義は限定的なものにとどまっただろうと指摘している。この清水の研究もそうだが、我が国では「人道に対する罪」と訳されることが多いこの罪名は、しかしながら「人類に対する罪」と訳すべきであろう。アーレント自身も『イェルサレムのアイヒマン』のなかで、crime against humanity という英語が通常はドイツ語で Verbrechen gegen die Menschlichkeit と訳されることに対して、これではあたかもナチスに人間的な温情が欠けていたかのような語感を与えてしまうと違和感を訴えている。ハンナ・アーレント（大久保和郎訳）『イェルサレムのアイヒマン』みすず書房、一九六九年、二二二頁。

（13）『イェルサレムのアイヒマン』、二〇八頁。

（14）清水、前掲書、二二頁および第四章参照。

（15）清水、前掲書、一五八頁。

（16）『イェルサレムのアイヒマン』、二一三頁。

（17）カントにとって「根元悪 das radikale Böse」とは人間に根元的に、つまり生来的に備わっている悪への性癖を意味していた。カントは定言命法に従わないという悪の起源を自己愛や利己心に負けてしまう人間的弱さに起因するとしたのであるが、アーレントは意識的にこの考え方を拒絶する。

（18）リチャード・J・バーンスタイン（阿部ふく子・後藤正英・齋藤直樹・菅原潤・田口茂訳）『根源悪の系譜——カントからアーレントまで』法政大学出版局、二〇一三年、三一八—三一九頁。

（19）L・ケーラー／H・ザーナー編（大島かおり訳）『アーレント＝ヤスパース往復書簡１９２６-１９６９』第一分冊、みすず書房、二〇〇四年、一九二頁（手紙番号１０９、H・アーレントからK・ヤスパースへ、一九五一年三月四日）。

（20）バーンスタイン、前掲書、三三七頁。

（21）Susan Neiman, "Banality Reconsidered," in: Sayla Benhabib ed., *Politics in Dark Times*. Encounters with Hannah Arendt, Cambridge University Press, 2010, p. 307.

（22）中村雄二郎『悪の哲学ノート』岩波書店、二〇一二年、二二二頁。

（23）かつて師であるヤスパースは私信のなかで彼女を次のようにたしなめている。「ナチのしたことは『犯罪』として把握することはできない――あなたのこの見方は私には危ないように思えるのです。なぜなら、あらゆる刑法上の罪を上回るような罪というのは、どうしても「偉大さ」――悪魔的な偉大さ――の相貌を得てしまう……思うにわれわれは……ことをその完全な陳腐さにおいて、そのまったく味気ない無価値さにおいて、とらえなくてはいけない――バクテリアはあまたの民族を破滅させるほどの伝染病を惹きおこすことがあるにしても、それでもやはりたんなるバクテリアにすぎないのです。」（前掲『アーレント＝ヤスパース往復書簡１９２６-１９６９』、七一頁）。アーレントがこの師の忠告を想起していたことは、バーンスタインの指摘するところである（『根源悪の系譜』、三三九―三四〇頁）。

(24) Benjamin Barber, "Hannah Arendt between Europe and America: Optimism in Dark Times." in: Sayla Benhabib ed., *op. cit.*, p. 264.

(25) 「ゲルショム・ショーレムへの手紙」、Ｊ・コーン／Ｒ・Ｈ・フェルドマン（編）（齋藤純一・山田正行・金慧・矢野久美子・大島かおり訳）ハンナ・アーレント『アイヒマン論争　ユダヤ論集２』、みすず書房、二〇一三年、三二三頁。

(26) 『イェルサレムのアイヒマン』、二二一―二二二頁。

(27) 同書、三八頁。なお引用中の〔　〕のなかの表現は英書には存在しない、独書での加筆である（筆者が参照したのは *Eichmann in Jerusalem.* Penguin Classics, 2006, p. 49 と独書 *Eichmann in Jerusalem.* Piper, München/Zürich, 10. Aufl. 2014, S. 126 である）。

(28) ハナ・アーレント（大久保和郎・大島かおり訳）『全体主義の起原　３全体主義』みすず書房、一九九〇年、二二四―二二五頁。邦訳書のこの箇所はドイツ語版からの翻訳になっている（筆者が参照したのは *Elemente und Ursprünge totaler Herrschaft.* Piper, München/Zürich, 1986 S. 900 f.）。

(29) 『イェルサレムのアイヒマン』、一八〇頁。

(30) 「このような話がもっと語られさえするならば、今日この法廷でも、イスラエルでも、ドイツでも、いや全ヨーロッパで、すべてはどれほど変わっていただろうか……」。『イェルサレムのアイヒマン』、一七九頁。

(31) ハンナ・アレント（清水速雄訳）『人間の条件』ちくま学芸文庫、一九九四年、二八五頁。

(32) 『人間の条件』、三一〇頁。

(33) 「アイヒマン事件とドイツ人――ティーロ・コッホとの対談」（前掲『アイヒマン論争』、三五〇頁）。

(34) カール・ヤスパース（橋本文夫訳）『戦争の罪を問う』平凡社ライブラリー、一九九八年、七七頁以降。

（35）同書、六〇―六四頁。
（36）同書、一一九頁。
（37）イアン・ブルマ（石井信平訳）『戦争の記憶』ちくま学芸文庫、二〇〇三年、二七三頁。
（38）パーンスタイン前掲書、三五四頁。

第二部

全体主義と権威主義

第四章　政治思想と比較政治学のあいだ
――アーレント全体主義論の位置

伊東孝之

はじめに

本章はアーレントの全体主義論を比較政治学の中に位置づけようとするものである。

いうまでもなく比較政治学は社会科学の一分野である。社会科学の中にアーレントを位置づけようとする試みは、肝心のアーレントがそれを頭から拒否しているのではじめから大きな障害にぶつかる。まずは本章がアーレントの意に沿わない試みであることを断っておきたい。

アーレントは社会科学あるいは社会学に対して激しい対抗意識をもち、自分の研究がその一部であることを認めようとしなかった。これは一九二〇年代にドイツで教育を受け、のちにアメリカに移住することになった一連のユダヤ系知識人に特有の傾向だった。アーレントはウェーバー（Max Weber）を嫌い、知識社会学の祖と言われるマンハイム（Karl Mannheim）に批判的だった。構造的な因果理論という形で行われる社会科学的説明は彼女には人間の自由を否定していると感じられた[(1)]。アーレントは社会科学について「怒りも激情もなく（sine ira et studio）」という研究姿勢、機能主義、類推と理念型への傾向を批判した。たとえば、全体主義という概念もけっしてウェーバー的な理念型ではなく、唯一独自のもの（sui generis）、「実際の歴史的局面を短縮化した用語」であるはずだった[(2)]。

他方で、アーレントは比較政治学においてほとんど顧みられなかった。二〇〇七年にアメリカの代表的な比較政治学者一五人とのインタビューをまとめた本が出ているが、七七五頁のこの大著の中でアーレントに言及しているのはわずかにムーア（Barrington Moore, Jr.）とリンス（Juan J. Linz）の二人のみで、その二人も貶価的にしか語っていない。ムーアはアーレントの書は「かなりがらくたの寄せ集め」で、「まじめに取りあげるに価しない」と述べている。リンスはアーレントを全体主義と民主主義の違いのみに焦点を当てる論者と一括りにしている[(3)]。

比較政治学のことを考える場合、やはり方法が重要となる。オランダ出身の比較政治学者リープハルト（Arend Lijphart）は、比較政治学は政治学の諸分野の中でただひとつ、名称に「なにを」（実質）ではなく、「いかに」（方法）を冠している分野であると指摘している[(4)]。社会科学における比較についてウェーバーはすでに一九〇五年に、客観的可能性判断を得るために必要であって、自然科学における実験に代わるものだと述べている[(5)]。

このような観点からアーレントの全体主義論を検討するのはそもそも「邪道」かも知れない。アーレントは現代の比較政治学が誕生する以前に全体主義論を著している。彼女は必ずしも方法としての比較を意識していないし、ましてや「自然科学における実験に代わるもの」などとはけっして考えなかった。

アーレントは諧謔的に自然法、実定法、全体主義法の関係を論じたところで、「全体主義という現象はその要素や起源からはあまり説明がつかない。おそらく他の重要な歴史的事件よりももっと説明がつかないだろう」と述べ、自分自身の方法についてさえも疑問を表明している。「この意味で歴史学における因果律への信仰は迷信であり、因果関係の《自然科学的説明》に一つの発展過程の《歴史的理解》を対置した場合にもなおこの迷信は克服されない。双方の場合とも、歴史学がその時点において扱わなければならぬ《真に新しく生起するもの》は歴史から脱落させられる――つまり歴史学はその本来の内容を奪われるのである」(6)。ここで《真に新しく生起するもの》とは具体的には全体主義を指していた。全体主義は前例がないもの、過去のどのような政治体制との比較も拒むものと考えられたのである。

とすれば、それはどのように把握すればよいのか。アーレントは自分自身の方法についてさえも懐疑的であった。実際に彼女は英語版の刊行とほぼ同時期に自分の著書の『全体主義の起原』というタイトルは間違いだと考えるようになった。「因果性はすべて忘れること。その代わりに、出来事の諸要素を分析すること。重要なのは諸要素が急に結晶化した出来事である。私の著書の表題は根本的に間違っている。『全体主義の諸要素』とすべきだった」(7)。しかし、「諸要素」と言い換えたところで問題は残るだろう。以下に見るように、本章の考察も彼女を悩ませたのと同じ問いかけから出発している(第二、三節を見よ)。

筆者の考えでは、アーレント全体主義論の最大の功績は、ナチス・ドイツとスターリン主義ソ連を同一の平面で比較しようと試みたことである。周知のように、これについては様々な議論があり、とくに左翼的知識人においては強い忌避反応があった。政治体制を政策内容、存在理由、目標などを見ずに形式面だけで比較するのはおかしいという批判であった。しかし、形式的基準による比較を拒否するならば、比較政治学自体が成り立たなくなる。

たしかに全体主義は論争的な概念であるので、いつの時代においても時代の刻印を念頭におくことが必要である。ただ、「冷戦の産物」という左翼的知識人の忌避理由は根拠がない。トラヴェルソ（Enzo Traverso）によれば、「全体主義的」という形容詞が最初に使われたのは一九二三年のイタリアで、ムッソリーニの政治体制を批判するためだった。[8] シャピロ（Leonard Schapiro）が指摘しているところでは、早くも一九二九年にドイツのナチズムとソ連の政治体制を比較する意味で「全体主義」が使われた。[9] 一九四〇年には独ソを「全体主義という敵」と呼ぶ政治評論が現れた。著者ボルケナウ（Franz Borkenau）は元共産党員で、ナチスによっても迫害された人物であった。[10] 本格的な学術書において最初に「全体主義」という概念が使われたのは一九四二年だろう。この年にフランツ・ノイマン（Franz Neumann）の書[11]とジグムント・ノイマン（Sigmund Neumann）の書[12]が現れた。前者は考察をナチス・ドイツに限定しているが、後者は独ソを比較している。ただ、この書は全体主義を単に「現在における独裁」とだけ特徴づけて、厳密には定義していない。

アーレントはこうした研究に示唆を受けつつ、形式的基準に基づいて系統的に独ソの政治体制を比較検討しようとした。アーレントはすでに一九三〇年代のパリ亡命時代に、一時共産党員だった第二の夫ブリュッヒャー（Heinrich Blücher）の影響の下で、両者の比較可能性に思い至ったという。[13] しかし、アーレントが『全体主義の起原』英語版を刊行したのはようやく一九五一年であった。[14] 本章において考察するのは主としてこの書である。比較検討する全体主義論はフリードリヒ&ブレジンスキー（Carl J. Friedrich & Zbigniew K. Brzezinski）、シャピロ、リンスなどである。[15] 必要とするかぎりで、フランツ・ノイマン、ジグムント・ノイマンなども参照する。

時代の刻印ということをいえば、最も影響が大きいのは生年であろう。参考までに本章で取りあげる主な論者の生没年を掲げておこう。フランツ・ノイマン一九〇〇―五四、フリードリヒ一九〇一―八四、ジグムント・ノイマン一九〇四―六二、アーレント一九〇六―七五、シャピロ一九〇八―八三、リンス一九二六―二〇一三、ブレジンスキー一九二八―二〇一七。アーレントは生年においてちょうど真ん中に来るが、ほとんどの論者が一九〇〇年代生まれであって、リンスとブレジンスキーだけが一回り若い世代に属する。

アーレントがナチス・ドイツの政治体制とスターリン主義ソ連の政治体制を系統的に比較したのはその大きな功績であるが、同時にそれ自身にとっての方法論的な問題を作り出すことにもなった。なぜならそれはアーレントが嫌った類型形成に寄与することになったからである。スターリン主義ソ連の次には東欧諸国が現れ、さらに毛沢東の中国などが登場してくる。全体主義はアーレントが想定したように前例のないものではもはやなくて、ひとつの体制類型となった。

もうひとつ、体制そのものが変質する。それはウェーバーがカリスマ的支配の日常化と呼んだ現象である。後述するようにアーレントは運動と支配を区別する。全体主義は全世界の征服を目指しているので、支配が確立したのちも外の世界が残っているかぎりは運動の側面をもつ。しかし、世界征服の目標が形骸化するとともに、支配はルーチン化する。ナチス・ドイツはなお運動の側面を強く残して滅んだが、そのドイツにおいてさえも支配のルーチン化現象は早くから始まっていた。長く存続したスターリン主義ソ連においてそれは歴然となった。他の社会主義国も同様である。日常化した全体主義はもはやアーレントの言う全体主義ではないだろうが、なんと呼べばよいのか。体制変容は起きるのか、起きないのか。

筆者は政治思想の研究者でもなければ、アーレントの研究者でもない。実証研究者であって、主たる研究対象はロシア東欧諸国の歴史や政治である。大学では最後の二〇年間比較政治学を講じていた。アーレントに興味をもったのはその全体主義論がロシア東欧諸国の歴史や政治に深く関わっているからである。アーレント研究としては、本章は水準を満たしていないと思われる。それだけではなく初歩的なミスさえ犯していることを恐れる。

あえて筆を執ったのは、全体主義論が比較政治学のテーマであり、ロシア東欧諸国の最近時の歴史や政治を理解する上で欠かせないと考えたからである。おのずから筆者の観点は、アーレントの全体主義論を政治思想史の大きな背景においてとらえるとか、アーレントの著作の中での位置づけを求めるとかいうことよりも、むしろ他の全体主義論と比較し、現実の歴史や政治を見る際に分析手段としてどの程度役に立つかということになる。それはアーレント研究としては卑小な観点であるかも知れない。しかし、このような観点からのアーレント論もあってよいのではないか、それはこれまであまりになおざりにされてきたのではないか、という思いがある。

一　全体主義研究としてのアーレントのアプローチ

全体主義研究にはどのようなアプローチがあるだろうか。その中でアーレントの研究はどこに位置づけられるだろうか。

アーレントの方法は歴史的アプローチということができるかも知れない。ヤスパースは序文の中で「この書は歴史的認識を求めている」と記している。[16] 叙述は一九世紀初めから説き起こして、徐々に時代を下り、最後にヒトラーやスターリンの時代で終わる。あまりにも歴史的事実への言及が多いので、リースマン（David Riesman）のような社会学者は自分と同じテーマ（『孤独なる群衆』）についての歴史的アプローチと考えたほどであった。[17]

英語版のタイトル「全体主義の起源」は、「冷戦の起源」や「アメリカ修正主義の起源」のような歴史家の著作を想起させる。つまり、ある事象の歴史的起源を探ってその本質を明らかにしようとするアプローチである。ドイツ語版のタイトルは「全体的支配の要素と起源」(一九五五年)となっており、「要素」が論理的な側面、「起源」が時間的な側面を指しているという印象を与える。しかし、これは当たっていない。要素と起源は同じ意味、つまり「全体主義に結晶した諸要素」を指している。[18] 内容を読み進むと、その大きなタイムスパンのとり方や問題設定から、比較歴史分析(CHA)学派の流れに属する社会学的研究のような印象も生じる。比較歴史分析は複数の国における大きな歴史的変化について一定の変数のあいだの関係を比較検討しようとするもので、ムーア[19]が先鞭をつけ、スコッチポル[20](Theda Skocpol)などが発展させた。前述のように元祖のムーアがアーレントを自分のスクールに数え入れることを拒んでいるので、そう考えるのは難しいかも知れない。

それではアーレントは、ある結果につながると思われる事象を時系列的に調べ、綿密な事実考証によって因果関係を明らかにしようとする、伝統的な歴史研究の中に位置づけることができるだろうか。アーレントは歴史的背景に大いに関心を払うものの、このような方法には無頓着である。因果関係を信じていないだけでなく、事実というよりもむしろ類推を積み重ねて大胆な仮説を構築している。したがって、その評価は歴史家のあいだでは社会科学者のあいだで以上に低いことだろう。実証歴史家の中でアーレントに最も理解があると思われるのは、アーレントと同じくナチス・ドイツとスターリン主義ソ連における大量殺戮の歴史を研究したスナイダー(Timothy Snyder)であるが、そのスナイダーもアーレントは知識不足で理論過剰と批判している。[21]

アーレントが歴史研究者かどうかは検討の余地があるが、他の全体主義論者と比べれば歴史的背景に注意を払っていることは間違いない。問題はいかに払っているかだろう。その問題に入る前に他の全体主義論者のアプローチを一瞥しておきたい。

フリードリヒ&ブレジンスキーは症候群を調べるという方法をとっている。フリードリヒはすでに一九三〇年代にドイツとアメリカにおいて憲法学者として確固とした地位を築いていた。序文によれば、全体主義論の概略はすでに戦前に完成していた[22]。フリードリヒの下で博士論文を書いていたブレジンスキーを共著者に選んだのは、おそらくソ連や東欧諸国についての知識の不足を感じたからだろう。フリードリヒ自身はテキストブックを書くつもりで本書を書いた。つまり、そこには大きな学術的野心がなかった。全体主義は独裁体制であるが、近代工業社会の産物である点で過去のそれと異なっているという認識の下に、ナチス・ドイツとスターリン主義ソ連のあいだの共通の体制上の特徴を数え上げる（カズイスティーク）。それは六点症候群（生活のすべての重要分野をカバーする公的イデオロギー、独裁者によって指導される単一政党、恐怖主義的な警察統制、マスコミ手段のほぼ完全な独占的統制、武装手段のほぼ完全な独占的統制、全経済の中央統制）としてのちに有名となった[23]が、序論に出てくるだけで各章で分散して説明され、その密度も様々である。

シャピロは三つの原型（スターリンのソ連、ヒトラーのドイツ、ムソリーニのイタリア）を調べるという方法をとる。この意味では歴史的な方法であるが、それによって概念がいつまでも原型から独立しないという問題を抱えこむ。全体主義を「社会と『国家』と呼ばれる正規の法的機構の**双方**を支配しようとする指導者とエリートの私的性格をもった支配形態[24]」には（太ゴシックは原文ママ）と特徴づけるが、そのような支配形態は全体主義以外にも多く存在するので、定義ということは難しい。フリードリヒ&ブレジンスキーの「症候群」を輪郭（支配の特徴的な諸相）と柱（支配の道具）とに分け、指導者、コミュニケーション手段の独占、経済手段の独占は前者、政党、警察、イデオロギーは後者としているが、結局言い換えただけのように見える。

リンスはアリストテレス以来比較政治学の最重要課題は政体の分類であると考えて、形式的な基準を設けて体制分類をするアプローチをとっている。大きく分けて全体主義、権威主義、民主主義、スルタン主義の四類型とする[25]。体制分類のメルクマールについては後述するが、一見アーレントがモンテスキュー以来の君主制、共和制、独裁制（専制）の三類型に全体主義を加えて四類型としているのに近いように見える[26]。しかし、その全体主義は独裁者、テロル、膨張主義、近代的テクノロジーなどを必ずしも必然としていないので、アーレントのみならず他の論者とも大きく異なる。また、歴史的背景には近代社会における全体主義システムの成立条件というような一般的な形で言及するのみで、それへの注目がアーレントにおけるように研究の主たる特徴をなしているということはできない。

二　アーレントにおける独立変数

それぞれの論者はなにをもって全体主義を説明しようとしているのか。ここでやや強引に、各論者の説明を比較政治学の独立変数、従属変数という枠組に当てはめて考えてみよう。比較政治学においては説明する変数を独立変数、説明される変数を従属変数ということが多い。政治思想の研究者にはなじみが薄いかも知れないが、主張の違いを識別する際に役に立つ方法である。比較政治学でいう説明変数は被説明変数を「説明」すると考えられる変数であって、必ずしも因果変数ではない。アーレントも「諸要素が全体主義に結晶化した」と考えているのであれば、説明変数を設定している。カノヴァン（Margaret Canovan）によると、それは原因ではなく、前提条件、前例、源泉などであって、「引き起こす」のではなくて「そのような前例に照らしてよりよく理解できるようになる」関係だという[27]。今日では比較政治学でも厳密に「引き起こす」と考える人は少なく、せいぜい「確率が高い」程度に考えるのが一般的である。だから、すべてを含めて説明変数と考えてよいだろう。

アーレントにおいては無数の独立変数が挙がっているように見えるが、大きく分けると人種主義と官僚制であるように思われる。たとえば、われわれは「ナチ支配において人種妄想と官僚制との幾重もの関係を目撃した」と述べている[28]。三番目の候補は「階級の大衆への変質」、あるいは大衆社会の成立かも知れない[29]。叙述の中で大衆社会の存在を前提として全体主義を叙している箇所が多くある。しかしながら、ソ連に関しては全体主義政策の産物として大衆社会を描いており[30]、独立変数と呼ぶのは難しい。

これに対してフリードリヒ&ブレジンスキーは大きな歴史的考察を行っておらず、同時代の全体主義という政治体制の症候群を列挙し、描写しているだけなので、独立変数を仮定するのが難しい。あえて言えば近代工業社会ということができよう。ただし、それが与えられれば必ず全体主義が導き出されるという意味ではなく、どちらかと言えば必要条件に近い。リンスにおいても歴史的考察はないが、別に一九二〇年代における民主主義の崩壊を扱った研究[31]があり、それによって、先行する政治体制が動揺した際の政治的アクターの選択が独立変数の役割を果たすと考えていると推測することができよう。

アーレントの議論をもう少し詳しく見てみよう。人種主義について多くの議論を費やしているが、大きく分けて反ユダヤ主義、植民地人種主義、種族的民族主義(汎民族主義)の三つであるように思われる。反ユダヤ主義の説明には第一巻全体が費やされている。一九世紀の初めから説き起こされており、説明連鎖あるいは因果連鎖を想定するにはあまりにも長すぎるタイムスパンである。途中で様々な分岐点が想定され、「例外ユダヤ人」という道も開かれていて、全体主義に至るような反ユダヤ主義、すなわち「社会的な反ユダヤ主義」が開花するのはようやく一九世紀末になってからである。オーストリア＝ハンガリー、ドイツ、フランス、イギリスなど様々なヴァリエーションが用意されている[32]。反ユダヤ主義はそれ自体としてではなく、種族的民族主義と結びついてはじめて全体主義に至るので、この意味で典型的に該当するのはオーストリア＝ハンガリー（汎ゲルマン主義）のみという印象すらある[33]。

植民地人種主義は欧州の帝国主義が海外、とくにアフリカに進出したときに発生したとされる。アーレントはブール人、「完全な孤立の中で黒人原住民世界への通路を切り開いたこの土地唯一のヨーロッパ人グループ」の例に即して植民地人種主義を活写している[34]。そして、「南アフリカでなされた経験がヨーロッパにはね返って影響を与えるように」なったという[35]。たしかに植民地人種主義とナチス支配とのパラレルな関係は非常に印象的であるが、因果的な結びつきは必ずしも明示されていない。「ブール人はまったく文学を創造しなかった[36]」とすれば、どうして彼らの経験が外部に、とくにドイツやロシアに伝えられようか。伝えられたとすれば、アフリカに赴任したヨーロッパ人を通してであろう。そのようなヨーロッパ人としてポーランド出身の英文作家コンラッド（Joseph Conrad, Józef Teodor Konrad Korzeniowski）がいる。アーレントはその作品を頻繁に引用している。コンラッドの作品のひとつにドイツ領東アフリカで活躍したペータース（Carl Peters）を模したと思われる人物が登場する[37]。たしかにペータースはアーレントの言う「モッブ」であり、汎ドイツ運動にも関わったが、一九一八年に死んでいてナチス運動とは直接関係がない。また、アーレントは「ナチの文筆家たち……の多くがアフリカ生まれの在外ドイツ人だった」という指摘をしているが[38]、その割合や代表的な事例に則しての説明がない。

種族的民族主義は大陸帝国主義、つまりオーストリア＝ハンガリー帝国、ロシア帝国などにおいて発展したとされる。具体的には汎ゲルマン主義と汎スラヴ主義である。アーレントによれば、国家は民族とは関係なしに成立するので、多民族国家における「ネーションによる国家の征服」はまさに国家の破壊行為に等しい。政党は階級の利害を国家に伝達する制度であるが、超階級的な種族的民族主義はそうした制度を不要にしてしまう。つまり、多民族帝国における種族的民族主義は反国家的、革命的であり、同時に超政党的ないし反政党的な「運動」の性格を帯びる。それは諸民族の「根無し草的性格（Boden-und Wurzellosigkeit）」から生まれる。ユダヤ人はこれまでいかなる民族集団、階級をも越えて、国家そのものと直接結びつく存在であったので、あらゆる種族的民族主義の敵意を買う。それが集中的に現れたのがオーストリア＝ハンガリー帝国であった。その首都ウィーンで青年時代を送ったヒトラーは種族的民族主義の強い影響を受けたという[39]。しかし、なぜそれがドイツでもアピールをもったのかについては別に説明が必要だろう。他方で、同じ説明が汎スラヴ主義にも当てはまるようには思えない。ソ連の汎スラヴ主義は時代によって強度が異なり、全体主義に先立つ時期に強かったわけではけっしてない。アーレントも指摘しているように、それは第二次大戦中および直後の、多分に「外交的な」言辞だった。

次に、もうひとつの独立変数、「官僚制」について、アーレントは独特の定義を行っている。それは「法による支配」とは反対の「政令による支配」である。ウェーバーの官僚制が「制定規則による支配」、つまり法による支配も政令による支配も含むのとは異なる。「政令による支配」は異民族支配において発生しやすい。欧州諸国の海外植民地統治はその代表例である。しかしまた大陸帝国主義においても発展した。ここでも再びオーストリア＝ハンガリー帝国とロシア帝国が念頭におかれている。オーストリア＝ハンガリー帝国の「官僚制」を描いたものとしてカフカ（Franz Kafka）の『審判』や『城』が引用されている[40]。このように「官僚制」は既存の異民族支配にすでに存在したが、それに対抗しようとした種族的民族主義「運動」も同じ結果を生むという。それは政党と「運動」の違いから説明される。政党は本来階級利益を代表し、利害の調整を課題としているので、官僚主義化すれば「堕落」するが、「運動」は「最初から官僚制的政体を志向し、そこに運動自体の組織のモデルを見ていた」という。[41] この「運動」→「官僚制」の経路はロシアの共産主義運動にも見出されるので注目すべき洞察と思われるが、残念ながら著者によってあまり深められていない。

「官僚制」の担い手はアーレントの言うモッブである。欧州において資本主義の発達によって過剰となった資本と労働力が吐き出されて、植民地に流出するが、モッブはそのうちのとくに植民地行政官として活躍した部分である。それは「全階級、全階層からの脱落者の寄り集まり」であった。[42] 代表的な例として、アーレントはセシル・ローズ（Cecil J. Rhodes）、クローマー伯爵（Earl of Cromer, Evelyn Baring）、アラビアのロレンス（Thomas E. Lawrence）などを挙げている。[43] これはまたしても興味深い指摘であるが、具体的に全体主義的官僚制の人的な担い手となった例はほとんど挙がっていない。ナチ文筆家の「多くがアフリカ生まれの在外ドイツ人」[44] だったとされるが、文筆家であって行政官ではない。ドイツの場合は海外での植民地行政官出身というよりも、オーストリア＝ハンガリーでの行政経験者が多そうであるが、そのような具体例の研究も欠けている。最もありそうにないのはロシア帝国の植民地行政官がソ連官僚制の担い手となったということだろう。ナチス・ドイツやスターリン主義ソ連の行政官のバックグラウンドについては経験主義的な研究によって裏打ちされなければならないだろう。[45]

三　アーレントにおける従属変数

アーレントにおいて説明されるべき変数はいうまでもなく全体主義であるが、全体主義を構成する要素は何か。アーレントは運動と支配を分ける。両者の関係は時間的な前後関係であるが、同時に空間的な内外関係でもある。全体主義は世界征服を目指しているので、世界を征服し尽くすまで内外関係が終わることはない。とはいえ、運動は支配の確立後対外関係に限定されるのでその重要度が減じる。運動は宣伝と組織の二つから成る。これに対して支配は指導者、イデオロギー、テロルの三つから成っているように思われる。このような関係づけ自体がアーレント独特であって、他の論者と大いに異なる。以下においては、指導者、宣伝、組織、イデオロギー、テロルの順番に考察する。

(一) 指導者

アーレントは意外なことに指導者あるいは独裁者について特別の章を設けていない。しかし、これはけっしてアーレントが全体主義体制におけるその役割を軽視していたことを意味しない。むしろそれに決定的な重要性を与えている。指導者あるいは独裁者重視という観点は、全体主義政党の指導者という形でフリードリヒ&ブレジンスキーやシャピロにも引き継がれる。しかし、彼らにおいては運動と支配、内と外という区別がなされないので、おのずからその意味が違ってくる。リンスは指導者あるいは独裁者を全体主義にとって必然と見ないという点で前三者と大きく異なる。リンスにとっては指導者よりもイデオロギーや政党の方が重要である。

アーレントにとって特徴的なのは、戦略的、合目的的に行動する指導者像である。運動の中心には、運動を動かすいわばモーターとして《指導者》が坐っている。(46) 全体主義体制においては結局のところ指導者の意志が最高の法であり、「指導者原理」が貫徹する。指導者自身は必ずしもウェーバー的な意味でのカリスマの保持者ではないが、(47) たえず「運動」の中心にいるように努力し、それに成功する。党内闘争において策謀をめぐらし、人事政策に腐心する。一般に言われる「一枚岩」はまったくの神話である。しかし、指導者と、指導者によって任命される幹部すべてとの一体化は、通常の独裁者あるいは専制者のタイプとまったく異なることを示している。運動と支配の両局面を通じて全体主義の特徴をなすのは内と外の使い分けであるが、それが適用されない唯一の存在が指導者である。指導者は、そして指導者だけが内と外をつなぐ役割を果たす（二重機能の人格化）[48]。いかにアーレントが指導者の役割を重視していたかは、一九六八年版の序文で全体主義はヒトラーの死、スターリンの死で終わったとしていることからも明らかだろう[49]。

（二）宣伝

アーレントの全体主義論において宣伝（プロパガンダ）は必須の要素である。たしかにそれは運動段階のものであり、テロルが完成の域に達したところで姿を消すが、全世界が征服されるまでは外部が残るので、結局は宣伝もまた最後まで残る[50]。フリードリヒ&ブレジンスキーおよびシャピロは宣伝を「コミュニケーション手段の独占」の中で論じている。前者はそれを症候群のひとつ、後者は支配の道具と位置づけている。しかし、いずれにおいても運動と支配、内と外が区別されていないので、アーレントの場合とはやや意味が異なってくる。リンスは宣伝を「市民の動員」という形で扱っている。

宣伝はおのずからイデオロギーと深い関係にある。全体主義は内部に対してはイデオロギー教義、外部に対しては宣伝と使い分ける、とアーレントは説く。アーレントにおいて直接の「外部」は大衆社会、すなわちアトム化され、相互に孤立した個人から成る社会である。彼らは「故郷の喪失」感に悩まされ、憑かれたように矛盾のない虚構の世界を追い求める。あらゆることに首尾一貫性、統一性を与えるようなイデオロギーを欲する。宣伝の特徴は似而非科学性である。それは功利主義的な利害にではなく、大衆的人間のファナティックな献身に訴える。しばしば事実無視と結びついた指導者の予言という形をとるが、大衆にとってそれは予言を現実に変えようと

いう呼びかけとなる。(51)

全体主義の宣伝はしばしば借り物である。ヒトラーは『シオンの賢者の議定書』を熟読したが、反ユダヤ主義的な宣伝に利用するためというよりも（偽造書であることは当時すでに判明していた）、その世界征服という考えに魅せられたからであった。ヒトラーは自ら世界征服という目標を設定し、競争相手となるユダヤ人を徹底的に排除しようとした。当時ソ連においてこれと似た役割を果たしたのがトロツキストの世界的な陰謀という説であった。(52)

全体主義の宣伝は理性的な議論によっては対抗できない。それに対しては反駁することも闘争することもできない。全体主義世界の一部であって、全体主義世界もろとも破壊するよりほかに打ち克つ方法がない。運動の組織、国家の組織の中でイデオロギーが余すところなく「実現」されているため、現実から自立した精神的存在としてのイデオロギーはもはや存在し得なかった。その呪縛力が消えるのは軍事的な敗北の瞬間である。人々は憑きものが落ちたように自由となり、宣伝を忘れてしまう、とアーレントは言う。(53) このペシミズムはリンスに至るまで多くの全体主義論者に共有されることになる。

(三) 組織

アーレントにおいては前述のように政党と運動の明確な意味上の区別があり、全体主義は基本的に政党ではなく運動の問題である。これに対して、他の論者においては政党と運動の明確な区別がなく、運動よりも政党あるいは国家機関としての秘密警察により多くの注意が向けられる。フリードリヒ&ブレジンスキーやシャピロは両方を重視する。リンスは秘密警察よりも政党の方を重視する。

アーレントにとって組織と宣伝はひとつのメダルの両面であって、両方とも運動の問題である。運動は段階論の問題として支配と区別されるが、政党とも厳しく区別される。宣伝におけると同じように組織においても世界は内と外に二分される。しかし、完全に内側にいる者と完全に外側にいる者とのあいだを截然と切り分けることはせず、幾層もの緩衝地帯が設けられる。党員とシンパサイザー、いわゆる「前面組織（フロント組織）」との区別が全体主義運動の基本的特徴である。組織はひとつのタマネギ構造をなす。それによって人々は社会全体ではなく自分たちのすぐ外側だけを見て、これが外部世界だと思い込む。また外部世界に対しては運動の本来の姿を隠蔽する働きをする。[54]

全体主義運動は権力掌握前から自前の自己完結的な世界を作り上げていて、そこでは過激さにおいて濃淡のあるいくつもの組織がおかれる。ナチス党の場合、党の内側に準軍事組織が設置される。突撃隊（SA）は当初精鋭組織であったが、次に親衛隊（SS）が設置され、次第に親衛隊の方が上位に立つ。やがて親衛隊の内側に過激性においてさらに一段と進んだ精鋭組織が作られてゆき、ひとつのヒエラルヒーをなす。一方、突撃隊の指導者レーム（Ernst Röhm）はヒトラーの政権掌握後、国防軍に突撃隊を編入しようとして粛清されてしまう。ヒトラーの目的は国防軍を党の下におくことであり、逆であってはならなかった。

同じことが職能団体についても起きる。ナチス党は党内に準職能組織（「前面組織」）を作り、「非全体主義的な世界の現実に正確に対応するひとつの完璧な擬制的世界を作り上げ」る。それは政権掌握とともにつぎつぎと本来の職能団体を乗っ取ってゆく。素人の支配となるので、当然職能水準は落ち、職能倫理が荒廃するが、最終的には支配を実現する。国防軍は固い殻をもっていたので乗っ取りが遅れたが、戦争末期には実現する。組織のメンバーは共犯者となることによって擬制的世界のリアリティを知らされるが、離脱することはもはやできない。[55]

スターリンもヒトラーも秘密結社の出身である。秘密結社と秘密警察は類似した構造をもつ。両者に共通なのは内と外との区別、精鋭組織と前面組織の区別である。そこでは没我性、「運動を離れては自分の人生はない」と考える特有のメンタリティが育成される。同時に、メンバーは内と外で真実の度合いが異なることを知らされるので、シニシズムと軽信が発達する。政治とは本質的に詐欺の術であるという確信が一般化する。[56]

(四) イデオロギー

イデオロギーについては、有名なマンハイムの定義がある。[57] マンハイムはユートピアと対比させて、イデオロギーは過去、ユートピアは未来に投影された意識と考えた。アーレントはもちろんマンハイムの著作を読み、書評さえ書いているが、影響は受けなかった。アーレントにおいては、イデオロギーはユートピアをも含む意識であり、以後フリードリヒ&ブレジンスキー、リンスにおいても引き継がれている。シャピロはイデオロギーを支配の道具とみなしており、その自立性を高く見ていない。

アーレントがイデオロギーについてまとまって考察しているのは意外にも最終章およびエピローグにおいてである。一九六八年版への序文の中で、全体を書き終えたときにはまだその洞察を得ていなかったと記している。[58]全体主義のイデオロギーは自然法でも実定法でもなく、人間とは無関係に、自然をも歴史をもとらえるような不可抗力的な運動過程の法則という形をとる。ナチス・ドイツにおいては人種主義であり、スターリン主義ソ連においては弁証法的唯物論である。[59]

全体主義のイデオロギーが説明するのは、まず存在するものではなくて、もっぱら成るもの、生成消滅するものである。つまり歴史というもののみに関わっている。次に、いっさいの経験に依存しない。所与の現実の背後に潜み、影から現実を支配しているものを認知するすべを教える。最後に、経験および経験された現実からの思考の解放を行う。本質的に自己運動的な思考であり、前提の中で与件として認められている唯一の論点に立脚して、運動過程を展開させる。独裁者はそれによって被支配者に「AといったCLBをいわなきゃならない」、「おまえは自分自身と矛盾してはならない」という思考方式を植えつける。(60)

(五) テロル

アーレントはテロルを全体主義支配の固有の本質と見た。この点でフリードリヒ&ブレジンスキーと共通している。シャピロはイデオロギーと同じくテロルも道具と見ている。これに対して、リンスはテロルを必然と見ない。全体主義に限らず、暴力を体制分類の主要な標識とすることに反対である。これは直接にアーレントを念頭においたものだった。(61)

アーレントにおいては、テロルはイデオロギーからまっすぐに導き出される。全体的支配は、歴史あるいは自然の過程を発進させ、その運動法則を人間社会の中で貫徹させるためにテロルを必要とする。テロルは反対派がなくなっても無用にはならない。むしろ完全なテロルの支配は、その対象となるべき反対派のすべてが消滅したのちにはじめて開始される。(62)まず、国家は存続するが、相互に矛盾するいくつもの法的規範、指令系統、官庁機構などが並行的に存在する、「無構造性」を特徴とする国家となる。(63)次に、全体主義支配機構の権力中枢として秘密警察が姿を現す。それは党、軍、その他のいっさいの機構に優越する。反対派がもはや存在しなくなったときに本来の秘密警察支配が始まり、「主観的な敵」ではなく「客観的な敵」捜しがその課題となる。(64)最後に、強制収容所が作られる。収容所は「これまでに実現された最も全体主義的な社会であるだけではなく、さらにそれを越えて、全体的支配一般にとっての指針となるべき社会理想」であった。そこでは肉体的人格のみならず、法的人格、道徳的人格、個体性の破壊が系統的に行われ、解放の時点にすらも監視員に対する自然発生的な仕返しが起きなかったほどであった(65)。

四　アーレント全体主義論の評価

研究のアプローチ、独立変数、従属変数についてアーレント全体主義論の特徴を見てきた。その中でできるだけ代表的な全体主義論との類似、相違に注意を払ってきたつもりである。ここでその長所と短所を整理し、比較政治学の観点から評価してみよう。

まず、独立変数について必ずしも設定が明確でない。人種主義と官僚制が挙がっているが、本来大衆社会の成立がより直接の独立変数であるはずなのに、それについては体系的な考察がない。とくにロシアについては大衆社会が全体主義政策の産物とされているので、独立変数とすることは難しい。人種主義は、反ユダヤ主義、植民地人種主義、人種的民族主義の三つがあり、説明に大きな濃淡がある。反ユダヤ主義には第一巻全体が捧げられているが、実際には反ユダヤ主義そのものではなくて、社会的反ユダヤ主義が問題であることが明らかとなる。それは人種的民族主義と結びついてはじめて登場する。ナチズムは思想的に植民地人種主義とパラレルな関係にあるかも知れないが、両者のあいだに因果関係があるかどうかは明らかにされていない。同じことは政令による支配としての官僚制についても当てはまる。これらの独立変数はナチス・ドイツには当てはまるかも知れないけれども、スターリン主義ソ連にはほとんど当てはまらない。いずれも厳密な意味での独立変数というよりは、全体主義の背景条件を広く述べたもので、むしろ別個の著作の中で論じるべきであったように思われる。[66]

これに対して、従属変数、すなわち全体主義そのものについての叙述はそれ自身として整合性がとれ、包括的で、論理的に一貫している。従属変数は筆者の考えでは指導者、宣伝、組織、イデオロギー、テロルの五つに分かれるが、それぞれの機能の仕方、またそれらの相互関連が明確に示されている。個々の要素はその後多くの論者によって引き継がれている。もちろん運動と支配の関係、内と外の関係という全体を統括する視点はアーレント独特のもので、それがなければ個々の要素の意味も異なってくるだろう。最大の功績は、形式的な特徴をとらえて、ナチス・ドイツとスターリン主義ソ連というまったく異なった背景をもつ、二つの全体主義体制を比較可能としたことだろう。それはこの時点ではこの包括性においてまだ誰も試みなかったことである。

しかしながら、アーレント全体主義論の最大の問題は、独立変数がどの程度従属変数を説明しているかだろう。先に見たように人種主義と官僚制という独立変数はそれ自体に問題を抱えていて、従属変数の十分な説明とはなっていない。たしかに従属変数のうちのイデオロギーやテロルとは間接的に関わっているが、説明しきっているとは言いがたい。指導者、宣伝、組織という変数とはほとんど関係がない。したがって、比較政治学としては弱い構成をとっていると言わざるを得ないだろう。

分析方法と分析目的についても問題がある。分析方法についてアーレントは、イデオロギー的先入見に囚われずに同時代で入手可能なあらゆる情報を利用するという方法をとっている。それはよいが、一定の命題を立てたときにそれを経験的調査によって検証するという手続きをとっていない。これについてはすでに独立変数のところでも指摘した。たしかに全体主義国での実地調査は難しいが、同時代に直接間接に漏れてきた情報や、事後的に明らかとなった情報もある。そうした情報に照らしてみると全体主義社会の現実は当局が信じさせたがったほどにユートピア的ではなかったし、アーレントが信じさせたがったほどに逆ユートピア的でもなかった。アーレントは全体主義を実際以上に全体主義的に描き出している(67)。これはのちに述べるように内側からの変革が不可能だったかという問題とも結びつく。また、アーレントは全体主義運動が大衆社会を背景に成立したとしているが、たとえばナチス党の得票分布や運動の担い手の伝記的事実を統計的に調べてみると必ずしもそうではないことがわかる。そもそも大衆概念がかなり曖昧で、一方では友人や家族からさえも孤立した個人を言いつつ、他方では自分の財産や家族に執心する俗物を念頭においている(68)。

アーレントは強制収容所を全体主義の終着点とみなしているが、強制収容所への関心集中はいろいろな意味で歪みをもたらしている。ある歴史学者は犠牲者の四分の三が強制収容所に到達する前に命を落としているという。最大の悲劇はナチス・ドイツとスターリン主義ソ連という二つの全体主義の相互作用の結果として、ポーランド、バルト諸国、ベラルーシ、ウクライナなどの地域で起きている(69)。もちろんアーレントが執筆した当時知られていなかった事実があるかも知れないが、多くはすでに知られており、それは単純にアーレントの視野に入ってこなかったのである。

次に分析目的について、アーレントは対象を知るために分析しているのか、それとも断罪するために分析しているのか。強制収容所は全体主義体制の一政策ではなく、「全体的支配」の理想の実現そのものとして位置づけられている。したがって、全体主義体制は「罰することも赦すこともできない絶対の悪」であり、「この最も新しい種類の犯罪者は人類が共通に担う罪業というものの枠をすら越えている」という。ここでアーレントは「根源的な悪（das radikal Böse）」に言及する。それは「その中ですべての人間がひとしなみに無用になるようなひとつのシステムとの関係において現れてくる」という(70)。

それまでアーレントは非常に禁欲的に道義的判断を避け、形式的基準にしたがって分析してきたが、ここに至って突然叙述のスタイルを一変させている。形式的基準を捨てて、政策の実質的内容、体制の追求する目標、体制の存在理由などに立ち入っている。それは筆が滑ったためか、それとも意識的にそう書いたのであって、他の部分とも整合性がとれるのか。分析の目的が全体主義を絶対悪と断じ、糾弾することにあるならば、比較政治学の地平を離れることになるだろう。善悪を比較することはできない。善悪を説くのであれば政治思想家、予言者の役割を果たすことになる。(71)

この点はすでにこれまでに多くの議論を呼んできた。アーレントはのちのジャーナリスティックな著作『イェルサレムのアイヒマン』に「悪の陳腐さについての報告」という副題を与え、(72)加えて『悪について』という講演を行っている。(73)「根源悪」という概念はカントに遡るが、彼女自身はむしろカント的伝統に批判的で、人間の自発性をも除去し得る新しい悪という意味で使っているという。(74)アーレントは「悪」をも分析概念として使おうとしたのだろうか。本章ではこれをアーレントの政治思想家としての側面を示すものと考えて、考察の対象からは外すこととする。

アーレントの著作は時代体験と深く関わっている。帝国主義を扱った巻の終わりでアーレントは、第一次大戦後大量に発生した、どの国家も受け入れようとしない少数民族と無国籍者の問題を取りあげている。それは国民国家が崩壊した結果であった。「ネーションによる国家の征服」の結果、ネーションの基礎をなしていた民族=領土=国家の三位一体から多くの者が放り出された。国家に属することがあらゆる権利の源泉であったので、その保護を失うということは人権を失うことを意味し、その境遇はいかなる戦争犠牲者、没落した中産階級、失業者、年金生活者よりも悪かった。第一次大戦前に稀なケースであった無国籍者は、ソビエト政府が数百万の亡命ロシア人の国籍を剝奪してから大量現象となった。その群れは一九三〇年代に入って東欧諸国やナチス・ドイツが政治的反対派やユダヤ人の国籍を剝奪するようになって大きく膨れあがった。故郷と政治的身分の喪失は人類そのものからの追放となった。法的保護の埒外におかれた（vogelfrei）無国籍者の世界は、全体主義の世界に酷似している[75]。

おそらくこの描写はアーレント自身が一九三〇年代に味わわなければならなかった境遇を反映している。それは何百万という該当者にとってひとつの黙示録の世界であった。フランス革命以来のヨーロッパの理想、人権概念への絶望さえ感じられる。

アーレントよりも二〇年後に生まれ、全体主義を体験することがなかったリンスは、より距離をもって対象を眺めることができた。リンスは体制分類にも一貫して形式的、手続き的基準を適用することを提案している。それはまず権力の行使と組織化、社会との結合方法、次に権力を維持する信条体系の性質、最後に政治過程における市民の役割である。判断の手がかりとしては、それぞれ多元主義か一元主義か、ユートピア的要素があるかないか、市民が参加する（動員される）かしないかである。民主主義はすべてについてイエス、スルタン主義はすべてについてノーであるのに対し、権威主義と全体主義は微妙に異なる。権威主義は多元主義について曖昧であるが、ユートピアと市民の動員に否定的であるのに対し、全体主義は多元主義について否定的であるが、ユートピアと市民の動員について肯定的である[76]。

リンスの分類は全体主義という現象に直面して、なお比較政治学の地平にとどまろうとしたひとつの試みであるといえよう。しかし、その分類が正しいかどうか、読者の共感を呼ぶかどうかはまた別問題である。

おわりに――残された問題

最後に取りあげるのはアーレントの分析が同時代ではなくて、後代のいくつかの現象に対してどれほどの理論的射程をもったか、あるいは修正の必要を示したかという問題である。もちろんこれはない物ねだりでも、後知恵を有する者が知ったかぶりに批判することでもない。アーレント批判ではなくて、アーレントの書を読んだわれわれが同時代の現象を眺めて何を考えるべきかという問題である。筆者の視野も限られており、強引に自分の専門分野に引きつけての考察であることを許されたい。

まず、全体主義の崩壊メカニズムについて。アーレントは本書を書いた時点で、少なくともナチス・ドイツに関してはすでに全体主義の崩壊を目撃していた。アーレントはドイツ人の八〇%がナチスを信じていたにもかかわらず、敗北後確信的なナチス信奉者は見つからなかったと述べている。これが意味するのは、人々は全体主義が存続するあいだそれを信じ続けるだろう、外から破壊されてはじめて信じるのを止めるだろうということ、すなわち全体主義は基本的に外からしか破壊できないということである。フリードリヒ&ブレジンスキーも基本的に同じ立場である。アーレントはのちにドイツの全体主義はヒトラーの死によって、またソ連の全体主義はスターリンの死によって崩壊したと述べたが、すべてをヒトラーやスターリンという人格の存在に帰着させるならば、個人主義的な解釈に陥るおそれがあり、アーレントの意に沿わない結果となるだろう。

全体主義が内側から崩壊する論理はないのだろうか。すでに同時代にリースマンは、「全体主義的統制は達成できない理想である」、全体主義が内側からの変化が永遠に不可能な体制であるとは思わない、と語っている(77)。一世代下のリンスは体制の成立、存続だけではなく、変容も視野に含めようとした。全体主義は例外体制であって、高度の緊張を求めるので長続きしない。時間の経過とともに全体主義の根幹をなすイデオロギーが儀式化し、人々を呪縛しなくなるという(78)。洞察は基本的にアーレント全体主義論以後の経験的事実から得られたものということができる。リンスは全体主義崩壊のひとつのメカニズムを示したが、ある意味で自然死を待つという立場であって、アクティヴな働きかけは想定していない。

次に、新種の全体主義にどのように対応するか。アーレントが『全体主義の起原』を著して以後、東欧諸国、中国、北朝鮮、ベトナム、キューバ、カンボジアなどの新たな全体主義が発生した。これらはナチス・ドイツの流れを汲むというよりも、多かれ少なかれスターリン主義ソ連の亜種である。当然、少なくとも初期においては、全体主義と多くの形式的特徴を共有する。どの程度アーレントの枠組はそれを説明できるだろうか。何を修正し、何を補わなければならないだろうか。

東欧は多かれ少なかれ外圧によって全体主義が成立したので例外ケースかも知れない。しかし、なぜそれが定着し、かくも長く持続したのかは説明されなければならないだろう。新種の全体主義にはアーレントの独立変数はいっそう当てはまらない。人種的民族主義はなく、政令による支配としての官僚制は弱かった。たしかにマルクス主義の影響で階級史観がもちこまれ、共産党の独裁下で官僚制が発達したが、それは資本主義の無限膨張、帝国主義、国民国家の崩壊などの産物ではなかった。大衆社会的状況があったとすれば、ロシアと同じように事後的に創り出されたのであった。むしろ、近代化の初期段階に、先進国からの挑戦に対して、外来のイデオロギーによって対抗しようとしたケースであったように思われる。

アーレントは小国においては全体主義が困難だと述べている。まず、比較的少ない人口をもつ国では「政党」は可能だが、幾百万もの人々を擁してはじめて成立する「運動」は不可能である点、次にたとえ小国で全体主義

「運動」が発生したとしても全体的「支配」は達成できない、それは小国が「全体的支配の機構がたえず要求する厖大な人命の損失に堪えるだけの十分な人的資源」をもたないためである点を指摘する。アーレントはこれをよく似た状況にあった両大戦間期の中東欧、南欧諸国で全体主義が出現しなかった理由としている。[79] しかし新種の全体主義国は、中国を除けば、多かれ少なかれ小規模国家である。カンボジアのように小さくても大規模な暴力が行使された例もあるし、ポーランド、東ドイツ、キューバ、ベトナムのように暴力の規模が非常に小さかった例もある。こうしたことを考えると、はたして「大衆運動」や「全体的支配」がアーレントの言うように国家規模と関係するのか、暴力を全体主義の必須条件とみなすべきかを考えなおす必要があるように思われる。

第三に、国民国家をどう考えるか。アーレントによれば、国民国家は住民の同質性と土地との強固な結びつきを前提とする国家で、ヨーロッパでさえも完全な実現は困難であった。[80] 国民国家の支配層（ブルジョワジー）は帝国主義の時代に異民族地域をも支配しようとして国民国家の原理と衝突した。[81] 全体主義の歴史は国民国家崩壊の物語でもあった。[82] しかし、国民国家は「ネーション による国家の征服」以前は法的共同体でもあったのだ。法的共同体としての国民国家をアーレントは哀惜の念をもって眺めたが、その没落を必然とも見ていた。しかし、典型的な国民国家であるイギリスとフランスは全体主義の道を歩まなかったし、必ずしも国民国家ではなかったドイツ＝オーストリア、多民族国家ソ連がその道を歩んだ。他方で、多民族国家で当初から大衆社会状況にあった米国は全体主義の道を歩まなかった。このように見ると、アーレントが想定していたほど国民国家、多民族国家、民主主義、全体主義の関係は単純なものではなかった。第二次大戦後、国民国家形式が非西欧世界で普及することになるが、それに対してアーレントはどのような目を向けたか。アーレントの関心はもっぱら米国を含む西欧世界に集中したので、正確には知ることができないが、国民国家への一般的に悲観的な態度を見るとき楽観視はしていなかったように思われる。

しかし、アーレントの没後の二〇世紀の最後の四半世紀に至って、歴史は思わぬ展開を見せている。アジア、アフリカ、ラテンアメリカの諸国が国民国家を基礎に民主化を開始した（民主化の第三の波）。他方で、欧州連合が欧州内の国民国家を束ねて大きな連邦制国家への道を歩みはじめたように見える。治者の被治者に対するアカウンタビリティを保障する枠組として、アーレントの言葉を使えば「法的共同体」として、国民国家を見直すべき時期であるように思われる。

最後に、社会主義崩壊後の問題をどう見るか。アーレントによれば、社会主義は上から作られた大衆社会で、それを基礎にして全体主義への道を歩んだ。アーレントの推論を逆立ちさせると、社会主義が崩壊したあと、階級形成、政党形成、国民国家形成の課題が生じるはずである。実際に多くの旧ソ連東欧諸国はそうした課題に直面しているということができる。東欧諸国とバルト諸国はすでにその課題をほぼ達成し、欧州連合に統合されつつある。しかし、旧ソ連諸国はなお多くの問題を抱えている。たしかに階級は形成されつつあるが、政党の形成、国民国家の形成には成功していない。エリートは国民に対してほとんど責任を感じておらず、その責任を追及できるような制度的枠組が脆弱である。未来は予測しがたいが、再びなんらかの「運動」が起こってきて、国民国家（らしきもの）を押し流してしまうおそれなしとしない。

今日の観点から見ると、アーレントの研究は、内側から全体主義が変容する可能性、国家規模やテロの規模と関係なしに成立する全体主義、法的共同体としての国民国家、とくに社会主義崩壊後の国民国家などについて再考の余地があると思われる。

冒頭に記したように本章はアーレントの意に沿わない試みである。自分の著作が後世の研究者によって比較政治学としてみなされるかどうか吟味されていると知ったら著者は苦笑いすることだろう。彼女が心ならずも比較政治学の世界に足を踏み入れることになったのはナチス・ドイツとスターリン主義ソ連を一つの体制類型として認識できると考え、形式的基準に基づいて体系的に比較する最初の本格的な試みを行ったためである。全体主義における指導者、宣伝、組織、イデオロギー、テロルなどはそのために彼女が考え出した概念装置であり、多くの研究者が多少の留保をもちながらも受け入れるようになった。たしかに比較政治学として実証的な検証なしに仮説を立てることは許されないし、倫理的な立場から社会的事象を弾劾することもできないが、彼女の豊かな、多方面の遺産とどう向きあうかは今後とも比較政治学の課題として残るだろう。

（1） Peter Baehr, *Hannah Arendt, Totalitarianism, and the Social Sciences*, Stanford: Stanford University Press, 2010, pp. 3–4.

（2） *Ibid.*, pp. 16–26, 37.

（3） Gerardo L. Munck & Richard Snyder, *Passion, Craft, and Method in Comparative Politics*, Baltimore: Johns Hopkins University Press, 2007, pp. 97, 161–162, 182.

（4） Arend Lijphart, "Comparative Politics and the Comparative Method," *American Political Science Review*, vol. 65（1971）, p. 682.

（5） Max Weber, "Kritische Studien auf dem Gebiet der kulturwissenschaftlichen Logik," *Gesammelte Aufsätze zur Wissenschaftslehre 1864–1920*, Tübingen: J. C. Mohr, 1922, S. 282–290（森岡弘通訳『歴史は科学か』みすず書房、一九六五年、二〇〇―二一二頁）。

（6） Hannah Arendt, *Elemente und Ursprünge totaler Herrschaft*, München: Piper, 1986, S. 705（大久保和郎・大島通義・大島かおり訳『全体主義の起原』みすず書房、一九七二―七四年、三巻二七〇―二七一頁）。本章では著者名、タイトル名のあとまずドイツ語版の頁数、次いで邦訳の巻数頁数を挙げる。なお、英語版 *The Origins of Totalitarianism*, New York: Harcourt, 1951 があり、ドイツ語版とのあいだにかなりの異同があるが、著者がドイツ出身であり、自身が作成したドイツ語版なので本章ではこれを基礎とした。

（7） Hannah Arendt, hrsg. von Ursula Ludz & Ingeborg Nordmann, *Denktagebuch 1950–1973*, München & Zürich: Piper, 2002, Bd 1, S. 96–97

（青木隆嘉訳『思索日記』法政大学出版局、二〇〇六年、一巻一三一頁）。実際に四年後に出たドイツ語版のタイトルには部分的にそれが反映されている。

（8） エンツォ・トラヴェルソ著、柱本元彦訳『全体主義』平凡社新書、二〇一〇年、二八頁。原典（Enzo Traverso, *Il totalitarismo*, Trino: Buno Mondadori, 2002）は参照できなかった。

（9） Leonard Schapiro, *Totalitarianism*, London: Phaidon Press, 1972, p. 14（河合秀和訳『全体主義――ヒットラー・ムッソリーニ・スターリン』福村出版、一九七七年、一三頁）。『タイムズ』紙の論説で、「議会制的」政府との対照で、国家社会主義ドイツと共産主義ロシアの双方に適用されたという。興味深いのは、この時点ではソ連がまだスターリン主義体制に移行しておらず、ドイツでもナチス政権が成立していなかったことである。

（10） Franz Borkenau, *The Totalitarian Enemy*, London: Faber and Faber, 1940. アーレントへの影響については次を見よ。Arno Münster, "Á propos de la genèse de la théorie du totalitarisme : Hannah Arendt et Franz Borkenau," Annabel Herzog, ed., *Hannah Arendt. Totalitarisme et banalité du mal*, Paris: Presse Universitaire de France, 2011, pp. 63–80.

（11） Franz Neumann, *Behemoth: The Structure and Practice of National Socialism 1933–1944*, London: Oxford University Press, 1942（岡本友孝・小野英祐・加藤栄一訳『ビヒモス――ナチズムの構造と実際』みすず書房、一九六三年）。

（12） Sigmund Neumann, *Permanent Revolution: The Total State in a World at War*, London: Harper, 1942（岩永健吉郎・岡義達・高木誠訳『大衆国家と独裁――恒久の革命』みすず書房、一九六〇年）。

（13） 矢野、前掲、六一―六二頁。

（14） Carl J. Friedrich & Zbigniew K. Brzezinski, *Totalitarian Dictatorship and Autocracy*, Cambridge, Mass.: Harvard University Press, 1956.

（15） Juan J. Linz, "Totalitarian and Authoritarian Regimes," in: F. I. Greenstein & N. W. Polsby, eds., *Handbook of Political Science*, vol. 3: *Macropolitical Theory*, Menlo Park et al.: Addison-Wesley, 1975, pp. 175–252（高橋進監訳『全体主義体制と権威主義体制』法律文化社、一九九五年）。

（16） Arendt, *Elemente*, S. 9, 邦訳一巻xiii頁。

（17） Baehr, *op. cit.*, p. 44.

(18) Margaret Canovan, *Political Thought of Hannah Arendt,* London: J. M. Dent, 1974, pp. 26–27, 44（寺島俊穂訳『ハンナ・アーレントの政治思想』未來社、一九八一年、五二―五三、八〇頁）。

(19) Barrington Moore, *Social Origins of Dictatorship and Democracy: Lord and Peasant in the Making of the Modern World*, Boston: Beacon Press, 1966（岩崎隆次ほか訳『独裁と民主政治の社会的起源――近代世界形成過程における領主と農民』岩波書店、一九八七年）。

(20) Theda Skocpol, *States and Social Revolutions: A Comparative Analysis of France, Russia and China*, Cambridge/New York: Cambridge University Press, 1979.

(21) Timothy Snyder, *Bloodlands: Europe between Hitler and Stalin*, London: Vintage Books, 2011, pp. 380–384.

(22) Friedrich & Brzezinski, *op. cit*., p. viii.

(23) *Ibid*., pp. 9–10.

(24) Schapiro, *op. cit*., p. 102, 邦訳一四〇頁。

(25) リンスの体制分類は必ずしもすっきりしたものではないが、この四類型が基本となっている。Linz, *op. cit*., pp. 182–185, 187–196, 259–263, 264–274, 邦訳一三―一七、二一―三四、一三三―一三八、一四一―一五六頁。なお、次も参照せよ、Juan J. Linz & Alfred Stepan, *Problems of Democratic Transition and Consolidation: Southern Europe, South America, and Post-Communist Europe*, Baltimore & London: Johns Hopkins University Press, 1996, pp. 3–83（荒井祐介・五十嵐誠一・上田太郎訳『民主化の理論――民主主義への移行と定着の課題』一藝社、二〇〇五年）。

(26) Arendt, *Elemente*., S. 710–717, 724–727, 邦訳三巻二七七―二八四、二九三―二九七頁。

(27) Margaret Canovan, "Arendt's Theory of Totaritarianism: A Reassessment," Dana Villa, ed., *The Cambridge Companion to Hannah Arendt*, Cambridge: Cambridge University Press, 2000, pp. 31–32, 39. たんに例示（illustrate）しているだけであれば、それが説明となっているかどうかはまた別に検討されなければならないだろう。

(28) Arendt, *Elemente*., S. 309, 邦訳二巻一〇六頁。

(29) *Ebda*., S. 484, 邦訳三巻xiv頁。

(30) *Ebda*., S. 495–528, 邦訳三巻一―四〇頁。

（31） Juan J. Linz, *The Breakdown of Democratic Regimes: Crisis, Breakdown and Reequilibration*, Baltimore & London: Johns Hopkins University Press, 1978（内山秀夫訳『民主主義の崩壊――危機、崩壊、均衡回復』岩波書店、一九八二年）。

（32） Arendt, *Elemente.*, S. 66–102, 邦訳一巻五一—九四頁。

（33） *Ebda.*, S. 88–94, 358–390, 邦訳一巻七七—八四頁、二巻一六一—一九七頁。

（34） *Ebda.*, S. 316, 邦訳二巻一一四頁。

（35） *Ebda.*, S. 335, 邦訳二巻一三五頁。

（36） *Ebda.*, S. 320, 邦訳二巻一一八頁。

（37） *Ebda.*, S. 233, 309, 314, 335, 邦訳二巻二〇、一〇六、一一一—一一二、一三五頁。なお、牧野雅彦『精読アーレント「全体主義の起源」』講談社、二〇一五年、一二〇—一二一頁参照。

（38） Arendt, *Elemente.*, S. 323, 邦訳二巻一二一—一二二頁。

（39） *Ebda.*, S. 358–390, 508–509, 563–565, 邦訳二巻一六一—一九七頁、三巻一七—一八、八四—八六頁。

（40） *Ebda.*, S. 395–396, 邦訳二巻二〇二—二〇三頁。

（41） *Ebda.*, S. 397, 邦訳二巻二〇五頁。

（42） *Ebda.*, S. 252–266, 528–545, 邦訳二巻四二—五七頁、三巻四〇—六二頁。

（43） *Ebda.*, S. 336–357, 邦訳二巻一三六—一六〇頁。

（44） *Ebda.*, S. 323, 邦訳二巻一二一頁。アーレント自身が「ヒットラーに最も近い側近のうちにはモッブの代表者は一人も入って」いないと述べている。

（45） カノヴァンは海外帝国主義の遺産についてアーレントが語ったのは、「原因ではなくて現代的な情勢の論理に対する状況依存的な反応（contingent responses）」という。Canovan, “Arendt’s Theory,” p. 39. それにしても経験的検証は必要だろう。

（46） Arendt, *Elemente.*, S. 588, 邦訳三巻一一六頁。

（47） *Ebda.*, S. 572, 576, 邦訳三巻九六、一〇〇—一〇一頁。

（48） *Ebda.*, S. 589–590, 628–648, 邦訳三巻一一八—一二一、一六七—一九二頁。

(49) *Ebda.*, S. 491, 邦訳xxiii頁。『革命について』には次の言葉がある。「レーニンの一党独裁から、スターリンの全体主義、フルシチョフによる啓蒙専制主義の企てに至る（支配の諸形態）」。これはアーレントが体制変動における指導者の役割を重視していたことを示している。Arendt, *On Revolution*, New York: Penguin Books, 1979, p. 218（志水速雄訳『革命について』ちくま書房、一九九五年、三五五頁）。

(50) Arendt, *Elemente*, S. 546–550, 邦訳三巻六三―六九頁。

(51) *Ebda.*, S. 550–563, 邦訳三巻六九―八四頁。

(52) *Ebda.*, S. 567–571, 邦訳三巻九〇―九四頁。

(53) *Ebda.*, S. 573–574, 邦訳三巻九八―九九頁。

(54) *Ebda.*, S. 575–579, 邦訳三巻九九―一〇五頁。

(55) *Ebda.*, S. 579–588, 邦訳三巻一〇五―一一六頁。

(56) *Ebda.*, S. 594–608, 邦訳三巻一二四―一四〇頁。

(57) Karl Mannheim, *Ideologie und Utopie*, Bonn: F. Cohen, 1929（鈴木二郎訳『イデオロギーとユートピア』未來社、一九六八年）。

(58) Arendt, *Elemente*, S. 474–475, 邦訳三巻v頁。

(59) *Ebda.*, S. 703–710, 717–730, 邦訳三巻二六八―二七六、二八四―三〇〇頁。

(60) *Ebda.*, S. 718–724, 邦訳三巻二八六―二九三頁。

(61) Linz, "Totalitarian," pp. 188, 217–228, 邦訳三一―三三、六五―八四頁、Munck & Snyder, *op. cit.*, p. 189.

(62) Arendt, *Elemente*, S. 710–717, 邦訳三巻二七六―二八四頁。

(63) *Ebda.*, S. 614–628, 邦訳三巻一四八―一六七頁。

(64) *Ebda.*, S. 647–664, 邦訳三巻一九二―二一五頁。

(65) *Ebda.*, S. 676–702, 邦訳三巻二三〇―二六七頁。

(66) ある研究によるとアーレントの書は成立の時期も発想も異なった三つの部分から成っている。Roy T. Tsao, "The Three Phases of Arnedt's Theory of Totalitarianism," Antonia Grunenberg, hrsg., *Totalitäre Herrschaft und republikanische Demokratie*, Frankfurt am Main:

Peter Lang, 2003, S. 57–79.

(67) Baehr, *op. cit.*, pp. 47–55.

(68) Peter Baehr, "The 'Masses' in Hannah Arendt's Theory of Totalitarianism," *The Good Society*, vol. 16–2 (2007), pp. 16–18.

(69) Snyder, *op. cit.*, pp. 380–384.

(70) Arendt, *Elemente*, S. 701–702, 邦訳三巻二六五—二六七頁。英語版初版の序文には「全体主義の最終段階において絶対的悪が現出する」という言葉が出てくる（*op. cit.*, pp. viii–ix）が、以後の版の序文からは消えている。また、ドイツ語版序文にもない。

(71) 全体主義が「闘争概念（Kampfbegriff）」であれば、「根源悪」はその最強の武器となり得よう。トラヴェルソ、前掲書、一〇〇、一八六—一八七頁参照。

(72) Hannah Arendt, *Eichmann in Jerusalem. A Report on the Banality of Evil*, Harmondsworth: Penguin Books, 1964（大久保和郎訳『イェルサレムのアイヒマン——悪の陳腐さについての報告』みすず書房、一九六九年）。興味深いことに、本書には全体主義への言及がほとんどない。

(73) Hannah Arendt, *Über das Böse: Eine Vorlesung zu Fragen der Ethik*, München: Piper, 2006. タイトルは独訳者がつけたもの。本来のタイトルは *Some Questions of Moral Philosophy*. これはアーレントが一九六五年に『イェルサレムのアイヒマン』が呼び起こした反響を念頭において New School of Social Research で行った講演。

(74) アーレントによれば、自発性、多様性こそ「人間の条件」であった。Arendt, *The Human Condition*, Chicago: University of Chicago Press, 1958, pp. 175–181（志水速雄訳『人間の条件』ちくま学芸文庫、一九九四年、二八六—二九四頁）。この関連については次を参照せよ、Richard J. Bernstein, *Radical Evil: A Philosophical Interrogation*, Cambridge, UK: Polity, 2002, pp. 208–214（阿部ふく子・後藤正英・齋藤直樹・菅原潤・田口茂訳『根源悪の系譜——カントからアーレントまで』法政大学出版局、二〇一三年、三二九—三三七頁）。

(75) Arendt, *Elemente*, S. 422–470, 邦訳二巻二三五—二九〇頁。

(76) 注25を見よ。

(77) Baehr, *Arendt*, p. 47.

(78) Linz, "Totalitarian," pp. 206, 228–230, 280, 336–350, 356, 邦訳四九、八四—八六、一六六、二五三—二七四、二八五頁。

(79) Arendt, *Elemente*, S. 499–502, 邦訳三巻六—一〇頁。

(80) *Ebda.*, S. 427–430, 邦訳二巻二四一—二四四頁。アーレントの国民国家概念については、次も参照せよ、伊藤洋典『ハンナ・アーレントと国民国家の世紀』木鐸社、二〇〇一年、一八七—一九四頁。

(81) Arendt, *Elemente*, S. 218–234, 邦訳二巻三—二一頁。

(82) *Ebda.*, S. 215, 邦訳二巻viii頁。

第五章　社会科学としてのアーレントの全体主義論[1]
――アーレントに反することで、アーレントとともに？

出岡直也

はじめに

筆者はラテンアメリカ政治を専門としており、ハンナ・アーレント、全体主義や彼女がその事例としたナチズムとスターリニズム、ホロコースト、社会科学方法論などが膨大な研究・考察の蓄積のある分野であることを考えると特に、本章は暴挙である。正当化はできないが、動機を述べて情状酌量を求めたい。本章は、アーレントの社会科学批判[2]への切実な関心が基にある。アーレントの批判に、下手の横好きで理論や概念が好きな筆者が、同じラテンアメリカ諸国研究の「フィールド派」の研究者たちから受けてきた批判との類似性を感じてきた。筆者が知る限り、残念ながら、少なくとも日本のラテンアメリカ研究では、フィールド派と「社会科学派」はしっかりと議論を戦わせずに、相手を無視する状態が続いてきた。それに対し、特に全体主義解釈・研究に関して、一方で社会科学者たちはアーレントの議論に大きな影響を受けると同時に強い批判を行い、他方で、それへの反論の必要もあってであろうが、彼女が社会科学を批判するというコミュニケーションがなされたと理解している。(3) 同時に、多くの人々と同様、筆者は全体主義とされる現象にも、部分的に読んできたアーレントのそれに関する解釈――アイヒマン（Adolf Eichmann）についての解釈を含めて(4)――にも、大きな興味をもってきた。本書に文章を寄せる機会を得て、アーレントの全体主義解釈の検討を通して、彼女の社会科学批判について考えてみる誘惑を抑えられなかった。

以下の議論を始める前に重要な但し書きが必要である。後に詳述するように、アーレントの全体主義概念は、敵と同定された集団の大量殺人を生むようなテロルを中心的な要素とする政治体制を指し、差し当たっては、ナチ支配とスターリン独裁のみを含みうる概念である。(5) その点で、それは、共産党支配の体制のすべてを含めた、「冷戦的」と言いうる概念はもちろん、イタリアのファシズム体制や、スターリンの死の頃までの個々の東欧諸国の体制などは全体主義に含める、比較政治学の政治体制比較のスタンダードをなしてきたリンスの概念とも大きく異なる――フリードリヒ（Carl Friedrich）とブレジンスキー（Zbigniew Brzezinski）の共著で示された代表的な概念化は、冷戦的議論ともリンス的議論とも組み合わせうるが、前者とより親和的だろう。アーレントの議論では、全体主義体制はテロルを本質的な特徴とするとされ、体制の性格が強制収容所での状況から概念化されるため、より広い集合（リンスの言う全体主義）を指示する特徴よりも、その部分集合を指示する特徴が中心的特徴とされる（それは当然のことだろう(6)）のにとどまらない、視角の相違が指摘できる。すなわち、強制収容所（絶滅収容所を含めた）をその「実験室」として展開された、人間性の完全な破壊・変革を前提とする「全体的（完全な）支配（total domination）」やそれによるイデオロギー的な論理の追求自体を目的とする特定の性格をもつテロルが全体主義体制の「本質」だとされる。しかし、後にも述べるが、その議論はそのままでは説得力がない。アーレントは、彼女の言う全体主義体制が生む結果をその目的と混同しているように思われる。彼女の議論にも従い、かつ大量殺人自体を重視しつつも、「新しい人間」からなる共同体の建設が目的であるとするショーテンの議論が述べる側面を重視すべきであろう。目的論的な傾向を排除し、歴史的法則での終結点となる共同体建設が目的だとすれば、そのための政治への動員も支配の重要な特徴であったと考えるのが自然であり、イデオロギー注入や動員のための支配装置、そして、それが生む政治過程の特徴も重視するリンス的定義と、重視する要素は相似となる。リンス的な定義で全体主義体制であるうちで、何らかの要因により、極端で広汎なテロルを行使する場合がアーレントの言う全体主義体制となろう。(9) 彼女は定義上はジェノサイド自体に着目しない（後記）が、実際の議論では特定の集団に対する大量殺人も重視していることは明らかであるため、ここでは便宜的に、ショーテンが自らの概念化を「ジェノサイド的モデル（genocidal model）」と呼ぶ用語法を用いる。(11)

その「全体主義」概念を、アーレントが事例としたもの、特に多くの部分ではその概念形成の基となったナチ支配に即して検討するのが本章である。すなわち、本章では、彼女の議論から出発し、それに近いが社会科学的に再編成した概念・理論の妥当性を考察するが、逆にリンス的概念から出発してのアーレントの議論の検討は、本書の伊東論文が精密に行っている（第四章）。アーレントの議論に関する伊東章と本章の評価の違いの多くは、今述べた差違で説明できる。同時に、本章が評価するのが主に体制自体がもつ特徴に関する議論の妥当性なのに対し、伊東章が体制成立の原因論を重視したこと、本章がアーレントの歴史記述の多くの問題点には「目をつぶって」、議論の大きな要素のみを確信犯的に重視したことも、評価の違いの理由であろう。

なお、言うまでもなく、アーレントの全体主義に関する議論――少なくとも、著書『全体主義の起原』（以下『起原』）[12]全体――は、彼女が全体主義とした事例自体を超えて、一九世紀から二〇世紀への変化、あるいは、「近代」がそのひとつの極点に向かった過程などを明らかにしたものとしても（あるいは、そこでこそ）、非常に重要である。[13]その側面を重視した紹介・検討の中で、アーレントの議論の多くの要素を関連させて整理し、その妥当性を検討した議論として、川崎文献[14]が代表的であろう。それらが先記モチーフの著書としての『起原』を高く評価するのに対して、本章は全体主義体制とされるもの自体の解釈を評価する試みであり、『起原』の第一・二部も、全体主義の「要素」を分析したものとして位置づけて検討している。

一　「隠れ社会科学者」としての（全体主義分析における）アーレント？

以下では、アーレントの議論を社会科学的に整理して検討することを試みる。その試みは、彼女の社会科学批判からは許しがたいとの批判がありうるだろう。その点を、彼女の指向性と、『起原』などでの議論を社会科学的に整理しうるのかという可能性とから検討することで、本章の考察を始めたい。

第一に、アーレントの社会科学批判に本格的に「反論」することは筆者には不可能だが、本章の考察に必要な諸点のみは述べておきたい。彼女の社会科学批判は、すでに起こってきた現象のもつ規則性の発見に基づく社会科学的な概念・理論化は、人間が新しいことを始める特性（便宜的に「創始性」とする）をもっていることに対応しておらず（少なくとも、創始性によるタイプの諸現象は理解できず）、ストーリーテリングでの理解が必要である、そして、全く前例のないものであった全体主義は、社会科学が理解できない典型的な現象である、という議論として理解されるのが通例である[15]。ただし、筆者が瞥見した限り、人間の創始性ゆえストーリーテリングによる理解が重要だとする議論は、彼女の議論の直接の対象が全体主義でなくなった時期の著作で主になされており、また、社会科学批判の少なからぬ部分が書簡で、かなり断片的になされているため、この単純化は危険である。今述べた散発性もあり非専門家が自ら原典の記述を文脈の中で正確に把握するのが困難であるため、このテーマを扱った専門文献であるベアーの著書に大きく依って、論点を整理しつつ検討したい。

アーレントによる全体主義理解に関する社会科学への批判に関しては、まさにその批判をテーマとした彼女の論文[16]での議論がそれであったことによるかと思われるが、全体主義には功利主義的な目的合理性の前提が当てはまらないとの指摘が重視されることも少なくない。しかし、ベアーがこの批判を重視していないように、社会科学のうちで、人は自己利益を合理的に追求するという前提をもたないものは数多く[17]、また、筆者の理解では、全体主義のイデオロギーからは強制収容所が体現するテロルは目的合理的とも考えうる[18]。そこからベアーは、アーレントの社会科学による全体主義理解への批判を三点にまとめている。第一の〈客観性重視が全体主義を容認することになる〉とのノーマティヴな批判はたしかにアーレントが行っているものだが、基本的には本章の考察の外にある（結論部へのウェブ上の補足で述べることの含意が反論になろうが）。第二の「機能主義」批判は、同じ機能を果たすとして、異なるものを一緒に扱うことへの批判であるが、ベアーが「社会現象のあいだの重要な相違を隠したり、虚偽の歴史的系譜を立てたりするための、一般化、アナロジー、比喩の使用」への批判が重要であるとしているように、一般化（ベアーはそこで強調していないが、特に、前例のない全く異なる現象を、従来見られてきた現象と一緒にまとめてしまう形の）批判と言えるものである。第三が理念型批判であるとされるが、アーレントが理念型を用いた分析に批判的であったことは、全体主義理解に限らず、広く指摘されてきた[19]。しかし、ベアー文献を見る限り、全体主義理解に関しては、彼女の実際の批判は、ウェーバー（Max Weber）的な意味での「官僚制」やカリスマという特定の理念型を全体主義に適用することに対してである。ベアーは理念型による分析一般についての批判をアーレントは明示的に述べていないとしつつ、彼女の立場からは、人工的に構築されたモデルに現実を当てはめる認識法は批判されるべきものであり、彼女は「全体主義」の語を具体的な現象を簡潔に表現する（abbreviate）ために用いている、とする。アーレントが実際に理念型一般に批判的だったとしても、それは、個別の現象を重視する立場からの一般的な概念化への批判と把握してよかろう。以上のように、アーレントの社会科学一般への批判と社会科学による全体主義分析への批判とを同種のものとする把握は正しいであろう[20]。

しかし、アーレントが『起原』を執筆している時にすでに、社会科学的と考えられ、アーレントが全体主義とした体制の前例のなさを重視した分析が提出されていた[21]ことが示すように、前例のない現象でも、すでに登場したあとは、一般化する（一般化を可能にするような）様式で、それを理解できない原理的な理由はなかろう[22]。因果の理論化に比べても、それとともに社会科学の方法の特徴である概念化については、特にそうであろう。実際、先に紹介したアーレントの批判は、社会科学者の行ってきた概念化が不適格である、すなわち、これまでなかった現象をすでに知られていた異なる現象と一緒にしていることを述べているにすぎず（その認識が正しいかも疑問だが）、一般化・概念化自体が不適格であることは述べていない。一般化する方法には、ある種の現象を理解しにくい「傾向がある」という批判だとしても、概念化に関しては、全体主義を扱った社会科学については誤っていよう。本章三節で紹介するように、全体主義の概念化・特徴づけに関しては、例えば、世界史のある時期に初めて登場したタイプのイデオロギーを重視する議論が非常に一般的である（もちろん、『起原』以後の社会科学については、アーレントによる新しさの強調の影響も重要だろうが）。最後に、創始性のみならず、思想や感情をもつ人間の行為に基づくため、社会科学が扱う現象には「科学」は不可能であるとの指摘に対しては、人間の行動についても蓋然（確率）論的な理論化はできるとするのが、社会科学の立場であろう[23]。

第二に、第一点の筆者の反論の正しさを示すかのように、アーレント自身が、自らが総論的には行う批判に従っていないように思われる[24]。あるアーレント研究は、一般にアーレントの議論について「［…］彼女の著作の一つの重要な要素は、［ナラティブよりも］より通例の理論的道具だと考えられるだろう種類の議論である。すなわち、彼女は概念を分析し、区別を行い、見解を提出し、推論を行う」と述べている[25]が、それは少なくとも彼女の全体主義に関する議論にはよく当てはまろう。ナチ支配やスターリン独裁ではなく、「全体主義」をテーマにしていること自体がすでにそうである。そしてそこで彼女は、データに基づかない「演繹性」が強すぎるとの批判を受ける[26]議論を展開しており、「起源」として扱った現象との因果関係は別としても、全体主義という現象自体に含まれる諸要素については、彼女は論理的に把握できる因果関係を提示する（彼女が語るのは、事実の記述にも増して、レトリカルに展開されるロジックのストーリーである）。毛沢東の中国が全体主義であるか否かを検討していること（*OT*, pp. xxvi–xxvii）、全体主義が将来にまた現れる可能性を考えていること（*OT*, p. 478）からは、彼女に一般化の志向があったことも明らかである。少し挑発的に言えば、先にアーレントの理念型（概念化）批判に関して、実際には従来の理念型が誤っていることを述べているにすぎないとしたが、彼女は、その批判をした上で、自らが正しいと考える全体主義の理念型を提出したとも考えうる[27]。少なくとも全体主義の理解に関しては、アーレントが普通に言われる（そして、彼女が言う）意味でのストーリーテリングの手法を用いたとする認識は正しくなかろう。

第三に、一般化・概念化に関する総論的立場と実際の分析の指向性との食い違いにも起因しようが、恐らくは、

『起原』では多くの洞察が体系的に整理されずに提出されている（と筆者には思われる）ことをより大きな理由として、第二点で示したように、実際には社会科学的なものを指向していたとしても、彼女がそれに「失敗」している（すなわち、社会科学化できないタイプの議論を展開している）との指摘は強い。『起原』に関するある論評は、同書は「端的にアーレントが社会科学者ではないことを示唆している」とする（加えて、「結局のところ、全体主義に関するアーレントの理論はブリリアントに間違っている」とも）(28)。しかしそれは、史料・データ・先行研究を重視せず、かつ、価値判断と分析が分離していないことからのレッテルであり、正しいとしても、議論の整合性ではなく、基本的に妥当性や信頼性の観点から重要な手続きが弱いとの指摘である（したがって、彼女の議論が誤っているかも、経験的《エンピリカル》研究によって検証すべきことであるにすぎない）。『起原』に関する反対の方向からの批判は、本章の関心からはより重要である。『起原』を、書名どおり「精読」した著書の中で牧野は、「本書の中に何か特定のカテゴリーや概念の体系的展開を求めても徒労に終わるだけである」(29)とする(30)。概念や一般的な議論は提出されても、仮説となる命題にできるような議論になっていないとすれば本章の試みは最初から無理になる。

しかし、後に詳述するが、アーレントの議論が社会科学や歴史学に大きな影響を与えて、彼女の議論を社会科学化、歴史学化したと言いうる仮説が検討され、検証されてきていることが、そうではないことを示していよう。彼女の立場からは歴史学に比べても遠いであろう社会科学（政治学）の分野について、ある書評論文は、社会科学の文献であるフリードリヒ／ブレジンスキーの著書とともに、『起原』が、一九五〇年代の全体主義の非学問的・学問的な理解を形成するのに大きな役割を果たし、その後の研究者たちは、暗黙の場合もあるが、それらを念頭に置いて議論を展開したとしている(31)。

二　アーレントの全体主義解釈の「社会科学化」

以上からは、アーレントの議論は社会科学的枠組へと整理されうるし、されるべきものであるとわかる。その作業をする際の前提として、先に極端な現象についての社会科学的接近の妥当性に違いがありうることを示唆した点、すなわち、概念化や定義と、その現象が登場する原因に関する命題とを区別することが重要であろう。しかし、この整理自体がアーレントの議論に関しては困難である。アーレントは、「原因」を求めることを否定している。[32] また、彼女の全体主義の定義は曖昧である。

しかし、『起原』が、第三部（のみ）を「全体主義」と題する三部に分かれていることからも、扱う対象の時系列からも、彼女が、原因とはしないとしても「結晶化する要素」としていることが明白である現象と、全体主義体制により直接的に関わるものとして概念化した現象とは区別できる。そして、後者では、特に重視される少数の要素があることは、記述の厚さからも明確である。

彼女自身が『起原』のあとの版（一九五五年のドイツ語版からで、一九五八年英語第二版以後も）で初版の結末章と入れ替えた部分が、「新しい政府形態」の副題をもちつつ「イデオロギーとテロル」と名づけられていることもあって、アーレントの全体主義論を検討した者の多くが、その二点を重視してきた。先にも示唆したが、特定の性格をもつイデオロギーに基づくがゆえに両者が表裏一体であるのが全体主義の定義的要素となる。筆者が知る限り、この点を最も明確に強調しているのはヴィラである。[33] テロルやジェノサイド自体は以前にもあったが、イデオロギーに基づき、人を自然または歴史の法則に従うのみの存在へと変容させてしまう「全体的支配」のためにテロルが用いられたことが、前例のない支配としての全体主義の「本質」だというのがアーレントの議論であった。個々人の人間性の完全な変革（否定）を目的とするように読める記述が『起原』には多く見られるが（注35を参照）、ヴィラによるアーレントの議論の明確化・整理はそれを重視したものである。アーレントの議論の中では、「全体的支配」も目的ではなく、何であれイデオロギーを論理的に追求すること自体が目的となるともされる。(34) いずれにせよ、すでに明らかなように、イデオロギーの内容は重要ではないことが強調される（*OT*, esp. p. 472）のは、以上の議論と表裏一体である。

しかし、それらは目的論的《テレオロジカル》な議論であるように思われる。そこでは、結果（彼女が想定する結果）から体制の目的が導かれている。ある政党や独裁者が、人々の「人間性の改造（transformation）」（あるいは、「すべてが可能である」のを示すこと）自体を目的として権力を握り、支配を行うことは考えにくい。(35) イデオロギー的論理の追求の自己目的化と考えられる議論も、それが永続的な過程になってしまっているという結果から目的を導く点では同様に目的論的であると考えられる。そして、『起原』第二部までの彼女の議論が「要素」を明らかにしているとするならば、彼女自身もイデオロギーの内容を重視しているのは明らかである。社会科学的な議論にするには、〈「歴史」や「自然」の「法則」を語り、それを「論理的」に追求する急進性も特徴とするような内容をもつイデオロギーによるものが全体主義である〉との理解へと修正される必要があるし、(36) アーレント自身も暗黙には、または、潜在的にはそのような議論を提出していたと考えうる。すなわち、彼女はイデオロギーの論理性追求に注目するが、彼女が「イデオロギー」とするのは、科学的で、すべてをひとつの前提の演繹で説明するものに限定されていること（*OT*, pp. 468–70）に注意すべきである。(37) 内容が重要でなく、イデオロギーを論理的に追求すること自体が目的であるとする彼女の議論は、特定の性格の内容をもつイデオロギーをラディカルに実現しようとする場合が全体主義となるという議論と理解できるように思われる。このように目的論を排するとすれば、殲滅すべき敵の具体的な内容も含め、特定の性格をもつイデオロギーの内容を追求することが重視されるべきことになる[38]。人間改造とテロルによる敵の殲滅を必要とする共同体建設を含意するようなイデオロギーが実行に移された場合、あるいは、その側面が現出した場合が、アーレントの定義による全体主義体制と考えるべきではなかろうか[39]。そのイデオロギーがそこには至らない場合との差違を程度の差ではなく、質的な差違であるとした（前述）基にあったものが、彼女の議論の目的論性だろう。

イデオロギーの内容が（も）重要であるとすることは、アーレントが言うように、元来の「客観的な敵」が殲滅されれば、常に新たな敵が設定され、誰もがテロルの犠牲者になりうる（*OT*, pp. 424–25, 432–33, 447）のではなく、イデオロギーが目指す「最終状態」のための特定集団の消滅という目的、それに起因する大量殺人自体を重視することと表裏一体となる。そして、アーレント自身が大量殺人自体、特にユダヤ人を対象としたホロコースト自体を重視していたことは、『起原』やさらに明確に『イェルサレムのアイヒマン』からも、彼女の他の文章や言動からも明らかであろう。一九七三年のインタビューにおいても、〈体制に反対しなくても「無実」の人が、歴史のダイナミクスによって与えられた役割として殺害された〉として、特定の集団を標的としたイデオロギーを重視するように読める議論がなされている[40]。

以上のように、目的論の排除という社会科学的要請からは、アーレントの議論を修正し、特定の性格をもつイデオロギーに基づき、そのイデオロギーが説く最終状態のために消滅させるべき集団に対する大量殺人を、それと表裏一体をなす（同じイデオロギーから導かれる）、体制下の人々の人間改造の試みとともに重視する定義を採用することが必要となろう。そして、アーレントの議論の「社会科学性」に対応すると考えられるが、彼女自身も、実際上は、イデオロギーの内容自体と特定の集団の大量殺人自体も重視しているように思われる。

他方で、アーレントの全体主義（少なくともナチ支配）解釈では、テロルがイデオロギーを基盤にしていただけでなく、アイヒマン解釈に示されたような、「官僚制的」な形で行使された点が重視されていると見られることも多い[41]。後に述べるように、アイヒマン解釈は彼女が『起原』で示した解釈を修正したものと見られることも多いが、それはイデオロギーの重視に関してであり、テロルが官僚制的に行使されることは『起原』でも（それ以前の論考でも）重視されていたことは明らかである[42]。実際、「官僚制」は『起原』で多出する用語である。ただし、アーレントが全体主義支配における官僚制の重要性の先駆として考えた、帝国主義における「官僚制」は、牧野の議論を引用すれば、「ここでいう「官僚制」とは、いわゆる「法の支配」に基づく「統治（government）」と対比される官僚による支配のことである」と定義されたものである[43]。しかし、そこでは、その支配の中心になるものとしての官僚機構の発展も扱われ、人種主義に基づいて、支配地住民を人として扱わず、行政的・官僚制的に虐殺することが主に扱われる[44]。それとアイヒマン解釈が含意するホロコーストの過程との類似性は明らかだろう[45]。『起原』第三部における全体主義支配自体の分析では、この点はそれほど重視されないが、それは、後記するように、第三部がナチ支配（全体主義）解釈を修正した後に書かれたからであると考えられる。本章では、全体主義のジェノサイド的な側面に関しては元来の理解が維持されるべきであったと考えている。深読みであるが、アーレント自身も暗黙のうちにそう理解していたとも解釈しうる。例えば、あとで加えられた「イデオロギーとテロル」の章ででではあるが、全体主義は永続的な運動（motion）自体を特徴とすることから、テロルの行使者を（犠牲者同様）信条にかかわらず選ぶ客観性が特徴になるとするが（*OT*, pp. 466–68）、目的論的傾きを排すれば、これは自動機械的に拡大してゆくテロルの機構の官僚制化を意味することになろう[46]。この理解の継続が、第二部の議論が修正されずに出版され、その後も維持された理由であり、そして、それがアイヒマン解釈へと発展した、と想像できる。いずれにせよ、アーレントの全体主義の概念化では、『起原』の際からすでに、特定の性格をもつイデオロギーに基づくテロルを官僚制的に遂行する性格が重視されており、アイヒマン解釈は、その官僚機構の中にあるテロルの執行者（perpetrator）の性格についての考察を深めたものであったと考えられる。そして、この官僚制的遂行の議論は、テロルの行使は、全体主義が有する、拡大自体を自己目的とする力学に基づいているとの議論と結びついている。目的論を排すれば、特定の性格をもつイデオロギーに基づいてテロルの官僚制が展開するため、自動機械的な展開を示す場合があり、それが全体主義体制であるという議論となろう。体制の他の目的（アーレントは体制の維持自体や戦争遂行を重視する）に反機能的になる形で、とするのも（*OT*, p. 445）彼女の議論の特徴である。

以上のように、アーレントが全体主義の中核的性格としたものは、一貫して、イデオロギーに基づき[47]、官僚制的・自動機械的に遂行されるジェノサイド的なテロルを重要な部分とする支配であると考えるのが自然であり、そこから目的論性を排したものが、社会科学に適合的な概念化となろう。

なお、『起原』第三部の前半である「全体主義運動」の部分で扱われる「組織」と「プロパガンダ」（*OT*, pp. 341–88）も、アーレントが全体主義運動が少なくとも一国のみの権力を握った場合には運動であり続けることを重視することからは、無視できない。実際、全体主義体制の分析でも、組織的特徴は重視されている（*OT*, esp. p. 420）。全体主義運動の組織の重視は、アーレントのテロルを手段とする「運動」自体の自己目的化と把握しうるものの重視とある意味では反して、イデオロギーの内容に即した「新しい人間の共同体」を形成するために重要な要素であり、アーレント自身が、先記の自身の目的論的な規定とは相容れない要素も重視していたことを窺わせる[48]。それらを特徴とする政党による一党支配も、アーレントの全体主義概念の定義的要素と考えることも可能だが[49]、そうすればフリードリヒらの定義とさらに類似する。そのような一党支配を前提として、より狭い範囲に限定する（ために、テロルなどのみを定義的要素とした[50]）のがアーレントの全体主義（体制・支配）概念であると把握しうることは先述のとおりだが、後記のとおり、テロルとイデオロギーのみの重視は、彼女が、〈イデオロギーに基づく共同体全体の人間の改造がテロルの場面で見られる様式で行われる〉と（恐らく誤って）概念化していたことにもよっている。

それらとは異なり、『起原』第三部「全体主義」の運動に関する分析と「イデオロギーとテロル」の章で（も）非常に重視されてはいるが、「大衆」を基盤とすることは定義的要素には含みえないであろう[51]。イデオロギーに基づき官僚制的に遂行されるテロルとは異なり、少なくとも体制に関しては、因果関係の命題であると考えられるからである[52]。以上述べたように、アーレントの定義で最も重要な要素は「自動機械化したジェノサイド的なテロル」かと思われるが、「新しい人間」からなる共同体を築こうとするイデオロギーも、その作動自体に強く関わっており、定義的要素とするのが自然になる[53]。イデオロギー、テロル、テロルが官僚制的に遂行されること（組織化のレベルが高い政党による独裁であることを前提として）は、互いに密接でひとつにまとめうる特性だと言えよう。それに対して大衆の存在は、そのような支配を志向する運動が政権に就くほどに拡大する（あるいは、政権を維持し、そのプロジェクトを遂行できる）基盤をなす社会の特徴であるため[54]、切り離しうる。

アーレント自身の用語法は別にして、彼女の議論の核心を社会科学化して以上のように整理できるとすれば、アーレントの全体主義解釈における、定義と因果命題との関係も理解しやすくなる。定義の要素であるイデオロギー（反ユダヤ主義、人種主義を重要な要素とする）は、歴史的経緯を内に含んだ要素である。原因と解釈する読者もいるだろう議論が展開されているが、それは定義的要素の性格を明らかにするために、その発展が分析されている、と位置づけうる。暴力的支配が官僚制的に遂行される傾向も、全体主義で全面的に展開する前の歴史的発展を含むことは先に述べたとおりである。なお、全体主義が、ウェーバー的な意味での官僚制化と結びついている、との議論も、全体主義の新しさや近代の産物である性格を示す特徴として、時にアーレントの議論と結びつけて提出されてきた(55)。その議論、すなわち、社会の官僚制化（社会の様々な組織、特に国家機構の官僚制化）のレベルが高いことが、ジェノサイド的なテロルを重要な部分とする官僚機構の発達を伴う全体主義を生むか否かも、因果関係の命題として扱われるべきであろう。

『起原』第二部までの記述は、基本的には、歴史的発展を内に含む定義的要素の扱いに見合ったものになっている。事実から明らかなように、先記の性格のイデオロギーをもった運動が政権を握り、それにより官僚機構が発達した体制ができても、ジェノサイド的な意味での全体主義支配が登場するわけではない。その点で彼女の記述には特徴がある。彼女は、反ユダヤ主義や帝国主義の様々な構成要素を含む総体を示して（さらに言えば、一九世紀から二〇世紀へのヨーロッパの歴史的変化の総体を示して）、そのうちのどの要素がどう展開していって全体主義（ナチ支配(56)）を導いたかを明らかにする（前向き《プロスペクティブ》な分析を行う）のではなく、全体主義に現れた要素を遡及的《レトロスペクティブ》に明らかにしている。それはたしかに原因の分析にはなりえない（ここでは「社会科学的に」に因果検証になっていないという意味で述べているが、同時に、歴史学的に因果を検証できるほどの史料を用いていないことも明らかだろう(57)）。その性格からは、彼女が行った、「原因」ではなく「結晶化した要素」を明らかにしたという用語法（概念化とも言えよう(58)）はぴったりくる。彼女の議論を社会科学的に理解しても、彼女自身が自らの議論の性格だとした特徴（それを表現する用語法）は非常に的確であろう(59)。

三　「社会科学化」したアーレントの全体主義論の妥当性の検討

以上のように理解できる——社会科学的には以上のように理解すべきであろう——アーレントの全体主義に関する議論は妥当であろうか。以上行った整理に従い、筆者の知識・能力と紙幅が許す範囲で簡単に検討していきたい（そこで示されるように、前節のように整理したことで、アーレントの議論の妥当性の検討もしやすくなったと筆者は考えている）。

アーレントが全体主義の定義的特徴として提出した議論は、社会科学や歴史学の研究に非常に大きな影響を与えた。第一に、全体主義を導くイデオロギーの重視は通説的になっている。例えば、リンスが提出し通説化した権威主義体制との区別で、実際上はイデオロギーが中心的な位置を占めているように、[60]「全体主義体制」というカテゴリーが存在すると認める論者の中では、その重要性にはコンセンサスがあろう。ただし、具体的なイデオロギーの特定についてのアーレントの議論の妥当性の検討も含めて、より詳しい検討を行うことが必要であり、以下で行いたい。

第一に、アーレント自身もイデオロギーの内容を実際には重視しており、彼女の議論を社会科学化すればそれを重視すべきこと、そして、アーレント自身が全体主義体制を生んだ特定の内容をもつイデオロギーを扱っていたことを先に述べたが、それに関する彼女の議論は妥当だろうか。例えばロバーツは、アーレントは「イデオロギー」というには雑多な要素を扱っているとして、彼女の議論を（また、イデオロギーを重視する全体主義解釈を）批判している。[61] しかし、アーレントは、帝国主義の中で登場した形の人種主義が新しいタイプの反ユダヤ主義と結びついたことを分析するなど、多くの要素を統合した議論を行っており、ナチズムについてはそのイデオロギ

ーを明らかにしていると言える。(62)

他方で、スターリン独裁について、その思想的系譜の指摘が的確ではないとの指摘は広く行われている。(63)それは、注56で述べた経緯から説明できる。アーレント自身も、『起原』におけるスターリン独裁の方のイデオロギー的起源に関する自らの議論の弱さを認識しており、その後マルクス主義の分析を自らの課題としたのは、ジェノサイド的な意味での全体主義のイデオロギーに結晶化したもうひとつのイデオロギー的系譜を解明しようとしてであった。(64)彼女の研究は未完成に終わったが、ジャコバン主義を経由してルソーへと遡るタルモン（J. L. Talmon）の議論（それを展開した著書は、『起原』とほぼ同時に刊行された）は、そちらのイデオロギーの系譜を明らかにしたものと言えよう。(65)それらの二つの系譜の差違の指摘とは矛盾せずに、ナチズムとスターリニズムに共通する思想的源泉の系譜をより体系的に分析したのが、ショーテンの議論である。

人々一般の内からの改造（による共同体の建設）を目指すイデオロギーが、まさにその目的によって、テロルを特徴とする体制——そうではない非民主主義体制とは大きく異なる体制——を導くとする議論は広くなされてきた。(66)また、テロル自体については、少なくとも『起原』以前に刊行されていたナチ支配、そして、イタリアのファシズム体制も含めた三体制を扱った分析の代表であるフレンケル（Ernst Fraenkel）、F・ノイマン（Franz Neumann）、S・ノイマン（Sigmund Neumann）による三著作（および、フリードリヒ／ブレジンスキー文献）と『起原』を比較した論考は、アーレントの議論の最大のオリジナリティーは、そのようなイデオロギーを基盤とするため、〈体制の基盤が固まってからこそ強化されて、反対派のみに向けられるのではないという特徴をもつテロル〉という特徴を指摘した点だったとしている。(67)そして、そのような全体主義のテロルの特徴づけは通説的理解であり続けている。例えばリンス(68)は、イデオロギーの重視でも、テロルが体制安定後にも維持・強化されることを特徴とする点でも、アーレントと同様の議論を行っている。[69] そのテロルのレベルがどの程度のものを全体主義とするかが論者によって異なり、アーレントが「ジェノサイド的」なもののみを区別することは、先記のとおりである。

第二に、官僚制化の強い機関によって遂行されるジェノサイド的なテロルという要素は、アイヒマン解釈によってさらに強調されるようになったが、[70] ナチズム研究の第一人者の一人は、（西ドイツの）多くの当時の若い研究者が、ホロコーストに関して、アーレントがアイヒマン解釈で示したイメージを基にした研究を行ったとしている。[71] ホロコースト研究において、ホロコーストをヒトラーの意志・計画が遂行されたものとする「意図主義」的（intentionalist）解釈を批判した、いわゆる「機能主義」の代表的研究者であるモムゼンは、アーレントの議論を自分たちの解釈の先駆であると把握している。[72] モムゼンは、他の目的との関連でマイナスになるのみならず、体制全体の特徴としても、自己破壊的なレベルにも至る拡大（乱立）の傾向を指摘しているが、すでに『起原』初版において示されていた、自動機械化し、永久拡大を続けようとするテロルの装置というアーレントの特徴づけは、官僚制化に加え、その性格をも概念化していたことになる。

なお、官僚制的特徴を重視する議論は、機械のように効率的に作動する機構のイメージがつきまとうが、ナチ・ドイツの官僚機構が、機能の重複を伴う乱立を特徴として、それとは大きく食い違ったという解釈にはすでにコンセンサスがある。しかし、アーレントや機能主義的解釈が説いた、組織の非合理的な自己拡大化の解釈は、そうした混乱した官僚機構の肥大とも親和性が高い。アーレントは、『起原』（*OT*, pp. 395–403）でも『イェルサレムのアイヒマン』（*EJ*, pp. 70–71）でも、この点を強調している。ある意味では、全体主義の概念を用いる論者の中ではそれを一枚岩的支配として理解することが通例だった時期にすでに、彼女は、それをリヴィジョンして通説的になった研究が重視する並行的乱立と混乱を特徴だとしていたのである。[73] いずれにせよ、独裁の中でも、マス・レベルでの組織化や動員、抑圧を行うための高度に組織化した機構をもったものが新しい現象であることは疑いなかろう。それは、権威主義体制と異なり、イデオロギーに基づく動員・組織化・抑圧を担う大衆政党の一党支配を特徴とした政治体制（リンス的な意味での全体主義体制）の特徴である。そのうちで、テロルの官僚機構が自動機械化したものが、アーレントが言う全体主義であると考えられる。

ある時期からの重要な研究動向として、アーレントの解釈や機能主義的解釈は、機能主義がそのリヴィジョンとして登場した意図主義的解釈[74]とは異なった方向からの批判を受けている。アイヒマンがナチの人種イデオロギーを強くもっており、職務を執行した「官僚的人物」ではなかったとの解釈は、アーレントのアイヒマン解釈や「悪の凡庸さ」論への批判として、強力に提出され続けており、彼の言動、特に第二次大戦後のものがより明らかになっている現在では、否定することは不可能だろう。そして、彼を典型的事例として、一般に、ホロコーストに携わった「官僚」たちが自らの信念でもそれに携わっていたことが強力に指摘されている。二〇一七年に出版された、ホロコーストに関する研究動向の紹介を重要な目的とする著書によれば、ホロコーストの機構の中でアイヒマンのような指導者レベルにいた人々が、機構の「歯車」のように職務を遂行する「官僚」であったとの解釈を採る歴史家はほとんどなく、反ユダヤ主義のナチ・イデオロギーを強くもっていて、自分のしている殺害を正しいと考えて携わっていたことが明らかになっている[75]。しかし、筆者は、イデオロギー的な人々が官僚機構の一員としてテロルの遂行に携わることは不思議ではなく、両解釈は両立するというベンハビブの解釈[76]が正しいと考える（一般に、官僚制的作動とその中にいる人々のイデオロギー性の有無とが独立であることは先述した）。より下位レベルの人々についてはさらにそうである。先記の著書は、下位レベルの人々については、自らも殺害の意図をもっていたとする解釈（volitional school）と職務として行ったのみとする解釈（situational school）が対立していた（代表的な研究からキャッチワード的に言えば、「Goldhagen 対 Browning」である）が、その後の研究から、両者を統合した、職務を遂行するために反ユダヤ主義などを身につけていったとする解釈が有力であるとする。[77] これらの両義性は、まさにイデオロギーを遂行するための官僚機構だったことを示唆するものかもしれない。

以上に比べて、全体主義と大衆の関係に関するアーレントの議論については、その後の研究に否定される傾向が強い。ここでもアーレントの議論は社会科学に大きな影響を与え、[78] それを社会科学化したと言えるコーンハウザー（William Kornhauser）の議論が決定的な役割を果たして、アトム化した大衆は、単純なメッセージによる極端な思想、かつ／または、強い指導者をもつ運動を支持するという議論が発展した。しかし、ここでは詳しいレビューはできないが、その研究動向がアーレントの議論の妥当性を示しているかは疑わしい。[79] 大衆が全体主義の基盤であるという仮説は、広汎な大衆が存在すれば、運動の支持者が拡大するため運動が拡大するというバージョンとしても、あるレベル以上に大衆が広汎である場合に、他の要因が加わって体制を成立させる――そうでなくても、少なくとも全体主義的な性格をもつ体制を維持して体制の基盤になるほどのレベルの運動（政党）の基盤になることができる――必要条件であるというバージョンとしても提出しうる。しかし、アトム化した大衆が全体主義的運動（政党）を支持する（つまり、アトム化した大衆が全体主義運動の基盤である）という仮説全体に、反証が広く提出されてきている。[80] 大量の大衆の存在が全体主義体制を成立させるという因果関係の仮説を否定するのが支配的な研究動向であると言えよう。

ナチ支配やヒトラーの研究の大家である歴史家カーショウは、「彼女［アーレント］が、ナチズムにビルトインされた、急進化し、ダイナミックで、構造破壊的な諸特徴を強調したことは、後の研究で広く裏づけられてきた」とすると同時に、「全体主義の成長を説明するその［『起原』の］基本的な議論――階級に大衆が取って代わり、「大衆社会」が登場したこと――は、明らかに欠点をもっている」としている。[81] 拡大を続けようとするダイナミックな性格（特にアーレントが重視したテロルの拡大）は、ある種の性格をもつイデオロギーをラディカルに追求する志向と、自動機械化した官僚制によると考えられるため、ナチ支配に当てはめた際のアーレントの議論に関するこの評価は、本章の評価と共通するだろう。

ただし、アーレントの議論が提出されたあとの研究動向として、アーレントが彼女の言う全体主義の支配では誰もがテロルの犠牲者になりうることを重視している（先記）のに反する事実が広く認められるようになっているとされるのは重要だろう。すなわち、特にナチ支配に関しては、そのテロルの対象となったのは、反対派やユダヤ系などの特定の諸社会集団の人々であり、多くのドイツの人々が自分は安全であると感じていたともされる。[82] アーレントは強制収容所におけるテロルを全体主義の本質だとしたのだが、本章で先に重視すべきとした全体主義のイデオロギーの内容に従い、一方で特定の集団の消滅と、他方でそれ以外の人々を「新しい人間」としての共同体の建設の両者が（もちろん、少なくとも共産主義イデオロギーでは、両者は表裏一体であるのだが）目指され、大量殺人の場である強制収容所におけるテロルの対象になるのは、前者で同定される集団の人々であるとの解釈が正しいのではなかろうか（すなわち、本章で先に行った目的論批判はさらに発展させるべきであることになる）。とすれば、もちろん、そうしたイデオロギーが極端な形で実現に移された場合であるため、両者のレベルに相関は高いのだろうが、アーレントの言う全体主義体制は、暫定的に採用した「ジェノサイド的な定義での全体主義」の用語にまさにふさわしく、特定の性格をもつイデオロギーによって、「強制収容所（など）による大量殺人」に至った政治体制を指すと考えられよう。そして、強制収容所による大量殺害のダイナミズム、すなわち、官僚制化を伴う自動機械化を、アーレントの議論はかなりとらえていたと考えられるのではなかろうか。そして、アーレントの議論を修正したものからは、イデオロギーの内容の極端な形での追求が、そのきっかけであったことになろう。

そのような体制を成立させる直接の要因について言えば、広汎な大衆の存在のみでなく、何にせよ、全体主義体制成立の一般的な要因を探すことは困難ではないかと考えられる。事例が極端に少ないため、特殊な要素への注目が必要だからである。ナチ体制の成立の経緯と、スターリン独裁成立の経緯は大きく異なる。ここではまさにアーレントが言う（新しいこと、予想外のことをなしうる）人々が作り出す特定のイベントを重視する議論が重要となろう。そうした人々の行動を鳥瞰するような「構造的」要因が少なくとも蓋然論的に特定できるとし、それを探すのが社会科学のやり方であろう。しかし、全体主義の場合はあまりに事例が少なく、蓋然論的な要因探求に意味がないと考えられよう。[83] 事例が少ない現象に関する、この原理的とも言える困難さ、すなわち傾向（原理的不可能性ではない）を指摘したことに限定すれば、アーレントの社会科学批判は正しいと考えられよう。[84]

以上をまとめて整理する際に、カノヴァンが行う、〈安定した強固な支配であるとする通例の全体主義概念とは異なって、アーレントの場合は常に拡大する運動という全く逆の特性を見ている〉という、二つの全体主義モデルの区別（そして、カーショウの肯定的な評価などを引用して、アーレントの解釈には妥当性があるとの指摘）は重要である。[85] 本章は先に、〈リンス的定義の体制のうちでテロルのレベルが極端化したものをとらえたのが、社会科学化したアーレントのモデルである〉と、リンス的概念とアーレントの議論を統合したが、レベルの差を、イデオロギーが説く目標が極端な形で追求され、テロルの官僚制的作動が自動機械的拡大のダイナミクスをもつまでに至った場合であると把握して、質的な差異に着目することもできる。そのような制度化・安定しない体制を見る解釈を、社会科学的なモデルとして提出することが可能であり、それにある程度の妥当性があることを、本章は示したのかもしれない。

そのモデルは、次のようになろうか。ある集団の排除も伴って「新しい人間」からなる共同体建設を目的とし、それゆえその過程の官僚制的な遂行（それらに携わる官僚機構の発展）も含意するタイプのイデオロギーに基づく体制であり、何らかの要因で（体制成立以前に、そのような方針になっているという意味も含めて）、イデオロギーの追求が極端化し、官僚制的なテロルの装置を発展させ、自動拡大化の状況になった場合がジェノサイド的定義での全体主義である。その成立条件については、直接の要因に何らかのパターンがあるかはまだわからず、前提条件についてもはっきりしない。もちろんそのようなモデル化は様々な問題点を含むだろうが、少なくともナチ支配について彼女の議論が多くの知見をもたらしてきたことも示すように、アーレントの全体主義モデルは、体制の性格については、かなりの妥当性を有するように思える。それを可能にしたのは、モデル化（理念型化）により、体制の性格、その動作メカニズムが明確になったことであると考えられる[86]。とすれば、アーレントが、単純化し、論理的に（あるいは、レトリカルに）誇張したことはよく指摘されるが[87]、そのような社会科学的方法によって、ナチ支配（やスターリン独裁）という現象それ自体の理解もしやすくなったことになる。成立の前提条件や直接要因についても、アーレントの議論を社会科学的に理解して仮説として提示し、それを検証することを、多くの研究が（暗黙に）行ってきた。すなわち、アーレントの議論が社会科学的に（そして、歴史学的に）継承されてきたことが、ジェノサイド的に定義される全体主義体制の成立要因についても、研究・考察の発展を大きく促してきた。本章は、そうした「社会科学化（経験的《エンピリカル》な学問化）したアーレントの全体主義論」の現在までの貢献――そして、それが今後も検討に値するものであること――を、従来よりも明示的に示したつもりである。

おわりに

以上では、ジェノサイド的な定義での全体主義に関するアーレントの洞察が、そのいくつかの重要要素ごとに、経験的《エンピリカル》な研究の蓄積の源泉となったことを紹介してきた。そして、元来実際は決して非社会科学的ではなかったとも考えられるアーレントの議論を、より明確に社会科学化する形で、それらの知見が統合でき、ジェノサイド的な定義で全体主義とされる体制の理解がある程度整合的になしうることも示した。それは、広汎な大衆の存在を重視する議論を含め、全体主義成立の原因については、一般化に適さないか、あるいは、現在までの理解では一般理論化が困難であろうことも含めての整合性であった。

最初に述べた筆者の問題関心に戻って、以上から強引なまとめを行えば、アーレントのもののような鋭い洞察と社会科学的な方法とを組み合わせた研究が、一見非常に個別的に見える政治現象についても、有効ではないか、ということになる。

こうして、本章の検討が正しければ、「ジェノサイド的に定義された全体主義」に関しては、アーレントの議論は大きな妥当性を有し[88]、そのこと自体が逆説的あるいは皮肉にも、彼女の社会科学批判が完全には受け入れられないことを示している。非常に「個別的」と思え、恐らくは実際にもそうである現象についても、概念化は有効であろう。同様に、そのような現象についても、概念化をした上で、その現象が登場する原因を考える手続きは、少なくとも原因の性格について重要な知見をもたらすであろう。個別の事実をもって語らせる物語の意義とは全く矛盾せず、概念化する物語にも意義があることを、両者のはざまにあるアーレントの全体主義論の検討が示しているのではなかろうか。

＊謝辞
本章の草稿に対し、空井護氏と馬場香織氏から貴重なコメントをいただき、議論を改善できた。心からお礼申し上げたい。言うまでもないが、残る誤りなどは筆者のみの責任である。

（1）本章のいくつかの箇所には、ウェブ上に補足的議論がある（出版社ウェブサイト書籍詳細ページ〈http://www.keio-up.co.jp/kup/arendt/〉（ＩＤ）keioup2017（パスワード）2017arendtdoc 参照）。なお、本章では、紙幅の制限から、その議論の検討を本章では直接的には行わない古典的な研究書については、引照《サイテーション》を省略する。それらの著者についてはカタカナ表記にアルファベットも加えたが、注で取り上げる著者については、それを省略した。煩雑さを避けるため、邦訳があるものもその頁数を示すのを省略した。引用部分の翻訳は出岡による。

（2）用語としては、アーレントの批判は「社会学」に対して向けられる場合も多いが、実際上は、特に区別なく、社会科学に向けられたものである。Peter Baehr, *Hannah Arendt, Totalitarianism, and Social Sciences*（Stanford: Stanford University Press, 2010）, p. 6. なお、ここには興味深い論点が含まれていると思うが、本章では考察できない。

（3）なお、ここでは、筆者の関心から社会科学のみについて述べているが、後に触れるように、この点は、経験的《エンピリカル》な研究としての歴史学にも同じことが言える。

（4）一九六三年に出版された、*Eichmann in Jerusalem: A Report on the Banality of Evil* に示された解釈であるが、その内容に関しては注41を参照のこと。以下の引照は、London: Penguin Books, 2006 により、「*EJ*」と略記して行う。

（5）なお、後に述べるように、筆者は、アーレントが全体主義とした現象についての彼女の議論が、一部の論者が言うほどには変化していないと考えており、以下で述べる「アーレントの全体主義解釈」は、彼女のアイヒマン解釈を統合したものである。

（6）アーレントが、ナチ支配とスターリン独裁を同じカテゴリーだと考えるようになったのは、「強制収容所に制度化されたテロルに体系的に頼ること」がその特徴だと気づいたことによるものだった。Elisabeth Young-Bruehl, *Hannah Arendt: For Love of the World*, 2nd ed.（New Haven: Yale University Press, 2004）, p. 204.

（7）アーレントの全体主義解釈が目的論的であるとの批判としては、例えば、David Roberts, *The Totalitarian Experiment in Twenti-*

eth-Century Europe: Understanding the Poverty of Great Politics（New York: Routledge, 2006）, p. 7 がある。Margaret Canovan, "Arendt's Theory of Totalitarianism: A Reassessment," in Dana Villa, ed., *The Cambridge Companion to Hannah Arendt*（Cambridge: Cambridge University Press, 2000）, p. 37 も参照のこと。

（8） なお、政治体制の他のタイプとの比較を重視したリンスの定義では明示化されないが、Abbott Gleason, *Totalitarianism: The Inner History of the Cold War*（New York: Oxford University Press, 1995）, p. 10 によれば、様々なタイプの全体主義概念化に共通するのは、人を「内から」もコントロール（しようと）する支配であるとすることである。その点では、アーレントが人間改造を重視したことは、リンス的な議論とも冷戦的議論とも共通している。

（9） ただし、他の共産圏諸国や、スターリン以後のソ連に、支配機構の点では類似した体制が存在したと考えられることから、スターリン独裁が「現存社会主義」の政治体制の部分集合であることは間違いないと思われるのに対して、アーレントが全体主義とした意味でのナチ支配が「属としてのファシズム」のひとつであるかは疑問たりうる。ナチズムはもちろんファシズムの要素は強くもっているが、人種主義・反ユダヤ主義（の中心性）という、アーレントが最も重視した要素においては、それとは異なる可能性もあろう。

（10） Richard Shorten, *Modernism and Totalitarianism: Rethinking the Intellectual Sources of Nazism and Stalinism*（Basingstoke: Palgrave Macmillan, 2012）, pp. 9–11, 24–25, 44–60, 246（n.2）, esp., pp. 50, 55–58, 60. それは、「支配のメソッド」に着目した「構造的モデル（structural model）」とは異なるものだとされる、ショーテンは少し異なる行論をするが、実際上は、前例がなく、他の非民主主義と大きく異なる性格は政治的な大量殺人だとし、それゆえふたつに限定すべきだとしている。なお、その議論では、イデオロギー的要素の重要性（ゆえのそれへの着目の必要性）の指摘と政治的大量殺人を定義的要素とすべきであるとの選択とのあいだに議論の循環性も感じられる。

（11） この用語は、スターリン独裁の大量殺人はジェノサイドではなく、「ポリティサイド」と呼ぶべき点でも問題をはらむショートカットである。

（12） 以下では、*The Origins of Totalitarianism*（New York: Harcourt Brace Jovanovich, 1973）の Harvest Paperback により、「*OT*」と略記して引照する。

(13) 特にアーレント研究者の間では、そのような『起原』の読み方が非常に広くなされてきたことは、牧野雅彦『精読 アレント『全体主義の起原』』講談社、二〇一五年、二一一頁。Alfons Söllner, "Hanna Arendt's The Origins of Totalitarianism in Its Original Context." *European Journal of Political Theory*, Vol.3, No.2 (2004), p. 223 も参照のこと。

(14) 川崎修『ハンナ・アレント』講談社学術文庫、二〇一四年、第一・二章。

(15) Steve Buckler, *Hannah Arendt and Political Theory: Challenging the Tradition* (Edinburgh: Edinburgh University Press, 2011), pp. 9, 37–38 が述べるように、広くそう理解されてきた。筆者が知る限り、そうした理解を最も図式化して示しているのは、Simon Swift, *Hannah Arendt* (London: Routledge, 2009), esp. pp. 3–4 である。

(16) 一九五五年に発表し、現在では *Essays in Understanding, 1930–1954* (New York: Schocken Books, 2005) ——以下「*EU*」——に収められている "Social Science Techniques and the Study of Concentration Camps." なお、この論考はタイトルから期待するほど、社会科学批判を体系的に展開しているわけではない。

(17) Baehr, *Hannah Arendt*, pp. 15–16.

(18) アーレント自身が、先記の "Social Science Techniques" 論文で、ホロコーストの特徴のひとつが「死にゆく人々 (the dying) の世界が注意深く、計算された形で設立された」ことであると述べているのも、この点を示唆している。

(19) Philip Walsh, *Arendt contra Sociology: Theory, Society and Its Science* (Farnham: Ashgate, 2015), p. 63 (n.20).

(20) 筆者が知る限り、アーレントの社会科学への批判は、『起原』の初版への序で、「前例から前例なきものを演繹したり、現実のインパクトや経験のショックがもう感じられないようなアナロジーや一般化で現象を説明する」のではない理解が必要だとしているところでよくまとめられている (*OT*, p. viii)。そこからは、彼女が従来観察されてきた現象を材料とすること、一般化・理論化と容認 (ノーマティブに批判されるべき点である) とを相関性の強い傾向であると考えていることも窺われるように思う。

(21) Söllner, *op. cit.* そこでは、アーレントはそれらの分析の特定の部分を用いても、今述べた特徴をもつ分析の全体には意図的に言及しなかったと示唆されている。

(22) なお、ベアー自身の文献は、社会科学者が、アーレントに比べても的確な分析をしていた場合があること (彼女の方が逆に単純化していたことも含めて) の指摘が主であり、社会科学の方法自体についてのアーレントの批判の是非を体系的には検討していない。

(23) なお、最後に述べた点は、先に検討したアーレントの功利主義的解釈批判に関連している。社会科学において、概念化の側面ではもちろん、因果関係の理論化の側面でも、それが一般理論化できる現象であれば、目的合理性や、ましてや自己利益に基づく目的合理性を前提にする必然性はない。そして、自己利益に基づく目的合理性を前提とする「傾向が強い」という批判だとしても、先の観察はここでも当てはまり、多くの社会科学者は全体主義に関してはそのような前提を採っていないであろう

(24) パラレルなことは、歴史学についても言えるかもしれない。牧野、前掲書は、後に紹介するように、アーレントの議論が社会科学的であることを否定すると言える評価をしているが、アーレントが明示的には述べていることとは反して、『起原』の議論が因果関係を分析した歴史学である（少なくとも、因果関係の歴史分析として検討しうる）としている（二二頁）。なお、後に述べるように、アーレントの議論には、基本的には「要素」であるものと並んで、原因たりうるものも同様に記述する場合が含まれているのではないか、と筆者は考えている。

(25) Buckler, *op. cit.*, p. 38.

(26) Robert Burrowes, "Totalitarianism: The Revised Standard Version（Review Article）," *World Politics*, Vol.21, No.2（January 1969）, p. 280.

(27) アーレントの最も良い理解者であろうヤング＝ブルーエルは、アーレントは「全体主義」をウェーバーの言う理念型として提出したとする（Elisabeth Young-Bruehl, *Why Arendt Matters*, New Haven: Yale University Press, 2006, p. 42）。

(28) Burrowes, *op. cit.*, p. 280.

(29) 牧野、前掲書、二二頁。

(30) Ian Kershaw, *The Nazi Dictatorship: Problems and Perspectives of Interpretation*（London: Bloomsbury Academic, 2015）, p. 28 は、アーレントが「全体主義システムについて明確な理論も満足できる概念も提出していない」としている。なお、以下でも重要な参照文献である同書は、新しい序がある以外は、二〇〇〇年刊第四版のままである。

(31) Burrowes, *op. cit.*, p. 272. なお、同書評論文はアーレントの議論を批判し、その問題性ゆえに一九六〇年代には参照されなくなったとするが、アーレントの議論の諸要素が比較政治学の代表的な議論に継承されていることは後に述べるとおりである。なお、

これも後述するように、歴史学においては、その議論を継承したと思われる解釈は、一九六〇年代以後さらに強力になる。

（32） 例えば、Young-Bruehl, *Hannah Arendt*, p. 201. 多くの著作でその議論がなされていることは、Jerome Kohn, "Arendt's Concept and Description of Totalitarianism," *Social Research*, Vol.69, No.2（Summer 2002）, p. 622. 注59も参照のこと。

（33） Dana R. Villa, "Terror and Radical Evil," in her *Politics, Philosophy, Terror: Essays on the Thought of Hanna Arendt*（Princeton: Princeton University Press, 1999）.

（34） なお、Roy T. Tsao, "The Three Phases of Arendt's Theory of Totalitarianism," *Social Research*, Vol.69, No.2（Summer 2002）によれば、ここで述べた議論は、『起原』初版出版後に修正されたアーレントの概念化で、「イデオロギーとテロル」の部分で示されるものであり、微修正は加えられたが英語版初版のままであるそれ以前の章の議論では、陰謀論的なイデオロギーを現実にすることが全体主義の目的とする初版出版までの時期のアーレントの議論が展開されている。ツァオ論文が言うように、たしかに陰謀論の現実化よりは、「法則」的論理の追求の方が、テロルが体制の安定以後に強化されることの説明がしやすい点では妥当性が大きいだろうが、どちらも永続的な過程とされる点で共通し、以下で述べる批判もどちらにも当てはまる。なお、ツァオ論文の議論とは異なり、イデオロギーの具体的な内容自体の追求に着目しない限り（すなわち、「イデオロギーとテロル」での概念化によっても）、大量殺人は説明しにくいというのが、本章の議論である。

（35） 正確には、「全体的支配」は、すべての人が一人の個人のようになった（「複数性」が失われた）社会であり、多義的な語でありうる「人間性（human nature）」の改造であるとされるため、社会全体の支配と個々人の完全な支配とが表裏一体とされる議論になっている（*OT*, esp. pp. 438, 456–59, 465–66）。全体主義イデオロギーが目指すのは、「社会の革命的変革（the revolutionizing transmutation of society）」ではなく、「人間性それ自体の改造」だとされる（*OT*, p. 458）ことにより、イデオロギーの内容にある社会の変革ではなく、そうした支配自体、人間性の改造自体が目的であるとの概念化になる。

（36） なお、そのような内容を重視すれば、そのためにプロパガンダによってイデオロギーを注入し、政治に関わらせる側面も、テロルの裏面として重要になるだろうこと、同時に、プロパガンダや動員は、他のファシズムや共産主義の体制にも共通する特徴であることは先述した。

（37） すべてのイデオロギーには全体主義的要素があるとも述べられる（*OT*, p. 470）。

(38) なお、アーレントは永続的な過程であることを重視するが、その社会科学的な修正では、イデオロギーの内容に従った最終状態は想定されており、そのために殲滅される敵の特定自体も重要である点が異なっている。実際には最終状態は到達不可能なものであるため、アーレントの永続的な「運動」であるとの規定と変わらなくなるが、殲滅する集団の特定性ゆえ、大量殺人自体も体制の定義的な特徴であるとする概念化となることでは異なっている。

(39) 加えて、アーレントは別の箇所で、全体主義では集団間の生死をかけた闘争の法則の考えが実行に移されるとする（*OT*, p. 463）が、そこで注目されているのはイデオロギーの内容であろう。

(40) Hannah Arendt, *Hanna Arendt: The Last Interview and Other Conversations*（Brooklyn: Melville House Publishing, 2013）, p. 129.

(41) この点では、アーレントが「悪の凡庸さ」で示した解釈を、ホロコーストの遂行過程・機構全体に適用することの適否も検討しなくてはならない。多くは誤解しているが、アーレントはホロコーストを遂行した機構にいた人々が一般に、職務への忠実さが主要な行動原理であった「官僚的」な人物であったことを述べたのではなく、アイヒマンがそのような人物であったことを述べたのにすぎないことはヴィラが強調する点である（Villa, "Terror and Radical Evil," esp. pp. 40–41, 44）。しかし、そのような人物でもホロコーストの遂行で重要な役割を果たしえたことがアーレントにとって重要だったとすれば（ヴィラはそうだとしている）、個々の人間がイデオロギー的であるかないかにかかわらずに作動するテロル装置による官僚制的な遂行であったとの解釈を、アーレントはしていたことになる。なお、ヴィラも、アーレントが先記の誤解を招くような議論（少なくとも表現）を行ったとし、また、アイヒマンのような人物が他にもいたと考えていたとしている。いずれにせよ、アーレント自身の考えは別にして、ホロコーストに携わった人々一般が「官僚的」な人物であったか否かは、重要な研究課題である。そこで以下では、アイヒマンがテロル行使者の典型・代表であったとする議論として（も）、アイヒマン解釈を検討することとする。

(42) 『起原』やそれ以前からすでに、アーレントが同様の内容を述べていた点を特に重視するのは、Richard J. Bernstein, "Did Hannah Arendt Change Her Mind? From Radical Evil to the Banality of Evil," in Larry May and Jerome Kohn, eds., *Hannah Arendt: Twenty Years Later*（Cambridge: The MIT Press, 1996）である。

(43) 牧野、前掲書、一二一頁。ただし、*OT*, pp. 212, 243–245.

(44) *OT*, esp. pp. 185–186, 207–208, 211–216. この点については、例えば、Young-Bruehl, *Why Arendt Matters*, p. 55 などの整理も参照

のこと。なお、支配全体の意味で用いられる「帝国主義における官僚制」については、イデオロギーに基づく集団へのテロルを官僚制的に遂行する全体主義のまさに先駆的体制の意味でありうることになるが、この点は後に検討したい。なお、この議論からは、彼女の言う「法の支配」でない支配は、通例の非民主主義体制の概念よりもずっと狭い意味に用いられていることになる。

(45) *EJ*, p. 288では、英国帝国主義について言われる「行政的虐殺(administrative massacre)」の概念がホロコーストにふさわしいと述べられている。なお、*OT*, pp. 216を参照。

(46) また、強制収容所がサディストの喜びの場でなく、普通の人が親衛隊員になれるような冷たく(cold)体系的な殺人の場になったとする記述(*OT*, p. 454)などからも、テロル行使が官僚制的に行われたとの理解は明確になされているであろう。

(47) この点での一貫性を述べるには、「アイヒマン裁判以後のアーレントの全体主義解釈の変化」と想定されるものにつき、官僚制の重視の側面ではなく(それが一貫しているだろうことは先記した)、イデオロギーの重視の側面について検討しなくてはならない。「悪」についてのアーレントの考えが、アイヒマン裁判を経て変化したとするヴィラ(Villa, "Terror and Radical Evil," p. 229, n.69)と同様、その点での連続性を重視するバーンスタインも、イデオロギーを軽視するようになった変化は指摘している(Bernstein, *op. cit.*, p. 143)。しかし、アーレントが『起原』のアイヒマン裁判後の版でも、イデオロギー重視の部分を改定せず、新たな前書きや後記で、その時点では考えを変えていることに言及していないことに注意したい。先に引用したインタビューのパッセージでも、イデオロギーの重視は明らかである。たしかにアーレントは、*EJ*にもまして、その出版の後の一九六四年のインタビューにおいて恐らくより明示的に、「イデオロギーは、私の見解では、ここで非常に重要な役割を果たさなかった」と述べている(*Last Interview*, p. 44)が、それはアイヒマン個人のことである(Bernstein, *op. cit.*, p. 143も指摘するように、死後出版の『精神の生活』の序でも、アイヒマンには固いイデオロギー的な確信があった様子はなかったと述べられている)。注43で述べたように、官僚機構の中にいる個々人の性格と官僚機構全体の性格とは別の問題であると考えられよう。先記のように、全体主義体制におけるテロルが官僚制的に遂行されたことは『起原』でも強調されており、その作動には個々の人間がイデオロギー的である必要はないという、ある意味では当然の認識を、アイヒマン裁判によって顕在化させたか、または、強調するようになったと解釈できるのではなかろうか。テロルの装置の官僚制的な作動がイデオロギーの性格に強く依っていたという認識・議論が、この変化で変わる必要がないのは当然のこととなる。なお、マッカーシーへの書簡では彼女は、『起原』ではイデオロギーが個人に与える影響を過大評価していたかもしれないと述べているが、「過度に」重視していたことへの修正を見るべきだろう（Carol Brightman, ed., *Between Friends: The Correspondence of Hanna Arendt and McCarthy, 1949–1975*, New York: Harcourt Brace & Company 1995, p. 147）。彼女のその時々の表現は別にして、イデオロギーに基づく人間改造を徹底して行うための過程／機構が発展することによる官僚制化という点で、イデオロギーの重要性と官僚制的遂行であったことの重要さは相互補完的であり、その両方の重要さを彼女は一貫して述べていたと言えよう。アーレント自身の概念化でも、本章で修正した概念化でも（大量殺人自体を重視する後者ではさらに）、「イデオロギー的な」（両概念化では、イデオロギー的であることが重要か特定の内容が重要かで、別の意味になるが）テロルが重要なのだから、元来切り離してイデオロギーの重要性を否定することが困難である。

（48）プロパガンダについては、権力を握ってテロルによる人間改造が可能になったあとはその役割を終えるとされる（*OT*, pp. 314, 413–14）。

（49）アーレントは一党支配と全体主義体制の差違を強調するが（*OT*, pp. 419–20）、それは一党支配を政党がすべての行政機能を独占するものに限る、通例の比較政治学とは異なる定義を行っているからである。

（50）なお、その理由で一党支配を定義的要素からはずすならば、イデオロギーも定義的要素ではなくなることになりそうだが、アーレントの議論では、テロルとイデオロギーが表裏一体とされていることは先述した。

（51）なお、それが体制ではなく運動の特徴であるから定義に含めないという議論は、実態やそれに基づくアーレントの議論自体からも成り立たない。この点は次節で述べる。

（52）『起原』には、それ以外にも「原因」として概念化できる（すべき）様々な要素が扱われているが、それについてはウェブ上の補足で触れたい。

（53）全体主義運動が権力に就くと、イデオロギーに合致するように現実を変えていくとの議論（*OT*, p. 471）などからも、イデオロギーに基づくゆえに反対派がいなくなり体制が安定した時に全面展開されるようになるテロル（*OT*, p. 393, p. 422）が本質であるとの概念化からも、そうなろう。逆に言えば、特に共産主義について明らかだが、全体主義の基になったイデオロギーは、その実現には組織化や官僚機構の発展を伴うような、「新しい人間」の創出を必要とする共同体の実現を目指すものだったと考えられる。

(54) アーレントは、大衆層に十分な大きさがなければ、全体主義的な運動も全体主義支配を成立させえないとした上で、「そもそも全体主義運動とは区別できるものとしての全体主義支配が可能になるのは、大量の大衆が余分な（余っていて不要な）もの（superfluous に）なっているか、破滅的な人口減少という結果なしに割くことができるところでのみである」としていることからは（*OT*, pp. 310–11）、原因と考えていることが明白に思われる。なお、アーレントは全体主義組織や体制が大衆（アトム化）を創出することも述べているが、その側面を重視すれば、大衆を基盤とすることは体制としての全体主義の定義的要素であるとの概念化がふさわしいことになる。この点は、空井護氏の指摘による。

(55) アーレントが全体主義の背景として近代の問題性を重視したとの紹介の中で、この点も重視したものとして、Lars Rensmann, "Totalitarianism and Evil," in Patrick Hayden, ed., *Hannah Arendt: Key Concepts* (Durham: Acumen, 2014), pp. 99–100.

(56) Tsao, *op. cit.*, esp. pp. 581–82, 585–90 が明らかにしているように、アーレントは元来第二部までをナチ支配の「諸要素」を明らかにするために執筆した。その際には、ナチ支配は人種主義を特徴とする帝国主義の延長線上に概念化されていた。その第二部までを維持したままで、スターリン独裁を含めて、異なる概念化となった「全体主義」に関する第三部が接合されたために、『起原』の議論は整合的な理解が困難になっている。ナチ支配のジェノサイドの側面に関しては、彼女が第二部までを書いた際の概念化を維持すべきであっただろうことは後述する。

(57) アーレントが見ていない事実があるのは、この方法からは問題ではないが、全体主義という現象が現れなかったところとの比較をしていないので、原因は明らかにできない。彼女が明示的にネガティヴな諸事例と比較していれば、ここで述べている諸要因が全体主義体制登場の原因ではないことが示されたであろう。

(58) "A Reply to Eric Vogelin," in *EU*, p. 403.

(59) ただし、アーレントは「結晶化する諸要素」とは別に「原因」があったとする整理には反対するものと思われる。筆者の読みが正しければ、アーレントは因果の展開として歴史を見ることに批判的で、要素・起源が結晶化したものからの遡及的な歴史学しか認めないからである（"Understanding and Politics（The Difficulites of Understanding）," in *EU*, esp. pp. 318–20, 325–26）。それは、結晶化した時に遡及的に要素・起源に「なる」という考え方のように読め、そこには「目的論的」概念化と類似な傾向を感じることも可能に思える。関連して、通例の因果関係の分析を行う歴史学と結びつけば、遡及的な分析が歴史を最初から進路が決まっていたものとして見る傾向と結びつきやすいという批判も可能かもしれない（例えば、Charles Tilly, “Reflections on the History of European State-Making,” in Charles Tilly, ed., *The Formation of National States in Western Europe*, Princeton: Princeton University Press, 1975, pp. 14–15を参照のこと）。

（60） 例えば、Juan Linz, *Totalitarian and Authoritarian Regimes*（Boulder: Lynne Rienner Publishers, 2000）.

（61） Roberts, *op. cit*., p. 42.

（62） アーレント自身が、そのイデオロギーの内容を重視したナチズム（全体主義）――のジェノサイド的側面――の概念化自体を採らなくなったことは注56で述べたとおりだが、ここで述べている的確さは、元来の概念化が維持されていた場合に、特に当てはまることになる。

（63） スターリニズムにつながるとされた汎スラブ主義などの議論がドイツでの経緯の当てはめであって正しくないこと（が早期から指摘されていたこと）は、Gleason, *op. cit*., p. 112. 本書の伊東による章も参照のこと。

（64） Jerome Kohn, “Introduction,” *Social Research*, Vol.69, No.2（Summer 2002）, pp. v–vi.

（65） その議論の影響力の大きさについては、タルモンのその後の議論の変化の紹介や、その思想の系譜の辿り方への批判とともに、Gleason, *op. cit*., pp. 113–19.

（66） 最近のものとしては、Waller R. Newell, *Tyrants: A History of Power, Injustice and Terror*（Cambridge University Press, 2016）がある。

（67） Söllner,, *op. cit*., p. 235.

（68） 権威主義と違い、比較政治体制論の中の全体主義の議論については、その後の大きな発展はないように思える。

（69） Linz, *op. cit*., esp. pp. 102, 105–08, 111–14.

（70） *EJ*, p. 289では、「全体主義的統治の本質、そして恐らくすべての官僚制の性格が、人々を官吏（functionary）と行政装置におけるただの歯車とし、そうすることで非人間化することである」としている（強調は出岡）。なお、その点が――その箇所では正義についての法的な判断を議論しているが――政治学や社会科学（political and social sciences）にとっては重要である、という文の中で述べられている。

（71） Geoff Eley, “Putting the Holocaust into History: Genocide, Imperial Hubris, and the Racial State,” in his *Nazism as Fascism: Violence, Ide-*

ology, and the Ground of Consent in Germany 1930–1945 (London: Routledge, 2013), p. 160.

（72） Hans Mommsen, "Hannah Arendt's Interpretations of the Holocaust as a Challenge to Human Existence: The Intellectual Background," in Steven E. Aschheim, ed., *Hanna Arendt in Jerusalem* (Berkeley: University of California Press, 2001).

（73） 川崎修「全体主義」川崎修『「政治的なるもの」の行方』岩波書店、二〇一〇年、所収、一四五頁。

（74） この論争については、Kershaw, *op. cit.*, esp. Chap.5.

（75） Peter Hayes, *Why? Explaining the Holocaust* (New York: W.W. Norton & Company, 2017), pp. 146–54. ただし、アウシュヴィッツ収容所所長であったルドルフ・ヘース（Rudolf Höß）は、アーレントが述べたような「官僚的」な人物に近かったとはされている。

（76） Seyla Benhabib, "Whose Trial? Adolf Eichmann's or Hannah Arendt's? The Eichmann Controversy Revisited," in Richard J. Golsan and Sarah M. Misemer, eds., *The Trial That Never Ends: Hannah Arendt's Eichmann in Jerusalem in Retrospect* (Toronto: University of Toronto Press, 2017), esp. pp. 215–17. 加えて、イデオロギー的であることが「無思考性」の原因であるとして、両者が相互補完的であるともしている。Dana Villa, "Eichmann in Jerusalem: Conscience, Normality, and the "Rule of Narrative,"" in Golsan and Misemer, eds., *op. cit.*, p. 62 (n.3) は、ベンハビブの解釈を正しいとし、加えて、『イェルサレム』でのアーレントは、アイヒマンが義務を遂行した主要な理由が、その狂信的な反ユダヤ主義ではなかったとしていたのであり、アイヒマンの反ユダヤ主義を否定していないとしている。

（77） Hayes, *op. cit.*, pp. 137–46.

（78） 全体主義を大衆（や近代）と結びつける議論はその後広く行われてきたが、アーレントの議論がオリジナルな解釈として強いインパクトをもったことは、Gleason, *op. cit.*, p. 109. なお、全体主義と近代とを結びつける諸論に関しては、川崎「全体主義」、一四九—五〇頁。

（79） なお、大衆の存在で説明できるのは、全体主義の「運動」なのか「体制」なのかの問題がある。その後の大衆社会論もその方向を採ったように、アーレントは、それを主に運動を説明する議論として提出している。同時に、体制成立前に大衆が広く存在しなかったスターリン支配については、体制からそれが「人工的に」創出されたと解釈する（*OT*, p. 318 (-323)）。アーレントの全体主義体制の理解は、それが「運動」の性格をもち続けるということであるため（*OT*, esp. p. 425）、全体主義体制成立の歴史的経緯の記述として提出されないならば、〈全体主義的な運動かつ体制は大衆を基盤にする〉との命題には非整合性は存在しない。

（80） Peter Baehr,"The "Masses in Hannah Arendt's Theory of Totalitarianism," *The Good Society*, Vol.16, No. 2（2007）, esp. pp. 16–17によれば、大衆に関するアーレントの議論は、証左を示さずに行われており、かつ、諸研究の知見から判断して、ナチ党の支持基盤の議論として誤っている。ここで述べた意味の大衆社会論一般に関して、Sheri Berman, "Civil Society and the Collapse of the Weimar Republic," *World Politics*, Vol.49, No.3（April 1997）, p. 404は、経験的《エンピリカル》な研究によって否定されたとする。

（81） Kershaw, *op.cit.*, p. 28. なお、彼がアーレントの議論を否定するために挙げる他の点は、第一の引用がスターリン支配には当てはまりにくいことと理論・定義の欠如（先記）である。

（82） Baehr, *Hannah Arendt*, p. 51.

（83） なお、Burrowes, *op. cit.*, p. 294が示唆するように、非常に少ない事例しかなくても概念化が重要な現象はもちろんある。

（84） なお、東欧諸国が含まれる全体主義の定義を採れば（冷戦的定義はもちろん、リンス的定義でもそうである）、事例が格段に増えるが、逆に外からの導入の事例の多出により、さらに原因を多様化する結果につながる。なお、アーレントはスターリンの死までの東欧諸国の体制について、「全体主義的統治が広がった」として、全体主義と規定するような書き方を、少なくとも後の版の序ではしている（*OT*, p. xxv）。しかしそれは、スターリン独裁という権力に就いた全体主義運動が、ロシアに本部を、「衛星諸国」に支部をもったという表現（*OT*, p. 392）が示すように、スターリン独裁の一部と考え、それら自体を体制と考えていない位置づけによるものである。

（85） Canovan, *op. cit.*, esp. pp. 25–26.

（86） Söllner,, *op. cit.*, p. 234が、アーレントの「哲学的誇張」が二つの体制の内なる論理についての洞察を導いたことを示唆しているのは、同主旨の評価として読みうる。ただし、同文献が、それが歴史学、社会科学的な客観的な研究を妨げると示唆するのは正しくなく、誇張・単純化によるモデル化は、現実妥当性とトレードオフになりやすいかもしれないとしても、価値判断が分析に含まれるか否かとは独立であろう。誇張したモデル化である合理的選択の方法を採る社会科学者は、自らの分析が客観的である（そして、経験的研究の結果《エンピリカルに》からも妥当であると）主張するであろう。

（87） 先記の書評論文の評価を参照のこと。また、アロン（Raymond Aron）のその点での批判については、Baehr, *Hannah Arendt*, p. 66.

（88） なお、以上からは、全体主義に関して、リンス的な定義に基づく特性解明やそれが登場する原因解明と、ジェノサイド的な定義に基づくそれらのどちらがより妥当かの関心も生まれる。筆者が思うに、どちらの定義による「全体主義」も、特定の共通の特徴をもち、かつ、その特徴とそれが生む結果（が共通してもつ特徴）の重要性から、その現象が発生する原因を解明する努力が重要であるような集合を指す概念である。とすれば、先の問い自体が間違っており、どちらも重要であるにすぎない。「全体主義」という用語がどちらによりふさわしいかの問題は残るが、副次的な問題にすぎない（ただし、ともに広く使われる用語法であるため、どちらを採るかの判断は困難だろう）。

第六章　フランクフルト学派の権威主義研究とアーレント

保坂　稔

はじめに

筆者が博士論文を書いていた二〇〇〇年ごろは、平和な現代において権威主義研究を行う意義が不明瞭という指摘を受けたことがあった。最近ではイスラム国（ＩＳＩＬ）の台頭、ウクライナ紛争、フランスのテロ、尖閣問題など平和を脅かす事態が次々と出てきている。[1] 今日、権威主義研究が再び脚光を浴びる時代になっているように思われる。

本章は、アイヒマンが「狂的なユダヤ人憎悪や狂信的反ユダヤ主義の持主でも、何らかの思想教育の産物でもなかった」[2] という『イェルサレムのアイヒマン』の議論を交えて、フランクフルト学派の権威主義研究の立場から反ユダヤ主義を中心に検討する。本章の結論を端的に示せば、まず第一に、学説研究としてはフランクフルト学派第一世代のホルクハイマー（Max Horkheimer）とアーレントとの近い立場が見出せるということである。(3) 第二に、「権威への従属」といった論点は、『イェルサレムのアイヒマン』でも日本の権威主義研究でも共通する視点であるということである。もっとも、ファシズムを論じる際にはホルクハイマーらが特に言及している「破壊性とシニシズム」の視点が重要であると同時に、質的調査で補う余地が見出せると筆者は考えている。この点については随時触れていきたい。

なお、理論研究の視点から「権威」そのものの異同について論じるとすれば、ホルクハイマーとアーレントの権威概念についての相違は大きいと言える。ホルクハイマーにおける「権威」は、もともとウェーバー（Max Weber）の権威論に影響を受けており、家父長制が主な文脈である。『啓蒙の弁証法』についても、ウェーバーの合理化論の乗り越えが試みられている。権威概念もカリスマ的権威や伝統的権威といったウェーバーの議論に影響を受けていると筆者は考えている。(4) ウェーバーの『支配の社会学』では様々な時代や社会の比較から権威概念の定義づけが試みられている。他方でアーレントの『過去と未来の間』における権威概念では、古代ローマの話が出てくる。(5) 権威概念を理論研究として分析するならば、ホルクハイマーとアーレントは異なる側面が多いと言えるだろう。

しかし、ホルクハイマーだけを見ても、一九三〇年代の権威論（たとえば「権威と家族」(6)）と、実証研究に移行していった四〇年代の権威主義研究では問題関心が異なるところがある。第二次世界大戦前の発言と大戦後の発言についても同様である。

フランクフルト学派とアーレントでは相違点があるという前提に立った上ではあるが、本書の趣旨を考えれば、両者の比較をして共通点を見出すことも求められる作業と筆者は考えている。著作一冊だけで見ても違う点があるのはもちろんであるが、全体の文脈としては近いものが見えるのではないかというのが本章の仮説である。後述するようにフランクフルト学派研究者のジェイ（Martin Jay）などの論者が、フランクフルト学派とアーレントの議論について簡潔に言及しており、本章ではこれらの議論も適宜参照する。

もっとも、ホルクハイマーとアーレントに関する研究は、必ずしも多くはない。「『全体主義の起原』は、社会学の分野から取り上げられることの少ない著作といえる[7]」という指摘もあるが、ホルクハイマーとアーレントの関係について見ても日本の社会学ではほとんど研究されていないのが現状である。

本章では、第一節でフランクフルト学派の権威主義研究について理論的に振り返り、第二節で日本における権威主義研究の現状について実証研究も含め整理する。第三節では、フランクフルト学派とアーレントとの関係について検討し、最後に本章の要点をまとめたい。

一　フランクフルト学派の権威主義研究

権威主義的性格については、『権威主義的パーソナリティ』の冒頭で次のように説明されている。「権威主義的人間は……恒常的な恐怖にかられているのであり、さらには、みずからの独立性をも疎ましく思い、力と権威に対してやみくもに（blindly）従属していこうとする[8]」。恒常的な恐怖という点はフロム（Erich Fromm）の『自由からの逃走』と似たようなアトム化の文脈もあると考えられる。

引き続き、『権威主義的パーソナリティ』の説明を見てみることにしよう。「私たちが高得点の被験者のうちにしばしば見いだすのは、既存の権威、慣習、および制度への過同調と潜在的破壊性との共存である」[9]。権威主義的性格概念は、権威主義的人間が既存の権威に対して従属するだけでなく、既存の権威を破壊したり否定したりする性向を併せもつという点が重要である。

そこで「破壊性」についてであるが、『権威主義的パーソナリティ』の中で「人間的なものへの一般化された敵意と悪意」(generalized hostility, vilification of the human)[10]と定義されている。最近のイスラム国(ＩＳＩＬ)を例にとれば、遺跡の破壊など文化一切を破壊する点が挙げられるだろう。ファシズム研究などでは、権威主義的性格における同調と破壊の共存が指摘されてきた。たとえば、山口定は次のように述べている。

権威主義の発現形態は、既存の権威の従順な受容としてあらわれることもあれば、むしろそうした既存の権威の否定と新しい権威の確立の衝動としてあらわれることもありうる。そして一般にファシズムという現象は何らかの意味で後者の側面を含まずしてはなりたちえないのであり、この後者の衝動は通常強烈なアクティヴィズム(活動主義)をともなうものである[11]。

ホルクハイマーの主張する権威主義的性格論と同じ骨子と言えるが、これまでの日本におけるファシズム研究は、理論的な分析にとどまってきた傾向がある。

日本における実証的な権威主義研究と言えば、日本の傾向を踏まえて「伝統的権威への服従」と「権威者に対する服従」を測定することが試みられており、特に「権威主義的伝統主義」と命名される場合がある。具体的に言えば、**表1**のａからｆを加算した得点となる[12]。なお、ｇとｈは『権威主義的パーソナリティ』で用いられてい

表１　権威主義的性格の主成分分析（2000 年東京調査）

	成分	
	1	2
(a) 権威ある人々にはつねに敬意を払わなければならない	.689	−.133
(b) 以前からなされたやり方を守ることが、最上の結果をうむ	.752	−.129
(c) 子どものしつけで一番大切なことは、両親に対する絶対服従である	.711	.004
(d) 目上の人には、たとえ正しくないと思っても従わなければならない	.672	−.047
(e) 伝統や慣習に従ったやり方に疑問を持つ人は、結局は問題を引き起こすことになる	.677	.060
(f) この複雑な世の中で何をなすべきかを知る唯一の方法は、指導者や専門家に頼ることである	.662	−.072
(g) 人間の性質がこのままならば、つねに戦争は存在しつづけるであろう	.080	.790
(h) 親しい人たちに対しても、礼儀を忘れてなれなれしくすると軽蔑される	.214	.752

表２　権威主義的性格の寄与率

	固有値	寄与率	累積寄与率
第 1 因子	2.944	36.8	36.8
第 2 因子	1.235	15.4	52.3
第 3 因子	0.787	…	…

回答は、「そう思う」「どちらかといえばそう思う」「どちらでもない」「どちらかといえばそう思わない」「そう思わない」から選択。

る「破壊性」であり、二題で測定されている。回答は「そう思う」「どちらといえばそう思う」「どちらでもない」「どちらかといえばそう思わない」「そう思わない」といった選択肢からなっている。

権威主義的伝統主義と破壊性の質問項目（a）〜（h）について主成分分析を行った結果、固有値一以上の主成分が二つ抽出された（累積寄与率は五二・三％）（表１・表２）。以下、第一主成分を主成分得点によって尺度化して権威主義的伝統主義尺度と命名し、第二主成分を同じく主成分得

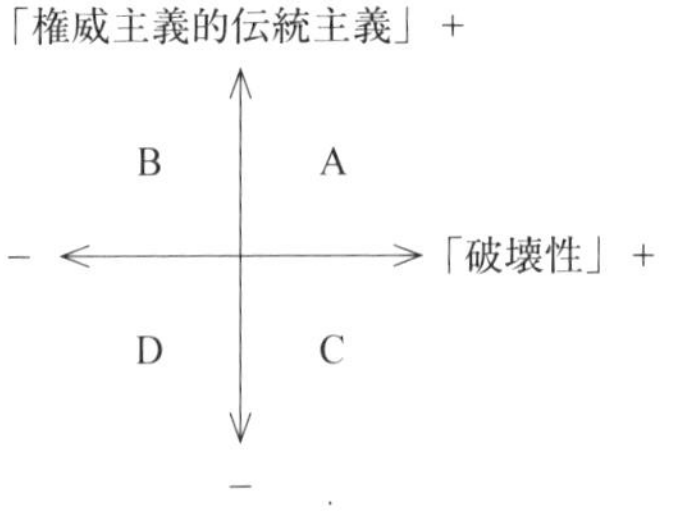

図１　権威主義的伝統主義と破壊性の権威類型

表３　権威の４類型

	第 1 因子	第 2 因子	権威類型	東京 2000	長崎 2012
A	+	+	権威主義的破壊型	23.8%	23.0%
B	+	−	権威伝統型	20.4%	28.0%
C	−	+	破壊型	30.6%	22.0%
D	−	−	脱権威型	25.1%	26.9%
				N = 888	N = 796

点によって尺度化して破壊性尺度として命名する。そして、第一主成分を縦軸に、第二主成分を横軸にしたのが図1である。表3にあるように、従属と破壊が共存しているのはA次元「権威主義的破壊型」ということになるが、この点については次節で詳しく触れることにしたい。

　無作為抽出で選ばれた一般市民を対象とした質問紙調査で権威主義的性格を測定することを第一の目標とするために、権威主義的伝統主義はF尺度（ファシズム尺度）の多様な側面を犠牲にしている。ホルクハイマーらが権威主義的人間を測定するために用いたF尺度には、たとえば「権威主義的攻撃」、「権威主義的従属」、「破壊性とシニシズム」、「迷信とステレオタイプ」（個人の運命についての神秘的な規定要因を肯定しようとする信念）、「因襲主義」（中産階級の諸価値に対する固着）、「性」（性的「現象」についての誇張された関心）など多くの側面があり、F尺度形式四〇では九側面、四〇題の質問で測定されている。一般市民を対象としたアンケート調査で権威主義の測定だけで四〇題も使ってしまうと、他のことがほとんど聞けなくなってしまう。このような事情もあり、日本の「権威主義的伝統主義」は表1のaからfの五題で構成されることが多く、「権威主義的性格」とほぼ同義に扱われている。「破壊性」や「迷信とステレオタイプ」などは測定されていない。この問題点を確認した上で、次節では日本における権威主義研究の現状について見ていくことにしよう。

二　日本における権威主義研究の現状

(一)　日本の社会学における計量研究の歴史的ミッション「SSM調査」

権威主義研究は、社会意識論の領域では量的調査研究の古典と言えるだろう。労働者と資本家のあいだに生じる階級闘争が労働者による社会革命に至るというマルクスが予想したモデルは、ヒトラー（Adolf Hitler）が支持されたようにむしろ大衆の自発的服従という結果に至った。ホルクハイマーらは、指導者への自発的服従を権威主義の視点で分析した。しかしながら日本の社会学では、フランクフルト学派の権威主義研究は必ずしも大きく取り上げられてきていない。その理由について、二つの視点から述べたい。

第一に、「反ユダヤ主義」が日本では必ずしも大きな問題ではないことから、フランクフルト学派の中心的課題のひとつである反ユダヤ主義の視点から権威主義が検討される背景が乏しいと言えるだろう。

第二に、日本における社会学の歴史的ミッションが理由に挙げられる。具体的には、「SSM調査」[13]の存在がある。SSM調査は、階層と社会の開放性を主に調査している。たとえば、親と子の職業が同じであるほど本人の努力よりも生まれた家庭の要因が大きくなることが考えられる。この場合、社会の開放性は低いと言えるだろう。権威主義研究と階層研究は扱う問題が違うように一見思われるが、階層研究者のコーン（Melvin Kohn）が職業上の裁量について権威主義的性格との関連で研究している。たとえば、高い階層の人は裁量が多く自律的に物事を進める機会が多いのに対し、低い階層の人は裁量も低いことから従属傾向にあるというのは、職業研究と権威主義研究を関連させた知見の一例である。コーンは、低い階層の人に比べ高い階層に多いとされる自律的傾向を、「自己—指令的志向性」として概念化した。コーンの研究を踏まえて吉川徹も次のように指摘している。「自己—指令的志向性と権威主義的性格は極めて類似した特性と『守備範囲』をもつことが容易に指摘できる」[14]。以上のように階層研究と権威主義研究は関連しているが、SSM調査は実際に階層研究の視点が多く、フランクフルト学派を踏まえた実証研究は、日本では必ずしも多くないと考えられる。その一方で、理論研究の側から権威主義研究を見てもまずドイツ語文献を読むための作業がより必要で、実証研究までは必ずしも至っていないように思われる。

（二）　近年の日本での研究

日本における量的な権威主義研究は、必ずしも多くはないものの、様々な切り口からなされている。ここでは、教育社会学的視点と環境社会学的視点の二つについて簡潔に触れることにしよう。

まず最初に、教育社会学的視点である。吉川は『階層・教育と社会意識の形成』という著書の中で、権威主義的伝統主義に関し、両親からの世代間伝達に加え学校教育の管理性が影響力をもつと指摘している[15]。しかしながら敷島千鶴らの研究では、権威主義の家族内伝達は文化伝達ではなくもっぱら遺伝であると結論づけている[16]。いわば相反する結論が出ていることから、引き続き研究を注視していくことが必要だろう。

次に環境社会学的視点であるが、吉川は反権威主義的伝統主義が環境保護意識を促進するという知見を一九九二年に見出した。[17] 二〇一〇年に狭間らが分析したところ効果が見られなくなり、代わりに生活満足度の効果が出た。[18] その解釈について狭間らは、一九九〇年代には反体制、反権威があったが、それが近年では生活意識重視に変わったという解釈をしている。この研究についても引き続き注視していくことが必要だと言えるだろう。以上の研究は、権威主義的伝統主義の質問を用いている。

日本における実証的権威主義研究というのは、権威主義的伝統主義（表1のaからf）を用いたものが多いが、フランクフルト学派の権威主義研究としては少なくとも破壊性（もしくは権威主義的攻撃）を取り入れた両義的な視点が必要だと筆者は考えている。[19] 以上を踏まえて作ったのが、前掲の図1である。

日本における権威主義的伝統主義と言われるものは、おそらく権威主義的伝統主義が高く破壊性が低いというB次元「権威伝統型」を測定しているのに近いと考えられる。フランクフルト学派が問題にする権威主義というのは、権威主義的伝統主義も破壊性も高いA次元「権威主義的破壊型」であると思われる。

表3は、構成比を示している。筆者が参加した一般市民調査として、東京の二〇〇〇年と長崎の二〇一二年を取り上げたい。調査地点も時期も異なっており、比較するには困難があるが、B次元「権威伝統型」で長崎が多く、C次元「破壊型」で東京が多いという分布になっている。

表4は回答加算の比較となっている。[20] 筆者はこれまで一般市民調査や学生意識調査を実施してきた。権威主義的伝統主義で言えば、長崎は学生も市民もほとんど同じ分布で、東京は反権威主義的傾向が強い。破壊性について言えば、東京のほうが若干強いと思われる。

今後の課題については、前述したように両義的な視点を取り入れた調査をする必要があると考えられる一方で、

表４　権威主義的態度の回答加算比較（％）

		そう思う	どちらかといえばそう思う	どちらでもない	どちらかといえばそう思わない	そう思わない	計
権威伝統	12 長崎市民	11.8	60.4	145.2	128.1	154.7	500.2
	12 長崎学生	12.6	63.0	119.7	155.5	149.5	500.3
	10 長崎学生	13.8	58.3	126.7	173.3	128.1	500.2
	06 長崎学生	14.0	43.9	94.9	163.1	184.2	500.1
	05 愛知学生	14.6	64.3	120.4	143.4	157.0	499.7
	00 東京市民	13.9	37.8	73.2	109.5	265.8	500.2
破壊	12 長崎市民	58.1	74.4	33.3	19.8	14.1	199.7
	00 東京市民	67.7	65.6	28.3	18.7	19.8	200.1

一般市民に多くの質問の回答を求めるのには量的調査では限界がある。質的研究の重要性が浮き彫りになるが、この点については学説研究も踏まえて次節以降で検討をしたい。

三　フランクフルト学派とアーレント

ホルクハイマーらとアーレントに関しては、アルモング（Shmuel Almong）が次のように指摘している。「ホルクハイマーらに続いたのは、反ユダヤ主義の問題を全体主義社会の文脈に置いたハンナ・アーレントである」[21]。両者には共通点があるという見解のひとつである。またジェイは、大衆と指導者に関するアーレントとホルクハイマーらの知見について次のように指摘する。

アーレントは、『全体主義の起源』……のなかで、次のように書いている。「……アトマイズされた諸個人の孤立は、全体主義的支配に大衆的基盤を与えるだけでなく、全体制のトップにまで貫徹する」。……のちに『啓蒙主義の弁証法』のなかの“Massengesellschaft”というアフォリズムにおいて、ホルクハイマーとアドルノとは、ギャングとの対比を棄てて、ファシズムの指導者は、かれらが指導する大衆と基本的には同じものだと論じた[22]。

孤立化という点では指導者も大衆も同じ立場になると論じている点で、ホルクハイマーとアーレントは共通していると言える。孤立が従属の契機になることを考えれば、両者の立場は相容れないわけではない。

さて、シーモア（David Seymour）もアーレントと『啓蒙の弁証法』を比較しているが、相違点の指摘となっている。「アドルノとホルクハイマーは、アレントの議論の一方――反ユダヤ主義の起源は、近代ブルジョア社会にある――を強調したが、それはもう一方――近代の反ユダヤ主義の新しさや独自性――を犠牲にして可能である」[23]。イギリスのユダヤ人であるディズレイリ（Benjamin Disraeli）がユダヤ人であることを逆に利用したということで、ユダヤ人自らが人種を強調したとアーレントは分析している。反ユダヤ主義の独自性を指摘しているアーレントのような議論が、『啓蒙の弁証法』にはないというのがシーモアの主張するところになるだろう。

同じような批判はすでに『啓蒙の弁証法』に寄せられている。たとえば、ハーフ（Jeffrey Herf）は次のような指摘をしている。「ドイツにおける啓蒙思想の運命について述べるところが少なく、その代わりに、まるでヨーロッパやアメリカ全体で均質的な発展が起こったかのように、啓蒙思想について議論しているという点でも、この著書は目につく」[24]。シーモアの比較というのは、ハーフから見ても共通点があると言えるだろう。

しかしホルクハイマーの戦後の発言まで見れば、ドイツの特殊性にも言及していると筆者は考えている。まずアイヒマン裁判に関する彼の発言を見ることにしよう。ホルクハイマーは「アイヒマンの逮捕」（一九六〇年）という約二頁のメモの中で、「アイヒマンは『最終的解決』（Endlösung）における彼の役割を誇った」[25]と述べている。また、「裁判はイスラエルが第三帝国であることを気づかせる」[26]とあるように、ホルクハイマーもアーレントと同様に裁判の不当性を主張しているのである。

ドイツの特殊性に関して言えば、ホルクハイマーは「ドイツユダヤ人」という論文を一九六一年に書いている。その中で、「ドイツ市民に長い間課されてきた時代遅れの社会秩序は、ドイツ市民の憎しみにユダヤ人をさらすことになった[27]」という指摘をしている。さらに「ドイツユダヤ人の精神史のポートレイト」（一九六一）という後書きの中でホルクハイマーは、「歴史への郷愁は……新しいドイツ［ワイマール共和国］において初めからとても大きく、愛国心は、宗教の位置を占める傾向があった[28]」といったことや、「独断論にとりつかれたドイツ哲学の根や花は、全体の上昇の輝きや悲惨にいきつく[29]」といった主張を展開している。

一九六〇年代のこれらの発言を見ても、ドイツ近代化の特殊性やドイツユダヤ人の特殊性について、発言していると言える。これら戦後の発言まで見れば反ユダヤ主義の独自性に言及しており、シーモアの議論は的を射ていない部分があるとすることもできる。シーモアの前述のコメントを筆者なりに言い換えれば、ホルクハイマーは反ユダヤ主義の起源を近代ブルジョア社会としつつ、反ユダヤ主義の独自性にも一応の配慮はしているとなる。日本ではホルクハイマー研究者自体もほとんどおらず、ホルクハイマーの戦後の発言までは着手されていないのが現状であり、これから引き続き検討していきたい。

おわりに

権威主義的伝統主義は、伝統的権威への従属を問題にしている。この点では、アーレントが問題とするアイヒマンの権威への従属は、権威主義のひとつの典型であるように思われる。また前述したように、アーレントが問題にするアトム化も、ホルクハイマーらが主張する権威主義では論点となっている。伝統的権威への従属は、アトム化によって促進されることも権威主義は問題にしていると言える。

以上の二点は、フランクフルト学派の権威主義研究とアーレントの『イェルサレムのアイヒマン』に共通しているところのように思われる。もちろん相違点も考えられるが、たとえば、徳永恂は次のように指摘している。「『権威主義的性格論』とは、三三年時点でのヒトラーの政権獲得に当たっての人心収攬と民衆の同調という現象を説明し、また四〇年代以降のアメリカを中心とする大衆社会における『画一化』傾向を批判する武器になり得ても、ナチスの所行の極点とも言うべき『ホロコースト』の解明には十分ではありえない、というテーゼに集約されるだろう[30]」。徳永の指摘を踏まえれば、『イェルサレムのアイヒマン』と『権威主義的パーソナリティ』とは書かれた時代背景が違い、大きな相違点があると言えるだろう。

『権威主義的パーソナリティ』では、破壊性や権威主義的攻撃も主な論点である。『イェルサレムのアイヒマン』では必ずしも論点になっていないとも考えられるが、『全体主義の起原』の中では政治的無関心やシニシズムを指摘しており、アーレント全体としては共通点もあると言えるだろう。

次に有名なミルグラム（Stanley Milgram）の実験を踏まえつつ、本章の議論をまとめてみたい[31]。柴嵜雅子は、アイヒマンが中佐まで昇進した事実や、必要以上に人間が権威主義者に服従するというミルグラムの実験などを踏まえ、次のような指摘をしている。

> 他者に危害を与える命令の実施に当っては、①命令に賛同し進んで実行する人、②何も考えずに命令だからとにかく従う人、③内心では抵抗を感じながら仕方なく服従する人、が存在するのである。アイヒマンは、本人の自己弁護によると③に当てはまり、アーレントらは②だと主張した。しかし、多くの歴史家は、始めは②か③であったかもしれない

が、最終的にアイヒマンは①のタイプに変わったと考えている。[32]

どのパーソナリティ類型が歯車と言えるかというような問いなのかもしれないが、本章をまとめると次の三点になるだろう。まず第一に、ホルクハイマーらとアーレントとは経歴や思想的背景が類似している点がある。たとえば、現象学からの影響が挙げられる。ホルクハイマーやアドルノも現象学に影響を受けている。しかしながらやはり、アーレントはフランクフルト学派とは一定の距離があると筆者は考えている。たとえば、理論的な権威概念の相違や、アドルノとアーレントの疎遠さは一例である。

第二に、反ユダヤ主義との関連などで相違点ももちろんあるが、「従属」という点では日本の権威主義研究とアーレントのアイヒマン論と同様の文脈が見出せると言えるだろう。

第三に、前述の柴嵜の言う①②③のどれになるかは、理論研究も実証研究も十全ではないように思われる。強いて実証研究の視点から言えば、質的な研究が示唆に富む可能性がある。質的な研究の一例として、プロセスの視点を記述し分析する構築主義を挙げておきたい。一般市民を対象にしたアンケート調査では聞きにくい質問であっても、インタビュー調査では打ち解けていくうちに本音を聞き出せるケースもある。たとえばフランスのテロなどによる愛国心の要請などがファシズム移行への契機なのかもしれない。図1で言うA次元とB次元の違いを量的調査でどのように描くかというのは大きな困難を伴うことから、インタビュー調査などで残していくことがより重要であると筆者は考えている。

多くの人は、抵抗することが大変であると考えているだろう。自分で考え歯車でなくなるようにするにはどうしたらよいのだろうかという問いを、権威主義研究と『イェルサレムのアイヒマン』論とを比較することで筆者は考えるようになった。A次元とB次元の違いに加え、A次元やB次元でないあり方を模索することが、いまわれわれに突きつけられている課題ではないのだろうか。もちろん、D次元にも問題点は考えられることから、ユートピアについて考えることも必要な作業だと言えるだろう。

筆者は、これまで毎年のようにドイツでインタビューをしてきた[33]。ドイツ緑の党などの社会運動家たちは、支配体制の巧妙化を危惧している。たとえば、形式的に住民の意見を聴く機会——日本の公聴会が匹敵すると思われるが——を作り、市民の声は聞いたという既成事実を支配体制が設けることは一例である。政治に異議申し立てをするのが年々難しくなっているという意見がドイツでも聞かれ、ペシミズム的な運動家の人たちが多かったように思われる。こうした事情を踏まえれば、引き続き、権威主義研究に取り組んでいくことが求められると筆者は考える。

(1) 二〇一五年一月七日シャルリー・エブド襲撃事件では、ユダヤ食品店人質事件も同時に発生している。また本章執筆最中の二〇一五年一一月一三日にはパリ同時多発テロが生じ、オランド大統領は一六日の演説で「わが国は戦争状態にある」と宣言している。

(2) Hannah Arendt, *Eichmann in Jerusalem: A Report on the Banality of Evil*, New York: Viking Press, 1963.(大久保和郎訳『イェルサレムのアイヒマン——悪の陳腐さについての報告』みすず書房、一九六九年、二〇頁)。

(3) フランクフルト学派第一世代でも、立場の微妙な相違があるため、本章ではホルクハイマーを中心に議論を進める。この点については、保坂稔『現代社会と権威主義——フランクフルト学派権威論の再構成』東信堂、二〇〇三年を参照。なお要点を簡潔に示せば、まず第一にフロム(Erich Fromm)は、『権威主義的パーソナリティ』(一九五〇)に参加していないこと、第二に社会研究所がまとめた『権威と家族に関する研究』(一九三六)の完成後にアドルノ(Theodor Adorno)は正式な社会研究所の所員(当時の所長はホルクハイマー)になった点に触れておこう。

（4）前掲、『現代社会と権威主義』。保坂稔「伝統的権威の変貌――ホルクハイマーを中心に」『社会学史研究』第二〇号、日本社会学史学会、一九九八年、一四五―一五七頁。

（5）「権威という言葉と概念は、ローマに起源をもつ」（Hannah Arendt, *Between Past and Future: Eight Exercise in Political Thought*, London: Penguin Books, 1954（引田隆也・斉藤純一訳『過去と未来の間――政治思想への八試論』みすず書房、一九九四年、一四一頁））。

（6）Max Horkheimer, "Autoritiät und Familie," *Studien über Autorität und Familie*, 1936. = *Kitische Theorie*, Bd. I, II, Frankfurt am wain: Fischer Verlag, 1968 = *Gesammelte Schriften*, Bd. 3, Alfred Schmidt und Gunzelin Schmid Noerr（Hrsg.）Frankfurt am wain: Fischer Verlag, 1988（森田数実編訳「権威と家族」『批判的社会理論』恒星社厚生閣、一九九四年）。

（7）小林裕一郎「ハンナ・アーレントにおける暴力論について」『現代社会学』一二、二〇一一年、四頁。

（8）Theodor Adorno and Max Horkheimer（et al.）, *The Authoritarian Personality*, New York: Harper and Brothers. 1950, ix.（田中義久・矢沢修次郎・小林修一訳『権威主義的パーソナリティ』青木書店、一九八〇年、三頁）。

（9）前掲、『権威主義的パーソナリティ』、p. 386＝二〇八頁。

（10）同右、p. 228＝五五頁。

（11）山口定『ファシズム』有斐閣、一九七九年、八八頁。なお、イスラム国は破壊性は高いと言えるが、既存の権威の受容といった側面が乏しいため、ファシズムと位置づけるのは困難であると考えられる。

（12）前掲、『現代社会と権威主義』、一三二頁。なお東京調査二〇〇〇は、二〇〇〇年八月に実施された（調査代表者保坂稔）。調査対象は、東京都の三〇歳以上七〇歳未満の男女有権者個人を母集団として、層化二段無作為抽出法（確率比例抽出法）により二四〇〇人を抽出し、郵送回収法で行った。有効回答者数は八八八（有効回答率三七・〇%）であった。後述する長崎調査二〇一二は、二〇一二年二月に郵送法で実施された（調査代表者葉柳和則・保坂稔・渡辺貴史）。長崎市有権者三〇歳以上七〇歳未満の中から、層化二段無作為抽出法により、二〇〇〇人を選び、七九六人から有効回答を得た（回収率三九・八%）。

（13）「社会階層と社会移動全国調査（Social Stratification and Social Mobility）」は、階層と社会の開放性を主に調査。一九五五年から一〇年おきで科研費特別研究推進経費による。

(14) 吉川徹『階層・教育と社会意識の形成——社会意識論の磁界』ミネルヴァ書房、一九九八年、五五頁。

(15) 同右。

(16) 敷島千鶴ほか「権威主義的伝統主義の家族内伝達——遺伝か文化伝達か」『理論と方法』二三(二)、数理社会学会、二〇〇八年、一〇五—一二六頁。

(17) 前掲、『階層・教育と社会意識の形成』。

(18) 狭間諒多郎・橋爪裕人・吉川徹「環境保護意識・健康維持意識の規定要因の時代変化」『社会と調査』第一一号、社会調査協会、二〇一三年、七〇—八四頁。

(19) 前掲、『現代社会と権威主義』。

(20) 表4は、保坂稔・渡辺貴史・南誠「日本の自然エネルギー意識に関する分析——権威主義と地域帰属の観点から」『二一世紀東アジア社会学』第五号、日中社会学会、二〇一三年、九九頁からの抜粋であるが、権威主義的伝統主義は比較の都合上、b～fを加算している。なお、東京調査二〇〇〇と長崎調査二〇一二以外のデータは、筆者が実施した学生意識調査(集合調査法)である。回答者数はそれぞれ二五〇人前後である。

(21) Shmuel Almog, *Theorizing about Antisemitism, the Holocaust and Modernity*, 2005(http://sicsa.huji.ac.il/modernity.html:最終閲覧二〇一五年二月二三日).

(22) Martin Jay, *The Dialectical Imagination*, Boston: Little Brown and Company, 1973(荒川幾男訳『弁証法的想像力』みすず書房、一九七五年、二四六頁).

(23) David Seymour, "Adorno and Horkheimer: Enlightenment and Antisemitism," *Journal of Jewish Studies*, Vol. LI, No. 2, 2000, p. 300.

(24) Jeffrey Herf, *Reactionary Modernism*, Cambridge: Cambridge University Press, 1984(中村幹雄・谷口健治・姫岡とし子訳『保守革命とモダニズム』岩波書店、一九九一年、四一二頁).

(25) Max Horkheimer, "Zur Ergreifung Eichmanns," *Zur Kritik der instrumentellen Vernunft*, Frankfurt am Main: Fischer Verlag, 1960→1967. = *Gesammelte Schriften* Bd. 8, Alfred Schmidt und Gunzelin Schmid Noerr(Hrsg.), Frankfurt am Main: Fischer Verlag, 1985, S. 156.

(26) *Ibid*., S. 156.

(27) Max Horkheimer, "Über die deutschen Juden," *Germania Judaica, Kölner Bibliothek zur Geschite des deutschen Judentums*, Köln: Du Mont Schauberg, 1961. = *Gseammelte Schriften* Bd. 8, Alfred Schmidt, und Gunzelin Schmid Noerr（Hrsg.）, Frankfurt am Main: Fischer Verlag, 1985, S. 163.

(28) Max Horkheimer, "Nachwort," *Porträts duetsch-jüdischer Geistesgeschicte*, Koch Thilo（Hrsg.）, Köln: Du Mont Schauberg, 1961. = *Gseammelte Schriften* Bd. 8, Schmidt Alfled, und Noerr Schmid（Hrsg.）, Frankfurt am Main: Fischer Verlag, 1985, S. 179.

(29) *Ibid*., S. 190.

(30) 徳永恂『フランクフルト学派の展開――二〇世紀思想の断層』新曜社、二〇〇二年、一五五頁。

(31) Stanley Milgram, "Behavioral Study of Obedience," *Journal of Abnormal and Social Psychology* 67, 1963, pp. 371–378.（岸田秀訳『服従の心理』河出書房新社、一九七四年）。

(32) 柴嵜雅子「アードルフ・アイヒマンの罪」『国際研究論叢』一九（一）、二〇〇五年、二四頁。

(33) 保坂稔『緑の党政権の誕生――保守的な地域における環境運動の展開』晃洋書房、二〇一三年。

第三部

ナショナリズムと革命

第七章　アーレント・ナショナリズム論の手法と課題

森分大輔

一九世紀が抱いた歴史への幻想とイデオロギーへの傾倒とは依然として現代の政治的思考に大きな影を落としており、そのため我々は歴史や強制的な論理を支えとしない完全に自由な思考を、何の権威をも有さないものとみなす傾向がある（アーレント『暗い時代の人々』）。

はじめに

一九五八年に発表された『人間の条件』は、それ以前に発表され、ハンナ・アーレント（Hannah Arendt）の名声を不動のものとした『全体主義の起原』とは趣の異なる著作だった。歴史を扱う前作とは異なり人間の活動様式を観念的に論ずるそれは、彼女がドイツ時代に受けた哲学的トレーニングを窺わせるものだった。

アーレントはその「序」で人工物の宇宙への飛翔と人類の宇宙時代への突入とを指摘している。当時の楽観的な期待からすれば、それは科学技術の発展を祝福しているように映ったことだろう。事実、そこには宇宙への脱出を、自身を縛る地上の世界からの解放として受け取った関係者の証言も見出せる。しかし、そうした明るい印象を抱いて読み進めていくと、テーマがプラトン（Plato）以来のヨーロッパ哲学の伝統であることに、あるいはそうした伝統下において生じた近代哲学の「世界疎外」（world alienation）的特徴と、活動的生活内部のヒエラルヒーの転倒とにあることに気づく。そして読者は違和感を抱くことになる。その論調が明るいものとは言えないことに気づかざるを得ないためである。

その違和感から改めて認識されるのは、「序」が世界から解放された宇宙時代の人間の条件を論じていることである。さらに『人間の条件』の通読後には、そうした活動やそれに伴う感慨を彼女が「世界疎外」の暗喩として用いていることに気づかされるだろう。人工物の宇宙への飛翔は彼女にとって、人類が「世界疎外」的認識をすすんで獲得したことの象徴だった。

そうした両者の相関は『人間の条件』本編において「デカルト的懐疑」（Cartesian doubt）という語によって媒介されている。人間の意識に左右されない客観世界の存在を確認しようとしたデカルト（René Descartes）が了解したのは、その試みが不可能なことだった。この結論は周囲に存在しながらわれわれを規定し続けているはずの世界が不在である可能性に対する不安を抱かせるものである。しかし二〇世紀の宇宙時代には、自身を制限するものの不在は不安ではなく祝福であり、世界からの解放と受け止められていることが人工物の飛翔によって示されたのだった。

こうした時代の到来をアーレントが祝福していないことはその論調から感じとれる。本章はその理由を探るものであるが、関連して指摘できるのは、彼女がドイツ時代に学んだ現象学の存在である。フッサール（Edmund Husserl）の『デカルト的省察』が示すように、現象学はデカルトの問題設定そのものを批判し、あるいは再び生活世界を哲学に取り戻すために努力する。「世界は現象学にとって単純に失われてしまったわけではない(1)」というのが、その問題意識であり、彼女はこうした関心に早くから親しんでいた。

こうした知的背景からすれば『人間の条件』の宇宙飛行への言及は、世界への着目という点で彼女の現象学的関心を象徴するものである。同時に、本章の主たる検討課題であるナショナリズム論、あるいはそれが記されている『全体主義の起原』にも、それと同様の関心が見出せることは指摘されるべきだろう。現実から遊離したイデオロギーをベースに特異な機構が形成されたこと、さらには、そうした機構の下で人間がそれまでと比較にならない非人間的行為をなしたことが、全体主義体制の特徴だった。その信奉者達はイデオロギーへの盲信によって現実の世界から解放されていたのである。

『全体主義の起原』は、そうして解放された人間のもたらした驚くべき帰結を明らかにしているが、それの起源たるナチスの反ユダヤ主義イデオロギーの形成についても論じている。第二巻の「帝国主義」が示すのは、ヨーロッパで流通したある種のナショナリズムがそうしたイデオロギーや実践のひな型たりえたことだろう。ナショナリズム論は、その意味でアーレントの問題関心の中核に位置するものだった(2)。現象学を背景にナショナリズムの問題を取り扱うことで、彼女はそれが全体主義的イデオロギーの萌芽だったことを明らかにすると同時に、その意味を明らかにしたのである。

こうした自身の取り組みを後年、彼女は次のように表している。

私たちの思考の主題は何でしょうか。経験、これだけです。もし、その経験の地平を失ってしまったら私たちは、あらゆる種類の理論に巻き込まれてしまうことでしょう。政治思想家が自らの体系を構築し始めたら、彼はおそらく常に抽象概念を扱い続けることになるでしょう。(3)

本章では以下で、アーレントのナショナリズム論を中心に、世界における経験に着目する彼女の手法を確認する。一では彼女の現象学的およびユダヤ的関心を確認し、二では『全体主義の起原』を中心にナショナリズム論について概括する。三ではそうしたナショナリズムを扱う彼女の「世界疎外」への関心を改めて『人間の条件』を参照しつつ検討するだろう。そのうえで「おわりに」において彼女が採用した手法の若干の意義に触れるものとする。

一　アーレント政治思想の「現象学的手法」

（一）『全体主義の起原』に見られるアーレントの手法

すでに指摘したとおり『全体主義の起原』には現象学的関心が見出せる。本章ではそれを「イデオロギーとしてのナショナリズム」(4)という規定と、体系性を拒絶した著述スタイルに限定して論じよう。アーレントの議論には第一に、イデオロギーへの着目に見られる「世界疎外」への関心が存在しており、第二に、体系的あるいは仮説検証的な社会科学的手法ではなく、多角的に対象を把握して意味を探る独自の手法が採用されているのである。

前者についてまず指摘せねばならないのは、「世界疎外」という語自体は『人間の条件』で登場したという点である。三において詳述するが、ここでは便宜上それを現実世界よりも観念を優先する態度としておこう。アーレントはこうした現実から乖離した根無し草的認識に関心を抱いていた。その関心は『全体主義の起原』では、イデオロギーへの論及に表れている。彼女の描くイデオロギー信奉者はそれが示す観念の正しさを証明するために現実を変更させることを厭わない。世界に制約はなく「すべてが可能」であり「すべてが許されている」というのがそうした者たちの行為規範だった(5)。そして二で示すように彼女は、そうしたイデオロギーと、現実から遊離し根無し草的傾向を示すナショナリズムとの連携を明らかにすることで、それの「世界疎外」的性格を示したのである。

また、後者については『全体主義の起原』が体系的モデルを用いて全体主義を論ずるような論理性を伴っていなかったこと、それがアーレントの自覚的選択だったことから了解されるだろう。彼女は社会科学で一般的な、特定の対象をある観点から分析しモデル化する手法を採用せず、挿話や小説を挟みながら多様な事例を関連づけて議論を展開したのである。

もちろん『全体主義の起原』発表時にそうした手法は批判された。すなわち解釈過剰で「物語的であり、象徴的に表現されているために社会科学とはみなされない(6)」とされたのである。しかし、彼女の応答は、その著作が様々な要素が全体主義へ「結晶化」(crystalization) することを自覚的に描出したものであることを示している(7)。特定のモデルを構築し、それを媒介させることで現実を分析するような作業に彼女は関心がない。彼女の主たる関心は、それの登場が何を意味するのかにあった。一九世紀後半から二〇世紀の前半にかけて全体主義が、様々な要素を介して勃興したことそれ自体を取り扱うという、一見すると散文的な課題に彼女は取り組んだのである。

（二）　アーレントの手法と現象学

こうした二つの特徴をまとめて本章では暫定的に「現象学的手法」と呼ぶ。その呼称の妥当性はここで検討しないが、「世界疎外」を指標とした問題関心と、そうした関心から全体主義の意味を問い、散文的な記述を用いた手法を「現象学的」と呼ぶ理由を挙げれば次のようになる。すなわち、前者については既出のように現象学的問題のひとつが世界そのものを問うことにあったためである。繰り返しになるが「世界は現象学にとって単純に失われてしまったわけではない」。むしろ世界が了解に先行しているのであって、個々の経験においても「唯一のものである世界が、自然な生の全体の背景に存在している」[8]のである。

アーレントが世界における「経験の持つ地平の開示」[9]という現象学的関心を抱いていただろうことは、キャリアの初発に位置する現象学との出会いから了解できる。『デカルト的省察』は一九二九年のフランスでの講演を基にして一九三一年に出版されたものであるが、彼女は一九二五年にフライブルク大学でフッサールの講義を聴講していた[10]。また、同時期に彼女の博士論文を指導したヤスパース（Karl Jaspers）が、フッサールから影響されていたことはよく知られている[11]。彼女は現象学的関心に早くから親しんでいた。

一九二九年にアーレントは世界への関心を博士論文の『アウグスティヌスの愛の概念』で著している。後にヤング＝ブリューエル（Elizabeth Young-Bruehl）が「世界への愛」と評する性格を持つそれは、『存在と時間』で世人（das Man）を侮蔑的に扱ったハイデガー（Martin Heidegger）の議論と対照的だった。それはアウグスティヌス（Aurelius Augustinus）の隣人愛に関する分析を通じて、世界と人間との関係性を論じたのである。「彼女はハイデガーの愛に関する哲学的探究からは影響を受けていなかったが、おそらく彼が関心を欠いていたという点から影響を受けていた[12]」。

このように、その経歴からも彼女が世界に対する現象学的関心に親しんでいたこと、あるいはそうした問題構成を共有していたことは了解できるだろう。そして、さらに指摘できるのは、この関心が『全体主義の起原』の手法にも見出せることである。アーレントはそうした関心を前面に押し出した『人間の条件』でこの世界において「私たちが行っていること」[13]の了解を目指したが、そうした態度は全体主義それ自体を取り扱い、様々な要素の「結晶化」を問う『全体主義の起原』の手法に重ねることが可能なものだった。

フッサールの言を借りてそれを表現すれば次のようなものとなる。すなわち、われわれの位置する世界を無視せずに世界という背景の下に「意識の生の全体が、（略）総合的に統一されている」[14]ことを確認するならば、そうした総合を軽視することはできない[15]。そしてアーレントの「結晶化」は、こうした総合の作用に近いものとして自覚的に採用された可能性がある。なぜなら、三で示す理由から合理的モデルの構築に懐疑的な彼女にとって、現象学の示唆する「意識の生の全体」の「総合」を可能にする世界にて「遂行される、意味の解明」[16]は、重要な選択肢として提示されるだろうからである。いわばモデル形成を通じて論理的整合性を求める手法を選択せず、「結晶化」というより現象学に親和的な総合を意図して記述されたのが『全体主義の起原』だった[17]。

二　『全体主義の起原』とナショナリズム論

（一）　ユダヤ人問題という課題

アーレント思想の初発に位置する現象学的な関心の共有と、それに関連する手法について簡単に確認したが、本章の主題たるナショナリズム論には、そうした関心のみならず、自身の出自から発せられるユダヤ人問題という課題を見出せる。リチャード・バーンスタイン（Richard Bernstein）はそれを強調して「ユダヤ人問題へのアーレントの対峙が彼女の生涯を通じて探求した多くの根本的な課題を形成した[18]」と述べている。

実際アーレントは、ドイツ出国前から同化ユダヤ人であるラーエル・ファルンハーゲン（Rahel Varnhagen）の伝記に取り組んでいた。また、パリ亡命時代にはユダヤ人のイスラエル移住の仕事に携わり、個別の事情にも通じていた[19]。そうして培われた彼女のユダヤ人問題への関心を整理するならば次の二点となる。第一は同化への、第二はシオニズムへの関心である。

前者に関連して『ラーエル・ファルンハーゲン』が示すのは、「他の全ての人とまるっきり同じように普通の人間になりたいなら、古い偏見を新しい偏見と交換する[20]」ようにユダヤ人が要求されたことだった。彼女はそれに苦しんだ主人公ラーエルを描くことで同化を批判的に取り扱った[21]。後者に関連するのは、シオニズムの抱いているユダヤ嫌悪への諦念への関心である。彼女によれば、同化の強要の根底に存するユダヤ嫌悪は永遠になくならないと想定することからシオニズムは形成された。そして嫌悪を逆用し、民族の敵と取引することで敵対心を積極的に活用しようとしたのである[22]。

興味深いのは、同化に批判的だったアーレントがそれを選ばないシオニズムにも同意しなかったことである。その理由は彼女が「ユダヤ・ナショナリズムではなくユダヤ人の政治を求めた[23]」ためである。彼女はアメリカ国籍を未だ入手していない一九四九年においても、同年に採択されたシオニスト国家設立へのアピールに批判的だった。すなわち「パレスティナ全域を分割も削減もせずに包括する――自由で民主的なユダヤ人国家」を容認できなかったのである。同化に批判的であるだけでなく、（二）で確認するユダヤ人の非政治性にも批判的だった彼女は、彼らの政治活動そのものを否定しない。しかし、国民国家設立には危惧を抱いていた。その主張は域内の民族対立を招き、さらには悲劇的な闘争を生じさせるためである。永遠に続くユダヤ嫌悪という観念を前提にして、パレスティナの民族混在状況を慮外とした国家設立の強行が生み出す悲劇の可能性を彼女は看過できなかったのである。[24]

こうした二つの関心は、これから見ていくように彼女のナショナリズム論を特徴づける反ユダヤ主義論と関連するだろう。それはユダヤ人への同化の強要の意味や、シオニズム国家の形成に対する批判の論理の確認として登場する。いわば彼女は、これらを保持することでナショナリズムの実相を明らかにしたのである。

（二）　ナショナリズムの二類型

現象学とユダヤ人問題という二つの関心を背景に持つアーレントのナショナリズム論は、それを西欧的・種族的に区分することから始められている。その手法はコーン・ダイコトミー（西欧型・東洋型という二分法）に準ずるものであり、ナショナリズム論一般においてしばしば用いられるものだった。

彼女によると西欧的ナショナリズム（nationalism）は「常に政府に対する忠誠心を維持した」のであり、「国民と国家との間の不安定なバランスを保ったり、バラバラに分裂した市民社会のバランスを保ったりする役割[25]」を担っていた。そうした役割を彼女は、「民族上の外国人」と「国家にとっての外国人」との区別が不在だった西欧的ナショナリズムの特徴に求めている。[26] 西欧的ナショナリズムが国家の存在を前提にすることで種族を超えて人々を平等に国民とみなしたこと、国民・国家・領土の連携を保証したことを確認したのである。

国民国家設立を主張したシオニズムへの批判とは対照的に、それに関連するだろう西欧的ナショナリズムへのアーレントの関心は淡白なものだった。それは西欧的ナショナリズムを論ずるのに対して種族的ナショナリズム

(tribal nationalism) を論ずる態度がより顕著だったことに示されている。彼女によれば後者は、民族のエッセンスを「移動可能で私的なものであり、各人の人格に固有なもの」とみなす抽象性を帯びたものだった。その特徴は民族共同体すべての成員が全世界に散在したとしても、政治的な影響力を保持しうるという「拡大された種族意識」(enlarged tribal consciousness) を前提としたことから生じている。[27] 種族的ナショナリズムとはいわば、制度的現実よりも、属性や精神に象徴される成員の資格という「根無し草」(rootlessness) 的要素を強調する「世界疎外」的性格を有していたのである。

こうした「世界疎外」的性格を端的に示すのが、種族的ナショナリズムの将来の成功を約束する終末論的性格と、「民族たりうるのは他の犠牲の上においてのみである[28]」ことを強調する尚武的性格とである。両者は種族的ナショナリズムが雑多な観念の雑種的混合によって形成されたことを示すものだが、同時にそれが現実よりも観念を優先するものだったことを示してもいる。この点をアーレントは、一九世紀の東中欧における種族的ナショナリズム形成の経緯から説明した。すなわち、オーストリア＝ハンガリー帝国の支配するエスニック・グループの混在地域において独立を獲得していなかった各集団は、ナショナリズムを信奉することで自身の政治的正統性の獲得を目指した。それは彼らを迫害する制度が否定され、そして将来の成功が強調されるべきことの主張につながった。さらには、対峙すべき制度が僭称している普遍的で公的な国民としての権利ではなく個人的な私人の属性と、自らの活動の阻害要因たる他民族の排除とが強調されたのである。[29] これらの要請から生じた諸観念の混合物が種族的ナショナリズムである。それは状況から強く影響を受けたにもかかわらず現実を否定する。単に帰属や属性を強調する抽象性からのみならず、将来の成功を目指して障害となる現実を破壊しようとする点からも現実否定的であった。さらには、その実践において暴力行使を容認する過激な特徴を有していたのである。

（三）　国民国家と反ユダヤ主義

ナショナリズムに関する二類型を出発点におくアーレントの議論は種族的ナショナリズムの雑種性に関する議論を除けば、その分類のみならずそこで指摘されている個々の特徴に目新しさを感じることはできない。例えば、ほぼ同時代を生きた丸山眞男のナショナリズム論に種族的ナショナリズムに重なる議論を見出すことは難しくない。[30] しかし、雑種性の指摘に見られるように、その形成期における現実との対応関係を問う態度が、そしてそれに影響を受けた反ユダヤ主義（anti-Semitism）をめぐる考察が彼女の議論を興味深いものにしている。

アーレントは一八八〇年代を境にして反ユダヤ主義を二つに区分し、各々の性格を描出した。国民国家内で展開された前期的形態と、帝国主義時代において展開された後期的形態とを彼女は論じたのである。[31] 前期型においてユダヤ人は国民国家の問題性を露呈させる存在として扱われ、そこから反ユダヤ主義が生じた。それに対し後期型は、植民地支配の影響を受け、より観念的なものへと変質していた。

前期型反ユダヤ主義はユダヤ人の当時の地位と関係している。すなわち、産業化の進展に伴って封建的特権を剝奪され、競争に晒された「他の集団とは対照的に、その地位を国家から規定される[32]」特異な存在としてユダヤ人は地位を得ていた。彼らは伝統的に国家の資金需要を支えていたため、機構維持の観点から地位を保全されていたのである。[33]

こうした地位にあったユダヤ人の一部は、国家に縛られないヨーロッパ的存在として振る舞っていた。彼らは西欧的ナショナリズムが求める国家への忠誠よりも自身を保護する個人的な縁故を重視し、自ら例外として取り扱われることを求めたのである。[34] 特に一九世紀に見られた名声を求めたユダヤ人は、例外的に目立つ存在として振る舞うことを習いとしていた[35]。こうした「例外ユダヤ人」（exception Jews）は周囲にユダヤ人全体がそうした例外を求めるという印象を与えたのである[36]。

こうした振る舞いは、反ユダヤ主義形成以前のヨーロッパに古くからある「ユダヤ嫌悪」（social hatred of the Jews）への処世術だった。その嫌悪に抗して彼らは改宗や婚姻を通して同化を進める一方で、縁故を伝《つて》に例外扱いを求めたのである。アーレントからすればそれは国家的権利と人的関係から生ずる封建的特権との違いを把握できない非政治性の表れだった[37]。人的関係性からなる封建的特権をすでに剝奪されて社会の競争に投げ込まれていた非ユダヤ人には、次のような反感を抱かせる存在として映ったからである。

政府がユダヤ人を孤立した集団として保護している理由を理解することはなかったが、次のことは理解した。すなわち、国家機構とユダヤ人との間に一つの結びつきが存在し、ユダヤ人問題はユダヤ人個人及び一般的な寛容の問題としてはもはや十全に理解されることも論議されることもできないということである[38]。

アーレントはこうした感慨を当時の世相に論及しながら示した。すなわち、ユダヤ人にとって国民国家の理念が示した種族差を超えた平等の保証は必ずしも魅力的ではなかったこと、そして統治機構自体がユダヤ人のような例外を求めていたことを示すのみならず、そうした態度が慣習的なユダヤ嫌悪を変化させたことを示したのである。こうした文脈において先の引用は「ユダヤ嫌悪」が、ユダヤ人の非政治性の影として生じたことを浮かび上がらせるだろう。従来の慣習的な「ユダヤ嫌悪」を超えて政治を問題にする一九世紀に固有の反ユダヤ主義、すなわち「政治的反ユダヤ主義」（political anti-Semitism）の登場がそれである。

こうしてユダヤ人の振る舞いと、反ユダヤ主義の前期的形態たる「政治的反ユダヤ主義」との相関を浮かび上がらせたアーレントは、その舞台となった国民国家と、それを理念的に支えていた西欧的ナショナリズムとの限界を明らかにした。それが成立当初より矛盾を孕む存在だったことを暴露したのである。

(四) 種族的ナショナリズムと反ユダヤ主義

ユダヤ嫌悪から反ユダヤ主義への質的転換が、政治的同権と国民国家の現実との狭間におかれたユダヤ人の非政治性に関わるならば、一八八〇年代以降に登場した後期型反ユダヤ主義は、種族的ナショナリズムが人種主義の影響を受けたことで生じたものだった(39)。そうした反ユダヤ主義は、国家的地位をもつ存在としてユダヤ人を政治的に非難するのではなく人種として排除することを試みる。では、そうした観念はいかに登場したのだろうか。

アーレントは後期型反ユダヤ主義の登場を大まかに次の三段階に整理している。第一にユダヤ人の没落、第二に人種主義の影響、第三に無国籍者の登場である。彼女がまず指摘したのは、国民国家の政治経済体制が帝国主義化の時期を迎えたことでユダヤ人の地位が相対的に低下したことである。国家への資金提供を担っていた彼らの影響力は、帝国主義の進展によって力をつけた産業資本家の登場によって減退した。その上で、金融業者としてのユダヤ人に対する中下層階級の不満を受け止めざるを得なくなったのである(40)。

こうした不満は、ユダヤ人の例外性と政治的反ユダヤ主義との混合から引き起こされていた。ユダヤ金融業者の関与した植民地開発投資が詐欺案件となり、当時、彼らは悪い意味で目立っていた。そこに特殊な地位を与えられながらも国民国家の利益から離れて例外として暗躍するユダヤ人像を広め反感を煽る反ユダヤ主義の宣伝が加えられていったのである(41)。

その事態に並行するように人種主義がヨーロッパへ逆輸入される。人種主義は劣等人種を支配するための正当化イデオロギーであり、それは人々を肌や血という生物学的特徴に基づいた「人種」（race）という観念を用いて優劣を定め、擬似進化論的な淘汰の原理から異人種支配を正当化する。[42] その観念がヨーロッパ圏に持ち込まれ、徐々に例外たるユダヤ人に適用されていったのである。

注意すべきは、国民国家体制と関係の深い西欧的ナショナリズムでは、人種観念が力を持ち難い点である。イギリスのホブソン（John Hobson）が『帝国主義』で示した道徳的非難のように、制度的に保障された国民《ネイション》の権利を前提とする体制は人種支配を容認できない。[43] それにもかかわらず生じた逆輸入を説明するためにアーレントは、帝国主義を海を隔てた地域へ進出する海外型と、地続きの地域に進出する大陸型とに区分する。イギリスのような前者には国民国家的な理念があり、ドイツのような後者には希薄だったことを指摘することで、その流入経緯を示したのである。[44]

アーレントはまた、こうした人種主義の起源をコンラッド（Joseph Conrad）の小説を用いて説明した。すなわち、植民地支配のために非ヨーロッパ圏に進出した者たちは了解不能な社会形態に直面し、「受け入れてきた社会的価値の世界から追い払われ、彼らは自分自身に投げ返された」。その結果、人種主義的観念が捻出された。彼らは眼前の現実を受け入れられず、人種主義以外「依拠すべき何ものをも持っていなかった」のである。[45]

こうした現実に根拠を持たない根無し草的イデオロギーは、劣等とされた人種を管理、処分することに痛痒を感じることのない精神性を醸成した。その端的な例が植民地における行政的大量虐殺（administrative massacres）である。本国の基準に依拠できない植民地行政官は、自身のイデオロギーを頼りに支配の維持を試みて、現地の反乱に抗してその手段を選択した。人種主義は劣った存在を自ら積極的に淘汰する非人道的実践性を帯びることになったのである。

人種主義のこうした特徴を確認したうえで思い起こされるのは、他民族の犠牲の先に自民族の栄達があるという尚武的観念を種族的ナショナリズムが有していたことだろう。東中欧に位置した大陸型帝国主義国家で影響力を有していたそれに人種主義が輸血されることで他民族は人種とみなされるようになる。そして、それが反ユダヤ主義に感染することで新型の反ユダヤ主義へと生まれ変わる。前期型とは異なるそれはユダヤ人排斥に具体的理由を求めない。劣等人種たる「ユダヤ人への敵意は、それ自体としてユダヤ人のあらゆる具体的な行為や悪行から切り離されて(46)」観念的に存在するようになったのである。

(五) 無国籍者と種族的ナショナリズム

前期型の反ユダヤ主義者が自身の経験の延長線上に主張を形成したのに対し、後期型のそれは人種主義と種族的ナショナリズムとの混合によって成立し、現実の制約から解放された。この時点で全体主義に到達する観念上の準備は完了したと言えるだろう。観念を優先してユダヤ人種を排斥する後期型の反ユダヤ主義は、現実から解放され、世界を破壊する全体主義運動に必要なイデオロギー性を備えているからである。ただし、観念的準備が完了したとしても、実際にユダヤ人を人種扱いするためにはさらなる階梯が欠かせない。それが国籍を取り上げることである。国家からの保護が剝奪されることで初めて、彼らは完全な意味で民族から人種へと格下げされるだろう。西欧的ナショナリズムの観念からも切り離されることで無国籍者は人種となるのである。国民国家に忠誠を示さず、権利よりも縁故を頼り、例外として振る舞うことをよしとしたユダヤ人が、その対象として都合のよい存在だったことは、これまでの議論から理解できるだろう。

こうした無国籍化を現実としたのは国民国家と種族的ナショナリズムとの共謀である。第一次大戦後に形成された新国家に採用された少数民族問題への対応が示すように、少数民族は国外追放された。国民《ネイション》の概念が制度的概念から種族的概念へと変化したことで、西欧的ナショナリズムは機能不全に陥った。こうした政策が東中欧の諸国家で初めて採用された理由をアーレントは、種族的ナショナリズムの強いその地域で流通していた次のような派生観念に求めている。

民族的挫折を味わった人々は、真の民族的解放によってのみ、真の自由、真の解放、そして真の人民主権を達成できる。(47)

各民族は「真の人民主権」達成のために主導権を握るや否や国内にある異分子を排除し、民族混在状況の解消を図った。種族間の平等を保障するはずの国民国家が国民を恣意的に選抜したのである。彼女は種族的ナショナリズムに対する西欧的ナショナリズムの理念的限界と、無国籍者を人種として取り扱うための準備がそこで完了したことをこうして明らかにした。すなわち「民族《ネイション》による国家の征服」(the conquest of the state by nation) によって国家から放逐された無国籍者は、権利をどこからも保障されない厄介者として、さらには恣意的な処断が容認される人種として扱われざるをえなくなったのである。(48) 先に確認したアーレントのシオニズム批判は、おそらくこうした事例の認識に関連している。(49) すなわち、彼女の態度はこうした困難を予測したものだったのである。

三　イデオロギー・世界疎外・「現象学的手法」

（一）イデオロギーとしてのナショナリズム

後期型反ユダヤ主義の登場には種族的ナショナリズムと人種主義との混合が求められるが、それが可能だった理由を改めて確認するならば、両者のイデオロギー性を挙げることができる。そしてアーレントはそれに限定的な規定を与えることで両者の親和性を明らかにした。第一に、イデオロギーは歴史的発展を強調するものだった。第二にそうした発展を可能にするための実践を積極的に容認するものでもあった。第三に、それらの背後には現実から遊離した「世界疎外」的性格が存在したのである(50)。

種族的ナショナリズムは第一の特徴を終末論的観念として示していた。それは人種主義が疑似進化論的な観念によって人種の淘汰と優越とを正当化したことに親和性を示した。両者は歴史を自身の正当化の根拠としていたからである。前者が現実ではなく到来する将来の成功という目的の下に政治的実践を要求したのに対し、後者は進化論的な選抜自体を根幹とすることでプロセスの終点を示さないという思考様式上の差が存在するが、交雑に支障はなかった。その嫡子たる後期型反ユダヤ主義に示されるように、将来の民族支配の確立という政治性を保持しつつも、ユダヤ人を国家から放逐することで満足せずに人種選別を自己目的化して統治機構を駆使する体制の基盤イデオロギーとして統合されたのである。

第二に、そうした歴史性を核にする観念は、自身の正当性を示すための実践性と表裏一体の関係にあった。一方の種族的ナショナリズムの尚武的性格は自民族の優越の確保という点からの実践の優位を示していたが、他方の人種主義はイデオロギー的に確定している自身の優越を追認するために実践が存在した。後者において実践はイデオロギーの正しさを確認する作業であるため、自身に不都合な現実に直面した場合に観念ではなく現実の修正を選択する。疑似進化論によって保証された正当性は、首尾一貫して確証されねばならなかったからである。暴力行使を手段として尊ぶ態度とイデオロギーの優位性を追認する作業とにはこのように差異が存在するが、両者は「他の犠牲の上において[51]」自身の優越が示される点で共鳴する。自身の優越を実践において示し続ける限り齟齬は生じず、両者の混ざり合ったイデオロギーはかえってそれを積極的に推進したのである。

第三に、歴史性と実践の強調という二つの特徴が差異を孕みつつも高い親和性を示したことは、両者が現実と切断された「世界疎外」的性格を有したことと無関係ではない。既出のように後期型反ユダヤ主義は現実から遊離した観念的な嫌悪を土台としており、それに影響を与えた人種主義も「依拠すべき何ものをも持っていなかった」。また、それらの土台となった種族的ナショナリズムも観念を優先し制度を否定していたのである。これらはどれも形成期の時代状況から影響を受けていたにもかかわらず、あるいはそれゆえに現実否定的な傾向を強く示すものであり、そうした点において高い親和性を示した。すなわち、それを盲信する者らは観念が確証する「すべてが許されて」おり、「すべてが可能である」として現実の改変に積極的に関与したのである。

(二) 世界疎外的精神の影響力

『人間の条件』は、観念を優先して現実を否定するその傾向を西洋思想の文脈から論じている。「はじめに」で触れたデカルト的懐疑は、それを端的に示すものだろう。その懐疑は「単に存在と現象とをはっきりと分離しただけではなく、(略) 世界と宇宙に対する信仰に大打撃を与え[52]」るほどの影響力を持った。ヘレニズム期から続く古典的懐疑主義が示した判断留保の勧めとは異なり、われわれは世界の存在すらをも確認できないという回避不能な強い諦念が示されたのである。アーレントはその諦念の先にある一つの発見に注目する。

私たちは、地球の上に立ち、地球の自然の内部にいながら、地球を地球外のアルキメデスの点から自由に扱う方法を発見したのである。[53]

客観的世界の実在を確信しえない以上、人間は、それと無関係に思弁を巡らせることが許されるだろう。さらには、そうした思弁こそが世界の実相を現しているに違いないという態度表明が、この「発見」には込められている。『人間の条件』が論証したのは、「地球外のアルキメデスの点」が自身の内面に基づくモデルを指すということである。すなわち「精神が生み出し、ある意味で精神の内部に止まっているものだけを知ることができる」[54]という「ただ自分自身に向き合う」[55]人間は、信頼できない「感覚に与えられるデータを人間精神の尺度のほうに還元」[56]し、そこからすべてを「自由に扱う方法を発見した」のである。

そうした態度こそが語の本来の意味での「世界疎外」だろう。単に世界との関連を絶つという意味のみならず、精神の尺度を基に首尾一貫した態度で世界を「自由に扱う」ことを試みる点でより積極的に世界を疎外しているためである。そうした議論を展開する中でアーレントが示すのは、「世界疎外」が自然科学の発展を促したことだった。[57]それを象徴するのが、「序」の宇宙飛行の実現である。自身の精神にのみ向かい合った「世界疎外」的人間は、宇宙へと進出するほどの積極性を入手したのである。

アーレントはそうした科学の発展を次のように示している。「世界疎外」的精神は自身に適合的な形で「地上の感覚において受容する情報や運動を数学的シンボルに還元」[58]する。世界のあらゆる存在の質的差異を無視、量化することを当然とする精神は「同一の方程式が大空の天体の運動にも地上の物体の運動にも通用するような重力の法則を定式化する」[59]のである。そうして定式化された古典力学の法則が宇宙へ飛び立つ人工物にも適用可能なことを実践で証明することで「世界疎外」的精神は「与えられたままの自然現象を観察する」[60]ことから解放されるだろう。地上の拘束を超えて「地球を（略）自由に扱う」実践に向かう可能性が開かれたのである。[61]

（三）「現象学的手法」の意義

改めて述べるまでもなく現象学は「世界疎外」に批判的だった。『デカルト的省察』が示すように「世界は現象学にとって単純に失われてしまったわけではない」のであり、我々の経験には「唯一のものである世界が、自然な生の全体の背景に存在している」のである。こうした主張は、地上の制約から解放された「世界疎外」的精神と正反対の立場にある。

これまでに確認してきたアーレントの立場は、それを継承、発展させたものである。量子力学の成立に寄与したシュレーディンガー（Erwin Schrödinger）を引用しつつ彼女は、精神が形成するモデルと世界との希薄な関係性を指摘する。形成されたモデルは「実際上近づくことのできないものであるばかりか、考えることさえできないもの」であり、両者の関連を想像することは「『翼のあるライオン』よりもさらに無意味」であるというのがそれである。[62]その表現は彼女にとって自然科学における数学的モデルと世界との素朴な対応を前提とする認識枠組からの脱却を意味するのみならず、モデルの了解可能性に関して疑義を挟むものでもあった。有名な「シュレーディンガーの猫」が示すように量子力学のモデルは両義的な解釈を受容する。このように「世界疎外」的精神は人間の日常感覚からすれば意味を計りかねる、あるいはそうした感覚から外れたモデルを取り扱うに至ったのである。

モデルの了解可能性に対する疑義を孕むに至った「世界疎外」的精神の問題は、認識への影響に止まるものではない。アーレントはそれに気づいていた点で、すべてを精神に還元し数学的記述を行う態度の妥当性を科学的認識の基礎から問うフッサールとは異なるものを見ていた。現象学を修め、全体主義を理解した彼女にとって現実にまで影響を及ぼす「世界疎外は近代の品質証明[63]」であり、それの実践への影響を看過できなかった。仮に、社会科学が実践ではなく認識を課題とするにせよ「理解しようとする対象に（略）直接向かうのではなく、より根源的と考えられる現実を経て迂回しながら理解（傍点は引用者）[64]」しようとする限り、「世界疎外」から逃れることはないだろう。世界そのものよりも精神に示された像を現実とみなす態度と、精神を基にした無意味なモデルから世界に介入しようとする「世界疎外」的態度とは、これまでに見てきたように非常に近い位置にあるためである[65]。

こうした理由から、彼女が現実に向き合う際に社会科学的手法を選択することは考えられない。実際、ナショナリズム論を含む『全体主義の起原』では「結晶化」にこだわり個別の事例や経験を尊重した。それは反ユダヤ主義者の感慨やコンラッドへの言及に見られたように解釈に踏み込んだ記述となっている。彼女にとってその課題は自身の出自に関わるのみならず、全体主義という唾棄すべき体制の核として作用する無視しえないものだった。それゆえ、それがどのような意味を持ち、実際に形成されたのかを問題とした。世界における意味を問う「現象学的手法」は、彼女自身の課題と相まってそれ自体が「世界疎外」的な「イデオロギーとしてのナショナリズム」に批判的に選択されたのである。

アーレントの選択の意義は例えば、無国籍者の登場とともに無化されてしまった民族と人種との差異の喪失に見出せる。無国籍者の登場が後期型反ユダヤ主義の実践性を強め、全体主義の誘因となったという彼女の論が示したのは、それまでの経緯のみならず、社会認識上の概念規定の影響だった。人種が世界の問題を解決する鍵であるという観念から現実の変更を試みる立場では、イデオロギーを恣意的に援用して安易で非情な解決を選ぶだろう。しかし、それでは世界の実相は見落とされる。無国籍者となったユダヤ人はありのままであったとしても、国民から民族、そして人種へと立場を変更させられた。時代ごとにユダヤ嫌悪、政治的反ユダヤ主義、種族的ナショナリズムに晒されたのである(66)。さらにユダヤ人は、そうした観念の自発的受容を迫られた。永遠に続くユダヤ嫌悪というシオニズムの想定や、個々のユダヤ人に迫られた社会的同化がそれである。前者の場合、種族的ナショナリズムと同様の対応をパレスティナでとることが、後者の場合「他の全ての人とまるっきり同じように普通の人間になりたいなら、古い偏見を新しい偏見と交換する」(67)ことが求められた。それは主客を転倒させた民族の悲劇の再演や、「出自のみならず自身の同朋をも裏切る」選択となるだろう。彼らはラーエルのように同化せず「傘なしで土砂降りの中を歩く」(68)ような困難と、すなわち、自身に向けられた様々な概念規定から逃れて生きることの困難と常に向き合わざるを得なかった(69)のである。

おわりに

これまでの議論から理解できるのは、アーレントが「現象学的手法」に自覚的であり、それに長期にわたって馴染んできたことである。確かに彼女のナショナリズム論における主たる課題はユダヤ人問題だった。また、バーンスタインが言うようにその後の様々な課題も出自と無関係ではなかったかもしれない。しかし、取り組むべき課題として選択した対象の意味を問うという実際の作業において「現象学的手法」が大きな力となっただろうことは、これまでの議論から理解できただろう。本章では「現象学的手法」という呼称の是非について検討しなかった。それはあくまでも暫定的な呼称だからである。それでもその呼称を用いることで、彼女の議論がデカルト的懐疑を超えて世界に直接向き合うことの意義を強調する立場にあったことは了解できたのではないだろうか。

社会科学者が対象と向き合うとき、特定の観点から分析し、モデルを構築することは不可避だろう。ただし、その作業には限界があり、現実との対応関係や作業自体の意味を問い返すことが忘れられてはならない。アーレントの態度には、こうした平凡な警句が込められているように思われる。ただし、彼女自らが選択して示したものは非凡であり示唆に富むものだった。第一に、概念モデルでは示しきれないナショナリズムの実相を、第二に、解釈過剰の批判を受けながらも対象を多角的に問うことで「結晶化」される固有の視座の可能性を示したのである。それらを確認してきたわれわれは、ナショナリズムの雑種性や、それに関連した反ユダヤ主義の転換、人種主義のイデオロギー性とその影響の実相などに迫ることができた。それは諸要素を繰り返し関連させ解釈を織り交ぜる彼女の手法を通じて総合された世界における事態の複雑さを了解することにつながった。こうした了解は「想起し熟考することで、すなわちそれを想像力の中で反復することで、何であれそれが価値のあることを自分自身に示せ」[70]という彼女が示した過去を物語る極意を想起させる。「現象学的手法」を検討してきたわれわれは、おそらくその一節が、物語ることのみならず重層的な現実からなる経験を繙く作業にも忘れられてはならないということを了解可能な地点に到達したのである。

(1) Edmund Husserl, *Cartesianische Meditationen und Pariser Vortage*, Louvain: H. L. van Ereda, 1950, p. 75.

（2） Ronald Beiner, “Arendt and Nationalism,” in Dana Villa, ed., *The Cambridge Companion to Hannah Arendt*, Cambridge: Cambridge University Press, 2000, p. 49. ナショナリズム論の重要性は『全体主義の起原』が、汎ゲルマン主義的主張を軸に展開されたナチズムを取り扱う予定だった点から理解できる（Margaret Canovan, *Hannah Arendt: A Reinterpretation of Her Political Thought*, Cambridge: Cambridge University Press, 1992, p. 19）。カノヴァンが指摘するように、アーレントはソビエトのスターリン体制を全体主義と呼ぶことに躊躇いはなかったが、彼女がそのようになったのは改めて関心を抱くようになって後のことである（Elisabeth Young-Bruehl, *Hannah Arendt: For Love of the World*, New Haven: Yale University Press, 1982, pp. 206–211.）。

（3） Melvyn A. Hill, ed., *Hannah Arendt: The Recovery of the Public World*, New York: St. Martin’s Press, 1979, p. 308.

（4） Richard Bernstein, *Hannah Arendt and the Jewish Question*, Cambridge: Polity Press, 1966, p. 49.

（5） Hannah Arendt, *Essays in Understanding 1930–1954*, New York: Harcourt Brace and Company, 1994, p. 431.――以下 *Understanding* と略記。

（6） Seyla Benhabib, “Hannah Arendt and the Power of Narrative”, in Lewis P. Hinchiman, ed., *Hannah Arendt: Critical Essays*, New York: State University Press New York, 1994, p. 173. 類例としては John L. Stanley, “Is Totalitarianism a New Phenomenon?,” in Lewis P. Hinchiman, ed., *Hannah Arendt: Critical Essays*, New York: State University Press New York, 1994 等。

（7） 前掲、*Understanding*, pp. 401–409.

（8） Husserl, *op. cit.*, p. 75.

（9） *Ibid.*, p. 97.

（10） Young-Bruehl, *Hannah Arendt*, p. 62. 付言すればフッサールは一九二八年にフライブルク大学を退官し、一九三六年に科学の基礎を論ずる『ヨーロッパ諸学の危機と超越論的現象学』を出版した。他方、アーレントは一九三三年に『ラーヘル・ファルンハーゲン』を執筆途中のままドイツを出る。そして、アメリカ国籍を得る以前の一九四六年に「実存主義とは何か」においてハイデガーのフッサールへの態度を非難している。

（11） *Ibid.*, p. 63.

（12） *Ibid.*, p. 75.

(13) Hannah Arendt, *The Human Condition,* Chicago: The University of Chicago Press, 1958, p. 5.――以下 *HC* と略記。

(14) Husserl, *op. cit.,* p. 80.

(15) 「知覚は全て目的論的に構造化されており、世界の統一へと向かおうとする」(Lilian Alweiss, *The World Unclaimed: A Challenge to Heidegger's Critique of Husserl*, Ohio: Ohio University Press, 2003, p. 18)。

(16) Husserl, *op. cit.,* p. 119.

(17) ヤング＝ブリューエルによれば、そうした手法にヤスパースの影響を見ることもできる。「彼女のアプローチはヤスパースが体系（system）と体系化（systematization）との間に立てた区別を表しているように見える」(Young-Bruehl, *Hannah Arendt*, p. 74.) からである。

(18) Bernstein, *op. cit.,* p. 9.

(19) *Understanding*, p. 10.

(20) Hannah Arendt, *Rahel Varnhagen*, Baltimore: The Johns Hopkins University Press, 1997, p. 256（大島かおり訳『ラーエル・ファルンハーゲン――ドイツ・ロマン派のあるユダヤ女性の伝記』みすず書房、一九九九年）――以下 *Rahel* と略記。

(21) *Rahel*, p. 81.

(22) Hannah Arendt, *The Jew as Pariah: Jewish Identity and Politics in the Modern Age*, New York: Grove Press, 1978, p. 135.――以下 *Pariah* と略記。

(23) Beiner, "Arendt and Nationalism," p. 49.

(24) *Pariah*, pp. 131, 177.

(25) Hannah Arendt, *The Origins of Totalitarianism: New Edition with Added Prefaces*, New York: Harcourt Brace and Company, 1966, p. 231.――以下 *OT* と略記。

(26) *OT*, p. 230.

(27) *OT*, pp. 231–232.

(28) *OT*, p. 236.

(29) *OT*, pp. 232–233.

(30) 丸山眞男『現代政治の思想と行動（増補版）』未來社、一九六四年、一六五―一六六頁。

(31) Bernstein, *op. cit.*, p. 63.

(32) *OT*, p. 14.

(33) *OT*, pp. 14–15, 27.

(34) *OT*, pp. 20–23.

(35) *OT*, p. 52.

(36) *OT*, pp. 83–86.

(37) *OT*, pp. 23–25.

(38) *OT*, p. 34.

(39) Bernstein, *op. cit.*, p. 65.

(40) *OT*, pp. 36–37.

(41) *OT*, pp. 39–40.

(42) *OT*, p. 195.

(43) John A. Hobson, *Imperialism: A Study*, London: George Allen & Unwin LTD, 1954, p. 13.

(44) 川崎修『ハンナ・アレント』講談社学術文庫、二〇一四年、一一〇頁。

(45) *OT*, p. 189.

(46) *OT*, p. 241.

(47) *OT*, p. 272.

(48) *OT*, pp. 279–280.

(49) *OT*, p. 282.

(50) *OT*, p. 344.

(51) *OT*, p. 236.
(52) *HC*, p. 276.
(53) *HC*, p. 262.
(54) *HC*, p. 283.
(55) *HC*, p. 261.
(56) *HC*, p. 267.
(57) *HC*, p. 261.
(58) *HC*, p. 267.
(59) *HC*, p. 265.
(60) *HC*, p. 266.
(61) フッサールはそうした認識を自然科学の分野で広めた者としてガリレイを挙げている（Dermot Moran, *Husserl's Crisis of the European Sciences and Transcendental Phenomenology: An Introduction*, Cambridge: Cambridge University Press, 2012, p. 83.）。『ヨーロッパ諸学の危機と超越論的現象学』でガリレイは、自然科学の数学化を遂行して「具体的世界全体が数学化可能な客観世界であること」（Edmund Husserl, *The Crisis of European Sciences and Transcendental Phenomenology*, Trans. David Carr, Evanston: Northwestern University Press, 1984, p. 38.）を示した。その結果、「我々がこの世界を全て実在的なものの世界と見る」という態度は「見捨てられてしまった」（*ibid.*, p. 50.）。数学化によって「人間の日常の経験は主観的で相対的な世界であり、これに対して計量化され客観化された世界こそ確実で絶対的な世界だ、という感覚を人間に与える」（竹田青嗣『現象学入門』ＮＨＫブックス、一九八九年、一一九頁）という転倒が生じたのである。アーレントはその転倒を問題にするのみならず、フッサール同様にガリレイを論じながら「世界疎外」として批判した（森分大輔『ハンナ・アレント研究――〈始まり〉と社会契約』風行社、二〇〇七年、第三章）。
(62) *HC*, p. 288.
(63) *HC*, p. 254.
(64) *Understanding*, pp. 33–34.

（65）*HC*, p. 257.
（66）*OT*, p. 241.
（67）*OT*, p. 66.
（68）*Rahel*, p. 81.
（69）森分大輔「パーリアはどこにいる」『現代思想』青土社、第三五巻第一一号、二〇〇七年八月、二一九頁。
（70）Hannah Arendt, *Men in Dark Times*, New York: Harcourt Brace and Company, 1968, p. 97.

第八章　ネーションと国家がズレるとき
――ナショナリズムをめぐる暴力への視点

山本信人

はじめに

第二次世界大戦の体験と記憶が生々しかった一九五一年、ハンナ・アーレント（Hannah Arendt）は『全体主義の起原』を刊行した。彼女の代表作のひとつである本書は、初版以降数回にわたり加筆修正が行われた。その中には「国民国家の衰退と人間の権利の終焉」という刺激的なタイトルの章が収められている。[1] その章は次のような書き出しになっている。

現時点においてさえ、一九一四年八月四日、ヨーロッパにおいて実際に何が起こったのかを描写することは不可能に近い。第一次世界大戦を境に、古い時代が去り新しい時代が到来した。しかもそこには、爆発の前日と爆発の翌日といえるほどの違いがあった。[2]

この違いを生みだしたのは、それまで人々の生活を支えていたものが機能不全に陥ったからであった。人々の生活を支えていたものは国家であった。ところが戦争と暴力により国家は機能不全に陥った。戦時中そして戦後の荒廃の中、人々は国家に対する信頼を失い、生まれ故郷を離れ、国境を越えた。それは生きるための選択であった。しかしそこには人間としての生きる場が備わっていなかった。

人間としての生きる場が備わっていなかったとはどういうことなのか。アーレントはいう。

人はひとたび故郷を離れると家無し（homeless）になった。国家を失うと無国籍状態（stateless）となった。人権が奪われると、まったく権利のない状態（rightless）に陥った。そして地上の屑（scum）になるのであった。[3]

第一次世界大戦はヨーロッパに未曾有の難民と無国籍者を生んだ。文字通り戦争によって居場所を失った人々は路頭に迷った。当時は難民救済のための国際組織が存在していなかった。彼らは「地上の屑」と化した。戦争と暴力により、人々は家を失い、国家に属する権利を失った。人々が失ったもの、家、国籍、権利。この三つは相互に関係性をもった要素であった。これらは一九世紀初頭からヨーロッパ諸国が理想としてきた近代的な国家のあり方を象徴していた。ここでの近代的な国家とは、市民が共同統治を実現する国民国家であった。国民国家は国民の居場所を保障し、自由と権利を保障し、国民を守るための存在のはずであった。ところが、アーレントの章タイトルが明示しているように、第一次世界大戦によって国民国家は衰退の時代を迎え、人間の権利は剝奪された。戦争はヨーロッパが追求していた国民国家の夢を木っ端みじんに打ち砕いたのである。そしてその先に現れたのは、人間が人間として生きることの許されない状況であった。

この悲劇は国民国家の誕生と普及がもたらしたものでもあった。人々が民族を発見し、国民となることで自前の国家をもつこと。それが国民国家を追い求める人々の理想であった。この理想はすでに国民国家をもっていた人々と、これから国民国家をもちたいという人々のあいだに亀裂と対立を生んだ。一部の政治指導者のあいだには既存の国民国家を拡大したいという欲求も生みだした。一九世紀は国民国家が登場する時代であったことも、後発の国民国家に勢いを与える要因であった。それは同時に海外における領土拡大を目指す帝国主義の時代を誘発した。まさにこの経緯を分析したのが、アーレントの『全体主義の起原』に収められている第二部「帝国主義」である。(4) そしてその第二部に先の一章「国民国家の衰退と人間の権利の終焉」がある。

以上のことを筆者なりに言い換えると、ナショナリズムに思いをはせながらアーレントの関心はネーション（nation）と国家とのズレ、そこから生まれる政治秩序の不安定化と暴力の発現、そして人々の運命にあった。アーレントのナショナリズムに関する議論やネーションと国家のズレについての議論は、それ自体として取りだせばそれほどのオリジナリティはないかもしれない。それもあって本章で記すように、一九八〇年代までアーレントのナショナリズム論が、実際の政治・歴史を研究する人々から注目されることはあまりなかった。しかし、彼女の議論の特徴は、先の引用に示したように、常に具体的な政治的事象についての考察を実践する中で、全体主義などの暴力との関係でナショナリズムを議論したこと、安定したネーションや国家の外で生きることを強いられた人々に着目したことである。このようなアーレントの学問的な姿勢があったために、ナショナリズムに関わる暴力や難民問題などが人類の取り組むべき課題として浮上した一九九〇年代以降に、アーレントの議論は再び注目を集めるようになった。

そこで本章では、ナショナリズムに関する研究・議論の進展をアーレントの議論との関係で概観することで、アーレントのナショナリズムやネーションと国家に関する議論の性格を再考し、ナショナリズム研究の地平の広がりを示唆し、アーレントの議論がこれからの社会科学に与える意義について考察したい。

一　ネーションと国家

ネーションとは日本語で国民や民族という訳語があてられることが多い。ところが、国民になったり民族になったりする、あるいは国民という意味でのネーションの中に民族が別途存在することもあり、民族なるネーションが国民にならないこともある。ネーションが国民や民族になるには政治的な文脈がある。したがって、本章ではあえてネーションとカタカナ表記することにする。

（一）　ネーションと国家

ネーションが国民になったり民族になったり、あるいは両方であったり両方でなかったりすることが、ネーションと国家とのズレを生みだす要因となる。つまり、国民国家という政治的な共同体は固定された単位ではないということである。むしろ歴史的に見て、一九世紀はナショナリズムの時代であった。この点を明確に議論したのが、帝国主義研究で知られるジョン・ホブソン（John A. Hobson）である。彼は一九〇二年に刊行した『帝国主義』の序章で「一九世紀はナショナリズムをめぐる闘争、あるいはナショナリティに基礎をおく政治的単位の確立をめぐる闘争(5)」の時代であった、と同時代的に記している。

一九世紀ヨーロッパにおけるナショナリズムの高揚と帝国主義を経て、国民国家の思想は地球大に広がった。それが第二次世界大戦後における植民地からの独立運動の原動力となり、二〇世紀末を迎える頃には国際連合加盟国数に顕著に表れているように国民国家は地球上を覆ったかのように見えた(6)。二一世紀に入っても国民国家は消滅することなく、むしろ二〇〇二年の東ティモール、二〇一一年の南スーダンのように、新しい国民国家が誕生し続けている。いまもなおナショナリズムの魅力は衰えを見せない。しかも二一世紀のナショナリズムは、国民国家を獲得する原動力だけではなく、国民国家を守るあるいは敵対する国家を想定する場合、ネーションというコミュニティの中から排除したい集団を想定する場合というように、ますます排除的な傾向を強めているようにも見える。

国民国家が地球上を席捲する勢いを保っているとはいえ、一九世紀の国民国家と二一世紀の国民国家が同じ機能と役割をもっているわけではない。この二世紀のあいだには、国民国家を取り巻く環境、国民のあり方も異なれば、国民国家を主要な構成要因とする国際社会のありようも大きく変化した。それはネーションと国家との関係性にも影響を与えている。

このあたりのことはアーレントが絶妙に表現している。すなわち、国民国家が産声をあげたその瞬間から、「国家とネーションとのあいだには秘められた対立」(the secret conflict between state and nation)が存在していた、というのである(7)。先述のように、ネーションと国家との結合が図られるようになるのは、一九世紀になってからであった。ネーションも国家も人工的な産物であった。つまり、互いに人工的な産物であるネーションと国家が人工的に結合するというのが、国民国家化ということであった。そこでアーレントが着目したのは、ネーションによる国家の征服という現象であった[8]。

アーレントのいうネーションと国家の関係とは異なるが、一般論として両者の関係を的確に整理しているのが、ヒュー・シートン＝ワトソン（Hugh Seton-Watson）の『ネーションと国家』である。彼によると、国家はネーションがなくても存在するし、複数のネーションがあっても存在する。それに対してネーションは、特定の国家の住民と重複することもあるし、ある国家の中にいる他のネーションに内包されることもあるし、複数の国家に分割されることもある[9]。もちろん、シートン＝ワトソンの整理以外のケースも考えられ、自前の国家をもつためには、まず民族を形成することが必要であり、その民族が国家を獲得すると国民国家になるという議論もある[10]。

そもそも国家はネーションよりも古い歴史をもつ。一九世紀ヨーロッパの国民国家を例にとってみても、領土的にはそれ以前に存在していた絶対王制を継承した国家が多く、その中にネーションなる国民をつくった。典型的な例はフランスであろう。フランス本土を表現する言葉に「レグザゴーヌ（l'Hexagone）」があるが、これはフランス本土の六角形を意味している。このフランスでパリ以外の地域にフランス語が普及し定着するのは、一八七〇年代以降のことであった。つまり、フランスですらその時期から教育制度の整備を通して、全国的な国民形成に取り組みはじめたのであった[11]。同時期には、地域ごとの都市共和国や自治都市の伝統が強いイタリアとドイツも国家の統一をはたし、国民形成に着手した[12]。

このようにネーションと国家とが当初から一体である例はほとんど存在しないといってよい。だからこそ、国民国家は国民・国家・領土が三位一体であるという神話の形成に躍起になった。しかし神話の実体化には困難がともなう。現実には、ネーションと国家とのあいだには緊張関係が絶えない。そのために国家は教育などの制度を通して常に神話の再生産を行う必要がある。時には国家の思惑を超えたナショナリズムを国民が創造し運動として展開することもある。ネーションと国家はナショナリズムをめぐってもズレを起こすことがある。それが国民国家を確立したあとのナショナリズムのありようなのである。

（二）ナショナリズム研究の論争

ところで、前項でまとめたようなナショナリズムの見方では、ネーションが近代の産物であるという立場をとっていることは自明であろう。しかしそれがナショナリズム研究でネーションに関する唯一の見解であるわけではない。ナショナリズム研究者の中には、ネーションが近代の産物であるという見解をとらない者もいる。その立場のナショナリズム論では、近代以前にも「民族」に似た「エトニー」（ethnie）が存在し、それが「民族」の基盤となり、そこから「国民」が形成された、という議論をする[13]。

ここでごく簡潔にナショナリズム研究の系譜を振り返ってみよう。ナショナリズム研究の（新しい）古典の多くがイギリス発である点は特徴的である。その理由は、一九七〇年代にイギリス知識人のあいだで勃発していたネーションをめぐる論争が存在し、その前後に良質のナショナリズム研究が競うように出版されたからである。このネーションをめぐる論争とは、特殊イギリス知識人の知的環境の中で起こった論争であり、具体的にはネーションが近代の産物であるか否かをめぐる論争であった。論争の背景には、国民国家の形成が完了したはずの西欧諸国で、一九六〇年代から地域主義と呼ばれるような民族意識の高揚とそれに基づく自治権の拡大や中央政府に対する異議申し立ての運動があった[14]。このために国民ではないネーションの権利と自己主張をどのように理解するかは、当時から新しい知的営為の課題となっていた。こうした背景のもとで、ネーションは近代以前から存在するという論陣を張ったのがアントニー・スミス（Anthony Smith）であり、それに対抗してネーションは近代の産物であるとしたのがアーネスト・ゲルナー（Ernst Gellner）やエリック・ホブズボーム（Eric Hobsbawm）であった。[15]この論争上の対立構造がのちに（一部の）ナショナリズム研究では、あたかも普遍的な対立であるかのごとく取りあげられ、再生産されてきた。

しかしながら、その論争はごく限られた時期の限定的な知的営みで発生したことは、ベネディクト・アンダーソン（Benedict Anderson）が批判的に指摘している。すなわち、一九七〇年代のイギリスでナショナリズム論争を展開していたのは、主として移民を含めたユダヤ系知識人であり、ヨーロッパ中心史観にとらわれており、何よりも保守的な論客が多かったというのである。左派知識人のナショナリズム論としてはスコットランド人のトム・ネアン（Tom Nairn）による論争的な研究『英国の解体』[16]があった。しかし、ネアンがスコットランド人であったこと、スコットランド・ナショナリズムを論じたこと、英国の解体という英国ナショナリズムを否定する議論であったことなどから、ナショナリズム論争の中で本書は黙殺された。そのネアンに触発されたのがアンダーソンであった。そこでアンダーソンは論争に批判的な一石を投じる目的で、ヨーロッパ以外の視点を盛り込んだナショナリズム論を執筆した。そして彼は、ナショナリズムの起源を探る挑発的な副題をつけた作品『想像の共同体』で、ナショナリズムの起源は北アメリカでもヨーロッパでもなく、ラテンアメリカであると議論したのである。[17]

アンダーソンの議論は論争を呼んだ。アンダーソンは、一八世紀のラテンアメリカにはクレオール・ナショナリズムという意識が誕生していたと指摘した。アンダーソンによると、クレオールとは植民地生まれのスペイン人のことであり、彼らはイベリア半島からの差別に反感を感じ、独立する気運を盛りあげた。これに対して従来型のナショナリズム研究者は、一七七六年のアメリカ独立革命や一七八九年のフランス革命をナショナリズムの起源とするという立場であった。両者の立場は、ナショナリズムを到達点と見るかプロセスと見るかの違いであると整理することができる。すなわち、国民国家の起源をナショナリズムの到達点とする従来型の見方と、ナショナリズムを意識の形成過程とする見方の違いである。アンダーソンは後者の立場を提示し、そのうえでネーションは想像の共同体なのだ、という独自の見解を展開した。そしていまや彼の『想像の共同体』はナショナリズム研究の古典として読み継がれている(18)。

以上のように、一九七〇年代以降イギリスを中心にナショナリズム研究は活性化した。しかしそこでの議論に普遍性を求めることはできない。アンダーソンが指摘しているように、ナショナリズム研究にはその時代のナショナリズムのあり方や知的営為という背景、つまり限定性が存在するからである。そのことを念頭におくと、ナショナリズム研究とアーレントの興味深い関係性が見えてくる。

先述のナショナリズム論争では、アーレントは外野的な存在であった。アーレントの議論はネーションと国家の人工性を重視していたが、それほど彼女のオリジナリティが強かったわけではないため「近代の産物」論者から注目されることはなかった。アーレントが提示した西欧のナショナリズムと東欧のナショナリズムという二分法も、ハンス・コーン（Hans Kohn）(19)などによって定式化されていたこともあり、新鮮味に欠けるものであった。そのために後述するように、ネーションに属人性が発生するとネーションが拡大する傾向があることや、それが選民思想と結びつくと全体主義の先駆けになることなど、アーレントが見出した洞察性に注目が集まることはなかった。

このような先のナショナリズム論争におけるアーレントの不在は、次のように説明できる。すなわち、その頃のナショナリズム研究とは特定の民族が自前の国家を獲得する過程あるいは国家の中に国民を形成する過程について解明することに主眼がおかれていた。その時代には、アーレントがナショナリズムやネーションと国家を考察する際に最も重視した側面が重要でなかったのである。

二　ネーションの暴力性

ところが、ネーションとしてのまとまりや国民国家の形成の過程とメカニズムを解き明かすことに専心していたナショナリズム研究に逆行する時代状況が出現した。冷戦構造の崩壊である。冷戦構造が崩壊した一九九〇年代以降は、ソビエト連邦や東ヨーロッパ諸国の旧社会主義圏ではそれまでの政治秩序が揺らいだ。この過程で国家や民族をめぐる暴力が頻発した。ナショナリズムの暴力性が顕在化したのである。

ここで新たにナショナリズムに脚光が当たるようになった。従来の国家という形態が崩壊したことが、ネーションをめぐる暴力の引き金となった。新しく自前の国家をもちたいという民族どうしが武力衝突する場合、主権国家とはなったものの領域内のマイノリティへの抑圧が絶えない場合、主権国家建設後の民主化の過程で選挙を実施するごとに民族間の暴力が発生する場合など、様々な形の暴力が現れた。

こうした暴力の顕在化を受けて、ナショナリズムをめぐる研究者の見方も暴力へと向かうのは自然のことであった。なぜナショナリズムは暴力化したのか、暴力の実態はどのようなものであったのか、国家の統治能力はどうなっているのかなど、研究者はナショナリズムに関する古くて新しい課題を改めて問うようになった。この文脈でアーレントが改めて読み直されるようになったのである。

冷戦の崩壊によりユーゴスラビアが解体すると、大セルビア主義が台頭した。それがボスニア・ヘルツェゴビナ紛争の引き金のひとつとなった。この紛争は一九九二年から九五年まで続いたが、その過程で発生したセルビア人によるムスリム人への暴力は「民族浄化」という残虐性をもっていた。一九九六年から九九年にかけてのコソボ紛争でも一般住民を巻き込んだ暴力が展開された[20]。奇しくも旧ユーゴスラビアでの民族をめぐる紛争は、アーレントが暴力的なナショナリズムとして描写した「種族的ナショナリズム」（tribal nationalism）の展開した地域と重なり合っていた。

アーレントによれば、種族的ナショナリズムは、歴史的に多くの民族集団が混在していたため領域性と国民性とを一体として表現することが容易ではなかった東欧地域の民族集団が、西欧的な国民国家の誕生に刺激されて構築したものであった。西欧的な国民国家では民族、国家、領土が三位一体となることが要件とされていたが、東欧ではそれを達成することは不可能に近い。そこではネーションの特性（national quality）は、「移動可能な私的な事柄であり、各人の人格に固有なもの」（a portable private matter, inherent in their very personality）として定義された[21]。そして、ネーションの特性は属性に求められた。すなわち、魂、血統、言語、歴史という人の属性をネーションの属性としたのである。このような属性は抽象的でありながら、属人性をもっていたために理解しやすかった。その属人性ゆえに、アーレントは種族的ナショナリズムを「根無し草」（rootlessness）であると称した。その根無し草的な性格がゆえに、「種族は拡大するという意識」（enlarged tribal consciousness）を呼び起こしたのである。この「種族は拡大するという意識」を有する人々は、自分たちが確固たる故郷をもたずとも、同じ種族の仲間が住むところではどこでも自分の家と感じることができる。したがって論理的には、自分たちの種族共同体に属する仲間が世界中に散在していたとしても、ネーションとしての共同体を構築する政治的な要素となるのである。

しかも属人主義は選民思想（divine chosenness）にも基づいていた。神により選ばれた種族という優越性を主張することで、自らの拡大主義的な思想と運動を正当化したのである[22]。

こうした種族的ナショナリズムは汎ゲルマン主義や汎スラブ主義の原動力となった。それはオーストリア＝ハンガリー二重帝国やオスマン・トルコ帝国が揺らいでいた時期とも重なっていた。汎ゲルマン主義や汎スラブ主義は、種族に基づくネーションにより帝国という形態をとっていた国家を征服するという意識と運動であった。そこでは選民である自分たちの種族主義を絶対的なものとするために、帝国がもっていた多民族性を否定することになった。それが他民族の抑圧や彼らへの暴力という形をとった。アーレントによれば、こうして全体主義の先駆けが生まれたのである。

一九九〇年代の旧ユーゴスラビアでは、大セルビア主義が台頭した[23]。ユーゴスラビアが解体したことにより、セルビア人が自前の国家を形成しようとし、その過程で他民族と対立する構図を生みだしたのである。それがセルビア人による他民族への暴力として顕在化した。とりわけ民族浄化は強烈かつ深刻な事態として国際社会で認識された。この現実に直面した研究者がアーレントの種族ナショナリズム論を想起したのは、ある意味で自然であった。そうした研究では、おしなべてアーレントの種族ナショナリズムに言及しそれを紹介することで、一世紀の時間を超えたナショナリズムにともなう暴力の分析に切り込んでいる[24]。

またナショナリズムにともなう暴力の研究では、アフリカ研究の領域でもアーレントが再考されるようになった。ボスニア・ヘルツェゴビナ紛争と同時期に、国際社会を震撼させる惨事が発生した。一九九四年のルワンダ虐殺である。わずか一〇〇日のあいだに、フツ系の政府とフツ過激派がツチ系とフツ穏健派を殺害し、その犠牲者数は当時のルワンダ人口の二割にあたる一〇〇万人ともいわれた。もともとフツ系とツチ系は同じ言語を話す同族であった。ところが、一種の選民意識に取り憑かれたフツというネーションがツチを抹殺しようと試み、フツというネーションに同調しないもうひとつのフツをネーションから追いだすというのが、虐殺のメカニズムであった。ルワンダ虐殺を歴史的文脈から解き明かしたマフムード・マムダニ（Mahmood Mamdani）は、歴史的および地理的に形成された政治的なアイデンティティが急進化し、ルワンダにおける同族のあいだの虐殺を生んだとした。ツチとフツの緊張関係は植民地支配による領域性が確定し同民族が分断された歴史的経験、独立後の人口移動と土地をめぐる紛争の発生、政権による政策の失敗と政治抗争の勃発など、様々な要因が絡み合って形成された。民族をめぐる暴力と暴力の連鎖を議論する際に、マムダニが参照したのがアーレントのネーションと国家に関する議論であった。虐殺を生みだす魔力としての政治的アイデンティティの形成は、アーレントが種族的ナショナリズムで整理したような、選民意識と領土への固執が背景として存在していた。(25)

このようにナショナリズム研究の文脈では、アーレントの意識していたナショナリズムやネーションのもつ秘めた暴力性が再認識された。アーレントが再発見された背景には、一九九〇年代にナショナリズムをめぐる暴力が発生したという現実があった。具体的な政治的事象についての洞察に優れていたアーレントが、ナショナリズムと暴力との関係で再発見されるのは必然であったのかもしれない。

ところが政治的な事象は時と状況によって移り変わる。一九九〇年代はナショナリズムと暴力の時代であったかもしれないが、二〇一〇年代の時点から振り返るとその時代は過ぎ去った感がある。ナショナリズムの暴力が国際社会の注目を集めていたときに、同時並行的に国際社会が直面する新たな課題が浮上していた。それもネーションと国家のズレが生じていることに起因していた。この文脈でもアーレントが再考されることになった。

三　彷徨うネーション

難民あるいは無国籍者。これらはアーレントが『全体主義の起原』の中で多くの紙面を割いて扱った事案である。アーレントは、第一次世界大戦と第二次世界大戦のいわゆる戦間期ヨーロッパで発生し続けていた難民や無国籍者に熱い視線を送っていた。同時代のヨーロッパ諸国政府は無国籍であることは人が人としての権利、つまり人権を守られないという意味で、人間を危険な状況に追いやることを十分に認識していた。

（一）　無国籍者

アーレントは、無国籍は現代史の中でも最も新しい大衆的な現象であり、無国籍者の問題は第一次世界大戦後に顕著になったという。無国籍者の問題はそれまでの国際社会では存在しない事柄であった。ところが二〇世紀になると、増大し続ける無国籍者の問題は国民国家の崩壊を端的に現す兆候であり、きわめて今日的で喫緊な政治課題である、とアーレントは指摘する(26)。アーレントが『全体主義の起原』をまとめていたであろう一九四〇年代末から一九五〇年にかけても、第二次世界大戦後に発生した難民の流れは途絶えることがなかった(27)。

ではアーレントは難民あるいは無国籍者をどのように認識していたのであろうか。ここで注意したいのは、アーレントは難民と無国籍者をほぼ同列に論じている点である。そのうえでアーレントは、二つの無国籍者像を提示している。ひとつは非人間的な状況に追いやられる人間、もうひとつはそれでも自らのネーションへの帰属を強く意識する人間である。前者に関しては、アーレントは故郷の喪失（the loss of their homes）(28)として説明している。

それ(＝故郷の喪失)は空間の喪失ではなく、政治組織の喪失という問題だったのである。以前人類は諸国民からなる一つの家族というイメージで想い描いていた。そして、いまや人類は現実にこの段階に到達したことが明らかとなった。ところがその結果、そのきわめて緻密に組織化された閉鎖的な政治共同体からひとたび締めだされた者は何人であれ、諸国民からなる家族の一員ではないという状況に陥ることになっていたのである。[29]

国民国家の時代では国民として国家に属することで、様々な権利が発生し、それが守られる。したがって、国家に属さなくなると、そうした権利に対する保障がなくなる。そうなると人間としての基本的な権利すらも保障されずに、人間的な生活を送ることができなくなる。そうした危険に無国籍者はさらされるというのである。それは論理的な帰結として、国家の庇護がなく、宙ぶらりんな状態におかれるということになる。

これに対して、物理的には宙ぶらりんでありながらも、精神的に宙ぶらりんとならない無国籍者の姿も描かれている。

無国籍者は〈国籍を失ったからといってもなお〉自らのナショナリティに対する驚くべきほどの執着をもっている。あらゆる意味において難民は帰化する選択肢を放棄する外国人マイノリティを象徴する存在である。[30]

この場合のナショナリティは国籍ではなく、自らのネーションへの帰属意識という意味合いである。ここでアーレントが記しているのは、国籍を失い他国へ移り住んだとしても、その国への帰化は選択せずに外国人マイノリティとして存在するという強い意志をもつ人々のことである。アーレントがこうした人々のことをあえて記述したのは、現実に戦間期から戦後にかけてこうした人々が少なからず存在したからであった。そしてそのような無国籍者は、一九世紀末に東欧に出現した種族的ナショナリズムの特性を引き継いでいる。すなわち、自らのネーションへの帰属意識は「移動可能な私的な事柄であり、各人の人格に固有なもの」というネーションの特性をもつ人々である。興味深いことに、近年のアーレント研究では、こうしたネーションの特性をナショナリティとして現代的に読み替えるものも出てきている[31]。そこではナショナリティは国籍ではなく、まさにアーレントが提示したポータブルなネーションという意味合いで使用されているのである。

(二) ポータブルなネーション

難民や無国籍者への視線は、従来のナショナリズム研究のベクトルを転換させ、ナショナリズム研究の地平を広げることになった。従来のナショナリズム研究は、一九七〇年代のイギリスでの論争の例を挙げるまでもなく、あるいはナショナリズム研究の古典を列挙するまでもなく、国民国家の建設や国民(意識)の形成に焦点をあててきた。そこでは国民・国家・領土という国民国家の三位一体神話が成立していた。裏を返していうと、国家も国民も不動のものであるという前提が存在していたのである。

これに対して、アーレントが視線を注いだ難民や移民という事案は挑戦状をたたきつけた。ポータブルなネーションあるいはナショナリティという発想は、ナショナリズム研究に新しい視角を生みだしたといえる。アーレントが七〇年前に議論していたことは長らくナショナリズム研究の枠の中では位置づけられずにいて、ようやく二一世紀になってからネーションの捉え直しの文脈で甦ったのである。

ポータブルなネーションの存在は現在的な政治課題となっている[32]。それは新たなアイデンティティ政治の局面をもたらした。難民や無国籍者の意識だけではなく、彼らを受け入れる立場にある人々にも影響を与えるからである。この点は私たちにも現在進行形の形で認識できる事象である。というのも二一世紀になり、外国人排斥、移民・難民の受け入れ拒否という現象はアメリカやヨーロッパ諸国で顕著になっている事実を私たちは知っているからである。イラク難民、アフガニスタン難民、イラン難民、シリア難民というように、難民にはネーションの呼称がつきまとう。それゆえに、そうしたネーションをもちながら越境してくる人々に対する不信の念が払拭できないと感じる人々は少なくない。こうした状況をある研究では、西洋諸国に広がりを見せている反移民感情は、国民意識や文化的あるいは宗教的なアイデンティティが絡む問題である、と説明している[33]。

それにしても、なぜ反移民を掲げる白人至上主義者の言動やポピュリズムという現象、イスラム過激派によるテロリズムとの関係でイスラム系移民や難民の受け入れ拒否という現象が目立つのだろうか。こうした現象を表す言葉としてネイティヴィズム（nativism）がある。これはある土地に住み着いている人々が、①国内のマイノリティに対して抱く嫌悪感、②移民であり家族として外国との関係をもつ住民への反発のように、人々のもつ態度や感情のことを指す。ネイティヴィズムは一種の防御的ナショナリズムでもある[34]。

ポータブルなネーションを意識する人々が到来するからネイティヴィズムが発生するのではなく、難民・無国籍者がネイティヴィズムと直面することでポータブルなネーションに目覚めることもある。そもそもアーレントは種族的ナショナリズムが先天的とは規定しておらず、後天的に学習する可能性を排除することはできない。この後天性はネイティヴィズムにもあてはまる。それはすでに歴史が証明しているように、政治的な安定や経済的な豊かさが国家によって保障されている場合には、ネイティヴィズムが顕在化することは少ないからである。

いずれにしても、政治的、社会的、経済的な条件が揃ったり欠如したりすることで、ネイティヴィズムは浮上し、ポータブルなネーションも顕在化する。ここで二つの異なるベクトルをもつナショナリズムがぶつかり合うことになる。ひとつは自らの土地に異質な要素を入れたがらない防衛的なナショナリズムであり、もうひとつは自ら属性に執着しながら自己のアイデンティティを維持する種族的ナショナリズムの亜種である。そして二つのナショナリズムの衝突を現在の難民問題に読み替えると、一方では移民排斥という意識と行動になり、もう一方では権利を主張する難民・無国籍者という対立構図がつくられることになる。これが二一世紀における世界的な難民危機の構造的な課題となっている。(35)

おわりに

グローバル化が進展し、国民国家が成熟したはずの二一世紀、難民危機はいっこうに解決の方向に向かわず、むしろ難民の数は増加の兆しを見せている。

では国際社会は難民危機に対して手をこまねいて傍観者として見ているだけであろうか。決してそうではない。難民や無国籍者にも人権があるという観点から、国際社会は難民危機に取り組んでいる。研究者や実務家も、国家に守られることのない難民の人権をいかにして保障することができるかという課題に真正面から取り組んできている。そしてそうした研究は一様にアーレントに立ち返り、現在的な政治的事象として解釈する努力をしている。(36)

ところがアーレントが『全体主義の起原』の中で事あるごとに指摘しているように、国民国家システムのもとでは人権を保障する主体は国家となっている。しかも国民とならなければ国家は人権を保障してくれない。二〇世紀に発生した難民問題は戦争状態などのために、国家が機能不全に陥った帰結であった。いくら国際社会や国際機関あるいは非政府組織（NGO）が介入しても、究極的には国家が人々の権利を保障するというメカニズムに変更はない。ではどうしたらよいのだろうか。

その答えの一端は、アーレントを逆手にとって、国民国家と人間の権利を切り離す発想にある。国内的な主権すら確立できない国家や国家の枠をはみだすネーションの存在を前提にしながら、国際社会主導で国家、非国家主体が協調しながら統治するシステム構築への模索はすでに始まっている(37)。それは移動する人間と変容する国家を前提とするナショナリズム研究の新しい地平でもある。

（1） Hannah Arendt, *The Origins of Totalitarianism*（New Edition with Added Prefaces）, San Diego, New York, London: A Harvest Book, 1973（"The Decline of the Nation-State and the End of the Rights of Man"）, pp. 267–302. 以下、同書からの引用は *OT* と略記して頁数を示す。本章ではこの本の初版あるいは日本語訳を利用せず、一九七三年に刊行された増補改訂版に依拠している。本章での訳文はすべて筆者の手による。

（2） *Ibid.*, p. 267.

（3） *Ibid.*, p. 267.

（4） Arendt, *OT*, "Part Two: Imperialism," pp. 121–302.

（5） John A. Hobson, *Imperialism: A Study*, London: James Nisbet, 1902. ナショナリティには国籍、国民、国民性などの意味がある。ホブソンの文脈では、国民であるネーションに近い意味合いであると考える。また本章第三節でもナショナリティという言葉を使用するが、後述のようにそこでは自らのネーションへの帰属意識という意味をもたせる。

（6） 不思議なことには二〇世紀末になると、国際政治学者のあいだではグローバル化が進展することで頻繁に国民国家の終焉が唱えられるようになった。Hedley Bull, *The Anarchical Society: A Study of Order in World Politics*（Third Edition）, New York: Columbia University Press, 1977（臼杵英一訳『アナーキカル・ソサイエティ』岩波書店、二〇〇〇年）、田中明彦『新しい「中世」――二一世紀の世界システム』日本経済新聞社、一九九六年。ブルも田中もともに、国民国家の時代の終焉は唱えても、国民国家が消滅するという議論ではなく、むしろ国民国家の役割が変容する時代が到来したという議論になっている。

（7） Arendt, *OT*, p. 230.

（8） *Ibid.*, p. 230.

（9） Hugh Seton-Watson, *Nations and States: An Enquiry into the Origins of Nations and the Politics of Nationalism*, Boulder: Methuen, 1977, p. 1. なお、本書でシートン＝ワトソンが導入した「公定ナショナリズム」（official nationalism）の概念は、のちにアンダーソンが『想像の共同体』の中で展開したことで定着した。

（10） ナショナリズムと国家をめぐる政治については、John Breuilly, *Nationalism and the State*, Manchester: Manchester University Press, 1982 の議論が参考になる。

（11） Eugen Weber, *Peasants into Frenchmen: The Modernization of Rural France 1870―1914*, Stanford: Stanford University Press, 1976.

（12） George L. Mosse, *The Nationalization of the Masses: Political Symbolism and Mass Movements in Germany from the Napoleonic Wars through the Third Reich*, New York: H. Fertig, 1975; Edgar Holt, *The Making of Italy: 1815―1870*, New York: Murray Printing Company, 1971.

（13） 代表的な研究として、Anthony Smith, *Theories of Nationalism*, London: Gerald Duckworth & Co Ltd., 1971; Anthony Smith, *The Ethnic Revival in the Modern World*, Cambridge: Cambridge University Press, 1981; John Armstrong, *Nations Before Nationalism*, Chapel Hill: University of North Carolina Press, 1982 を挙げておこう。

（14） Michael Keating, *The New Regionalism in Western Europe: Territorial Restructuring and Political Change*（New edition）, Cheltenham: Edward Elgar Publishing, 2000.

（15） Ernest Gellner, *Nations and Nationalism*, Ithaca and London: Cornell University Press, 1983; Eric Hobsbawm and Terence Ranger eds., *The Invention of Tradition*, Cambridge: Cambridge University Press, 1983.

（16） Tom Nairn, *The Break-up of Britain: Crisis and Neonationalism*, London: NLB, 1977.

（17）アンダーソン自身、『想像の共同体』は限定的な動機と批判の相手を想定していたこと、そのために今日のようにナショナリズム研究の古典として定着することは予想だにしていなかったことを吐露している。このあたりの事情を含めた『想像の共同体』の執筆動機などについて、アンダーソンは二〇〇六年版『想像の共同体』に追加した。Benedict Anderson, *Imagined Communities: Reflections and the Origin and Spread of Nationalism*（Revised and extended ed.）, London: Verso, 2006, pp. 211–236（"Travel and Traffic: On the Geo-biography of Imagined Communities"）. 新しい章を加えた本書の邦訳は、白石隆・白石さや訳『定本　想像の共同体——ナショナリズムの起源と流行』書籍工房早山、二〇〇七年。

（18）いうまでもないことだが、アンダーソンのナショナリズム論も万能ではない。彼は、出版資本主義（print capitalism）という独自の概念を編みだし、日常語による活字文化がナショナリズムの意識を高め運動の原動力となったという議論をしている。こうしたナショナリズムは文字を書いたり読んだりすることのできる、いわゆる都市中間層が中心となる。言い換えると、活字がナショナリズムの媒介となるという議論では、非識字者が想像の共同体から抜け落ちる可能性を潜在的に秘めているのである。

（19）Hans Kohn, *The Idea of Nationalism: A Study in Its Origins and Background*, New York: The Macmillan Company, 1944.

（20）Cathie Carmichael, *Ethnic Cleansing in the Balkans: Nationalism and the Destruction of Tradition*, London: Routledge, 2002; Paul Mojzes, *Balkan Genocides: Holocaust and Ethnic Cleansing in the Twentieth Century*, Lanham: Rowman & Littlefield, 2011; Ken Booth ed., *The Kosovo Tragedy: The Human Rights Dimensions*, London and New York: Routledge, 2001.

（21）Arendt, *op.cit.*, p. 231.

（22）*Ibid.*, pp. 232–233.

（23）大セルビア主義を歴史的な文脈から説き起こし、一九九〇年代におけるナショナリズムと暴力を分析した研究として、Philip J. Cohen and David Riesman, *Serbia's Secret War: Propaganda and the Deceit of History*, College Station: Texas A&M University Press, 1996.

（24）Andrew Bell-Fialkoff, *Ethnic Cleansing*, London: Palgrave Macmillan, 1999; Richard H. King and Dan Stone eds., *Hannah Arendt and the Uses of History: Imperialism, Nation, Race, and Genocide*, New York: Berghahn Books, 2007. また、新興独立国では民主化の過程で民族対立が（再）生産され、選挙時に暴力が発生することが多いという研究も参照に値しよう。Jack Snyder, *From Voting to Violence: Democratization and Nationalist Conflict*, New York: Norton, 2000; Michael Mann, *The Dark Side of Democracy: Explaining Ethnic Cleansing*,

Cambridge: Cambridge University Press, 2005.

（25） Mahmood Mamdani, *When Victims Become Killers: Colonialism, Nativism, and the Genocide in Rwanda*, Princeton: Princeton University Press, 2004.

（26） Arendt, *OT*, p. 277.

（27） 近年の傾向として、第二次世界大戦後のヨーロッパにおける難民の実態と難民救済の政策と体制に関する良質の研究が増えてきている。Keith Lowe, *Savage Continent: Europe in the Aftermath of World War II*, New York: Penguin, 2012; Daniel Cohen, *In War's Wake: Europe's Displaced Persons in the Postwar Order*, Oxford: Oxford University Press, 2012.

（28） Arendt, *OT*, p. 293.

（29） Arendt, *OT*, p. 294.

（30） Arendt, *OT*, p. 282. 訳文の〈　〉内は筆者が追加した。

（31） Christian Volk, "The Decline of Order: Hannah Arendt and the Paradoxes of the Nation-State," in Seyla Benhabib ed., *Politics in Dark Times: Encounters with Hannah Arendt*, Cambridge: Cambridge University Press, 2010, p. 178.

（32） アンダーソンはポータブルなネーションをめぐる事象を「長距離ナショナリズム」（Long-Distance Nationalism）と称した。Benedict Anderson, *Long-Distance Nationalism: World Capitalism and the Rise of Identity Politics*, Amsterdam: Centre for Asian Studies Amsterdam. ただし、アンダーソンの例示した事例は、アメリカで安定した生活の基盤をもちながら、アイルランドやスリランカという祖国の独立闘争を支援するようなナショナリズムとネーション意識のありようであった。

（33） Joel S. Fetzer, *Public Attitudes Towards Immigration in the United States, France, and Germany*, Cambridge: Cambridge University Press, 2000.

（34） John Higham, *Strangers in the Land: Patterns of American Nativism, 1860–1925*, New Brunswick and London: Rutgers University Press, 2002. 二一世紀のヨーロッパ諸国とアメリカにおけるネイティヴィズムについては、Cas Mudde, *The Relationship Between Immigration and Nativism in Europe and North America*, Washington: Migration Policy Institute, 2012. なお参考までに記すと、反植民地ナショナリズムは現地住民の植民者に対する一種のネイティヴィズムと位置づけることもできる。Sartono Kartodirdjo, "Agrarian Radicalism in Java: Its Setting and Development," in Claire Holt ed., *Culture and Politics in Indonesia*, Ithaca: Cornell University Press, 1972, pp. 71–125.

（35）　山本信人「難民危機の政治——人道主義・安全保障・東南アジア」『法学研究』九〇巻四号、二〇一七年、一一六—一四三頁。

（36）　ジョルジョ・アガンベン（上村忠男、中村勝己訳）『例外状態』未來社、二〇〇七年、Seyla Benhabib, *The Rights of Others: Aliens, Residents and Citizens*, Cambridge: Cambridge University Press, 2004; Peg Birmingham, *Hannah Arendt & Human Rights: The Predicament of Common Responsibility*, Bloomington: Indiana University Press, 2006; Alexander Betts and Gil Loescher eds., *Refugees in International Relations*, Oxford: Oxford University Press, 2010; Emma Haddad, *The Refugee in International Society: Between Sovereigns*, Cambridge: Cambridge University Press, 2008; Emma Larking, *Refugees and the Myth of Human Rights: Life Outside of the Pale of the Law*, Farnham: Ashgate Publishing, 2014; Kelly Staples, *Rethorising Statelessness: A Background Theory of Membership in World Politics*, Edinburgh: Edinburgh University Press; Ruvi Ziegler, *Voting Rights for Refugees*, Cambridge: Cambridge University Press, 2017.

（37）　Thomas Risse, "Governance in Areas of Limited Statehood: Introduction and Overview," in Thomas Risse ed., *Governance Without a State?: Policies and Politics in Areas of Limited Statehood*, New York: Columbia University Press, 2011, pp. 1–35.

第九章　『革命について』とアメリカ革命史研究

中野勝郎

はじめに

アメリカ革命史研究において、一九六三年に公刊されたハンナ・アーレント（Hannah Arendt）の『革命について』は、これまでほとんど言及されてこなかった。政治思想、政治理論の研究者が『革命について』とアメリカ革命や連邦制について触れている論文は散見されるが、アメリカ革命史研究への影響はまったくないといってよいだろう(1)。歴史家エリック・ホブズボーム（Eric Hobsbawm）によれば、歴史家や社会学者は「『革命について』がもつ事実そのものへの関心の欠如……現実よりも形而上学的概念構成や詩的感覚を優先させることに苛立っている(2)」。たしかに、同書におけるアーレントの考察は、一次史料からの引用はあるものの、実証的な歴史研究からはほど遠い。しかし、アメリカ史研究において、実証的な研究を重視する傾向があるとはいえ、『革命について』にたいする無関心は、実証的ではないという点には理由を求められないのではないだろうか。たとえば、リチャード・ホーフスタッター（Richard Hofstadter）の『アメリカの政治的伝統』やルイス・ハーツ（Louis Hartz）の『アメリカ自由主義の伝統』は、いずれも、二次文献に依拠しているが、両著作は「パラダイム転換」と称されるほどの衝撃をアメリカ史研究に与え、コンセンサス史学を代表する著作とみなされ、現代にいたるまで言及されつづけている。(3) 実証的研究でないために歴史研究において無視されるということにはならないのである。

では、実証性の欠如が理由ではないとすれば、『革命について』が顧みられなかった理由をどこに求めればよいのだろうか。同書が刊行された数年後には、バーナード・ベイリン（Bernard Bailyn）の『アメリカ革命のイデオロギー的起源』と、ゴードン・ウッド（Gordon S. Wood）の『アメリカ的共和制の創造』とが相次いで公刊され、さらには、J・G・A・ポコック（J. G. A. Pocock）が『マキァヴェリアン・モメント』において、これら二つの研究に依拠しながら、アメリカ革命における共和主義的伝統の影響を描き出した。そして、この共和主義的解釈が、ホーフスタッターやハーツが提示した自由主義的解釈に代わって、革命史研究のパラダイムとなった。(4) このような研究史の流れのなかで、共和主義的解釈と読めなくもない『革命について』が言及する必要のない書物として、研究者たちの関心を集めなかったということができるかもしれない。

あるいは、政治史という専攻分野が政治学のなかで発展してきた日本とは異なり、アメリカでは、歴史学部と政治学部とが分かれており、基本的には、歴史学部で行われてきた革命史研究が、政治学部の専攻分野である政治思想・政治理論の知見を取り入れる機制がなかった結果、『革命について』が参照されることがなかったということができるかもしれない。たとえば、ホーフスタッターは、政治学や、社会学、精神分析学の知見を取り入れた研究を行っていたが、その伝統は継承されなかったといえるだろう(5)。それでも、ユルゲン・ハバーマス（Jürgen Habermas）の『公共性の構造転換』が、一九世紀のアメリカ市民社会の成立を考察する研究に影響を与えていることを考えるならば、『革命について』が無視されつづけていることの理由を歴史学部と政治学部の疎遠に求めることはできないかもしれない(6)。

『革命について』がアメリカ建国史研究において言及されないより決定的な理由は、革命史研究が描く革命像からすれば、それが描く革命像を受け入れることができない点にあるのではないだろうか。本章では、アメリカ革命史研究が描く革命、憲法、デモクラシーと対比させながらアーレントが『革命について』においてそれらについて描いた特徴を明らかにすることによって、『革命について』がアメリカ革命史研究において受容されなかった理由を考察してみたい。

考察に先立って、議論の範囲を限定しておきたい。一つは、アメリカ革命史研究として取り上げるのは、もっぱら思想史的な考察を行っている研究であるという点である。思想史研究に限定したのは、それがアメリカ史へアーレントが投げかけている問いともっとも関連があると考えられるからである。ちなみに、ほかの研究動向に触れておくならば、一九九〇年代までには、「共和主義的モメント（Machiavellian Moment）」を否定し、ふたたび、「ジョン・ロック的モメント（Lockean Moment）」を説く研究と、社会史的研究・民衆史的研究とが支配的になる。そのような史学史において、政治史・政治思想史的なアプローチは忌避され、「部分史（micro-history）」の傾向が強まってきている。それらの研究では、非権力的な側面（私的領域）に焦点が当てられる。そして、社会史研究・民衆史研究で強調される一般民衆の革命への貢献は、のちに紹介するアーレントの民衆理解とはまったく相容れない。その点でも、アメリカ建国史研究は、彼女の革命理解からは遠く離れていく。じつは、ここには、興味深い論点がある。というのは、シェルドン・ウォリン（Sheldon Wolin）のデモクラシー論で注目されるのは、これらの研究だからである。アメリカ建国期も、ウォリンとアーレントとのデモクラシーにたいする理解の違いを考察する一つの対象になりうる(7)。

もう一つの限定は、アーレントが何を論じていないかについては触れないということである。彼女が重視する共同的存在としての個人を考えるとき、建国期におけるキリスト教が果たした役割は重要である。しかし、この問題を考察するには、筆者の能力も紙幅も限界を超えている。

一　独立と革命

（一）コンセンサス史学とアーレント

『革命について』が、マルクス主義的な革命解釈への批判であることはいうまでもない。アーレントは、革命を新しい政治体（自由）を創設する行為として捉えている。自由が保障されている政治体とは、具体的にいえば共和政である。アーレントは、同書第三章「幸福の追求」の「公的自由」と「公的幸福」を論じた箇所で、「アメリカ人は、公的自由が公務に参加することにあり、この公務と結びついている活動はけっして負担になるのではなく、それを公的な場で遂行する人びとにほかで味わえない幸福感を与えることを知っていた」とのべている(8)。

この記述は、人びとの政治への参加の契機を強調する共和主義的な革命解釈に親和的であり、政治や政府からの自由、私的な利益の追求、経済活動が正当化されていく側面を重視するといわれる自由主義的解釈に対置される解釈のように見えなくもない。これについて考えてみたい。

アメリカ革命の自由主義的解釈といわれる場合、『アメリカ自由主義の伝統』におけるハーツの解釈を指していることが多い。かれは、同書の冒頭近くにおいて、「ロックとともに始まったためにロックを変容させた社会は、ロックにたいする絶対的で非合理的な愛着ゆえにロックとともにとどまり……その内部に自由主義的観念の普遍性を保証する、いわば、一種の自己完結的な機制を備えている」とのべている。(9) ハーツのこの言説は、『統治二論』におけるロックの議論、すなわち、政府の権限は限定されており、その政府は経済活動に介入することが認められないという主張にもとづいてアメリカ社会を解釈した研究として理解されてきた。ハーツによれば、経済活動(私的領域)の自由はすでに革命期においても追求されていたというのである。たしかに、ハーツは、ロックの理論にある「国家の制約」という部分にのみ関心をもったかのようにしてアメリカが新しい政治体を作りあげたと論じている。「アメリカ人が、……国家を組織するにあたって契約論的な観念に移行したとき、かれらは、国家を強化することにおいてもすでになにごとかをなしていたことを意識せず、国家を制約しようとしているのだということのみを意識していた」(10)。そして、「ハーツ学派(Hartzians)」は、「個人主義的で、野心的で、原資本主義的な、一言でいえば、『自由主義的な』」社会として革命期のアメリカを描くために、『統治二論』からの引用を繰り返した(11)。

しかし、ハーツの関心をより捉えているのは、後年の自由主義的解釈と共和主義的解釈との論争で争点となった公的領域と私的領域との関係ではなく、農民も労働者もロックの信奉者だった、すなわち、小資本家だったという点である。かれは、アメリカが重商主義をとるグレート・ブリテンから独立してジェファソン的な小さな政府を樹立したことを説いているのではなく、植民地時代にすでに成立していた中産階級的社会・中産階級的メンタリティをそのまま維持したことをくり返し強調している。

ハーツの描く植民地時代像はクレヴクール（Guillaume-Augastin Jean de Crèvecœur）が『アメリカ農夫の手紙』で描く世界に近い。ハーツは、クレヴクールに言及した箇所でつぎのように書いている。「アメリカ生活の『自由な空気』のなかで、新しいなにかが生まれた。人びとは、自分たちが有機的な全体の相異なる部分であるという認識によってではなく、自分たちが均質的な生活様式に、みな同じように与っているという認識によって――クレヴクールが好んで使う言い回しを借りれば、『生活に困らない程度には財産をもっているという満足のいく画一性』によって、まとまりはじめた[12]」。そして、ハーツは、当時支配的であった革新主義学派の社会革命説を否定するために、第三章で「アメリカの『社会革命』」について論じている。かれは、「もし一七七六年のアメリカの社会変動とヨーロッパの大革命の社会変動とを同一視するならば、われわれは、アメリカの社会変動を理解することはできないだろう」とのべる。なぜなら、アメリカでは一七七六年よりもまえに、「歴史はヨーロッパの旧秩序にすでに終焉を告げていた」からである。したがって、ヨーロッパとは異なり、「急進的自由主義者」である農民や労働者は、旧支配層である「穏健的自由主義者」から「速やかにかつ成功裡に自由にな」り、革命後の社会で主導権を握ることができたのである[13]。

アーレントもまた、彼女が描く植民地時代のアメリカをクレヴクールへの言及で要約している。「アメリカで起こったことを理解するためには、革命前におけるアメリカの平等と繁栄をきわめて愛していたクレヴクールが、戦争と革命の勃発によって農夫としての自分の私的幸福が妨げられたときに示した怒りを思い起こすだけで十分であろう[14]」。アーレントは、第二章「社会問題」において、フランス革命へと群衆を突き動かした理由を「必然性」、すなわち、「貧困の存在」（＝「社会問題」）に求め、他方、アメリカ革命については、「かれら（アメリカ人）は欠乏によっては動かされず、革命はかれらによって転覆させられはしなかった。かれらが突きつけた問題は、社会秩序ではなく統治の形態であった」とのべている。[15] アーレントは、『革命について』のなかで、ハーツに一度も言及していないが、ハーツとならんでコンセンサス史学の代表的な論者であるダニエル・ブーアスティン(Daniel Boorstin)の『アメリカ政治の本質(*The Genius of American Politics*)』について、「植民地時代の経験が革命の準備と共和政の樹立のなかで果たすことになった大きな役割を……十分に強調している」とのべている。[16] 他方、ハーツは、『アメリカの自由主義的伝統』のなかで、アメリカ人は、「ハリントンの共和主義をだれよりも愛した」。しかし、その基礎を構築するために、「立法者」は必要ではなかった。「歴史は、すでにそれらの基礎条件の設定作業を終えていたからである」とのべている。[17] このように、アーレントは、社会・経済的要因でアメリカ革命を説明できないと考えていた点でも、植民地時代の社会の特質が革命後のアメリカを理解するうえで重要であるとみなしていた点でも、ハーツと一致している。

では、アーレントとハーツの革命解釈の違いはどこにあるのだろうか。アーレントが共和主義的な解釈をとり、ハーツが自由主義的な解釈を行っている点が違うのだろうか。そうではないだろう。というのは、ハーツは、アメリカ社会がロックとともに始まったことを強調しているけれども、自由主義的な革命解釈についていわれているような、私的利益追求の正統化という観点から革命を読み解いてはいないからである。たしかに、ハーツは、「国家を制約」するというロック的思考がアメリカに根づいたと論じている。しかし、ハーツが力説するのは、国家から自由になった自律的な社会およびそこで利益を追求する個人ではない。かれがロックに着目するのは、ヨーロッパでは「社会規範」であったロックの理論が、アメリカでは、「事実的前提」となり、したがって、「それがヨーロッパでもっていたようなすさまじい革命的な社会的衝撃は保持」されなかったという点である。[18] 自由は、「革命によって達成する必要のなかった社会的目標」だったのである。[19] したがって、ハーツをはじめとするコンセンサス史学では、革命の意義は重視されていない。『アメリカ自由主義の伝統』においては、革新主義史学の代表作である『アメリカ憲法の経済的解釈』（チャールズ・ビーアド Charles Beard）においてなされている憲法論・制度論がまったくない。

それにたいして、アーレントは、「自由の構成」を問題にしているので、革命の制度化が重要な論点になる。その点については、彼女は、アメリカ革命の画期性を評価している。それは、後述するように、連邦憲法の評価に関わっている。ただし、アーレントもまた、アメリカ革命が革命である理由は新しい政治体制を作り上げた点にあるとは理解していない。植民地時代に蓄積されてきた「自由の構成」を制度化した点にその独自性がある。

ところで、コンセンサス史学は、それが提示したリベラリズムの伝統については、その後のアメリカ史学に受け継がれていくが、植民地時代にすでに自由で民主的な社会ができあがっていたという解釈はほとんど受け入れられなかったし、むしろ、その史実性が批判された。ハーツの描く植民地時代をそのように捉えるアメリカ革命研究において、同じく植民地時代を重視するアーレントの解釈が受け入れられなかったのは当然のことであった。のちにのべるように、ほとんどの革命史研究は、「根底的な（radical）」な変化を強調している。そのことも、『革命について』が受け入れられなかった理由の一つではないだろうか。

（二）　共和主義的解釈とアーレント

先述したように、一九六七年にベイリン、六八年にウッドの著作が出て、さらに、七五年には、『マキァヴェリアン・モメント』が公刊される。そうして、これらの共和主義パラダイムがアメリカ建国史研究を主導するようになる。

これらの研究は、『革命について』の影響のもとに書かれているようには思われない。共和主義史家たちは、共和主義への着目という点では共通しているが、その関心の有り様はそれぞれ異なる。[20]ベイリンにとっての共和主義は、社会心理学的な不安を説明する道具であった。イギリス国制の腐敗・堕落がアメリカに及んでいることへの心理的不安が植民地人たちを本国への抵抗運動に向かわせた。ベイリンから見れば、共和主義的な言説は、政治のあり方を批判するものであって、自由の制度化を導く理念ではなかった。ベイリンの『アメリカ革命のイデオロギー的起源』は、独立のところで終わっている。ポコックおよびかれの影響を受けた歴史家たちは、革命期の人びとの時間観念を循環史観として捉え、循環史観に含まれる問題、すなわち、時間がもたらす腐敗をいかにして防ぐのかという観点から共和主義を解釈した。また、ポコック派は、「共和主義」という概念よりも「カントリー（country）」と「コート（court）」という言葉を使ってアメリカ建国史を読み解いている。ポコック派には、近代（公共的人文主義（civic humanism）の終焉）と近代以前（公共的人文主義）の区別は強く意識されているが、近代以前は、アーレントが言及するような意味での古典古代ではない。むしろ、通商や自己利益の追求が否定されていた点が強調される。そうして、考察の対象は、植民地時代の政治や社会ではなく、独立後、とりわけ、連邦憲法制定後のハミルトンに対抗するジェファソニアンの政治経済論に向けられた。そこでは、共和政を存立させる経済的条件が重視される。他方、連邦体制は後景に退いていく。[21]

ウッドは、『アメリカ的共和政の創造』に先立って書いたある論文で、『革命について』に触れている。かれは、アーレントの「活動が、たとえ最初は孤立のうちにはじまり、まったくさまざまな動機をもつ個人によって決意されたものであるにせよ、それを完成することができるのは、ある共同の努力だけである」という箇所を引用している。それは、ウッドがベイリンからの引用、すなわち、革命運動は、個々の動機を離れて、人びとを「あとから振り返れば、そこから逃れることが不可能に見えるようなさまざまな現象、理念、状況の複雑に絡み合った網の目」に巻き込んでしまうとのべている箇所を引用した後である。ウッドは、人びとを突き動かす理念が存在したことを説くためにアーレントを引用しているが、アーレントは、当該引用箇所を、「権力が存在するにいたるのは、複数の人びとが活動のためにお互いに結びつく場合だけである」（二七〇頁）ということを論じるために書いている。[22] このことが示しているように、ウッドは共和主義を、人びとを束ねて革命に向かわせた「ある意味千年王国的な」観念と捉えており（したがって、ピューリタニズムの影響を無視して論じるアーレントとは異なり、ピューリタニズムの伝統を強調する解釈と親和性をもつ）、権力の構成＝自由の構成に不可欠な「行為の共同性」という視点はない。このように一瞥するだけでも、アーレントと共和主義研究との違いは明らかだろう。

二　デモクラシーと革命

アーレントと革命史研究との違いをさらに明らかにしてみたい。

アメリカ史研究者が、『革命について』の解釈を受け入れない理由は、アメリカにおけるデモクラシーの成立についての理解の仕方が、かれらとアーレントでは異なっていることによる。

『革命について』は、アメリカにおける共和政の終焉の物語でもある。アーレントは、同書の最終章「革命的伝統とその失われた宝」で、ジェファソンが構想した「区制（ward system）」が実現されなかったことに言及している。「区制の基本的前提は、公的幸福を共有することなしにはどれも幸福であるとはいえず、公的自由を経験することなしにはだれも自由であるとはいえず、公的権力に参加しそれを共有することなしには、だれも幸福であり自由であるということはできない」[23]。アーレントにとって、人びとが直接に公的事柄の決定に参加することが共和政であった。独立後、とりわけ、連邦憲法制定後のアメリカでは、そのような共和政が失われていった。彼女は、デモクラシーという言葉を使ってはいないが、とりあえずここでは、このような理解を植民地時代に成立していたデモクラシーと読み替えてもよいだろう。たとえば、ウォリンは、アーレントの解釈を引き継ぎながら、政治ではなくデモクラシーの衰退として連邦憲法の制定を捉えている[24]。

それにたいし、革命史研究は、アメリカ革命を契機とするデモクラシーの成立を重視している。たしかに、ビーアドのように、連邦憲法の反デモクラシー的な性質を説く歴史家もいた[25]。しかし、ビーアドのようなアメリカ社会の対立（持てる者と持たざる者の対立）を強調する革新主義学派の場合も、ハミルトン主導のフェデラリスツがジェファソン主導の共和派に敗れたことを重視していることに示されるように、アメリカ史は、「持たざる者」が「持てる者」に勝利していく歴史、デモクラシーが勝利する歴史として語られた。

アメリカにおけるデモクラシーの成立についてのもっとも図式的《スキーマティック》でもっとも影響力を及ぼす解釈を提示しているのがウッドである[26]。かれは、植民地時代のアメリカを君主政的な社会として提示する。ウッドから見れば、ベンジャミン・フランクリン（Benjamin Franklin）は、「機会と成功の物語」というアメリカン・デモクラシーを体現した人物だったのではなく、イギリス国王を頂点とする恩寵・庇護関係からなる階統制に組み込まれることによって成功を勝ちえた人物であった。ウッドは、国王の勅任官であるペンシルヴァニア総督の寵愛を得たことが、フランクリンがビジネスの世界で大立者になった最大の理由であると論じる。そうして、君主制的な社会とは、そのような一方の後見・庇護と他方の従属とからなる秩序であったという。植民地社会は、そのような秩序原理によって構成されていた。

アーレントが説くような共和主義は、ウッドの解釈では、このような君主政的な社会の破壊原理として機能した。「ジェントリー」や「アリストクラット」と呼ばれる上位の者に政治を委ねる「敬意の政治（deferential politics）」は、反英抗争や独立運動に一般民衆が動員される過程で衰退していった。財産と教養をもつアリストクラットだけが徳を有するのではなく、一般民衆も有徳者であるし、そうでなければならないとされた。いまや君主政は専制・腐敗の政治として理解され、王や貴族のもつ「liberalities（鷹揚さ、公平無私さ、寛大さ、下位の者へのもてなし）」は「奢侈」として捉えられるようになった。

しかし、共和主義は、独立後の新体制の秩序原理・構成原理とはならなかった。ウッドは、たとえば、マディソン（James Madison）が著した「アメリカ政治制度の弊害」（そこでの議論は、『ザ・フェデラリスト』第一〇篇で敷衍される）を引用しつつ、各邦において、徳・公共精神が失われ、偏狭で目先の利益の追求に明け暮れる政治が支配的になったと論じる。邦政治は、公共善を追求する共和政ではなく、私的な利益の実現を図るデモクラシーが行われる場となっていった。ウッドによれば、革命は、政治的・経済的・社会的に主要なアクターではなかった一般民衆を主人公に据えるようになり、革命を繁栄の機会、アーレントとは異なる意味での「幸福の追求」の機会と捉えた人びとを、利欲的な行動へと駆り立てていった(27)。

ウッドのような共和主義的解釈に対抗して提示されたロック的モメントを強調する解釈の代表的な歴史家であるジョイス・アプルビー（Joyce Appleby）の場合でも、基本的にはウッドとおなじように、ただし、ウッドよりはるかにデモクラシーを積極的に評価するかたちで、革命によってデモクラシーが実現されたという見解を示している。デモクラシーについてのアプルビーの見解が示されているのは、『資本主義と新しい社会秩序（*Capitalism and a New Social Order: The Republican Vision of the 1790s*）』である。彼女によれば、革命を契機に、階統制秩序のなかに閉じ込められていた人びとが、そこから解き放たれ、デモクラシーと繁栄の担い手であると同時に享受する者となっていった。アプルビーが描く一七七六年以降のアメリカ社会は、トクヴィル（Alexis de Tocqueville）が『アメリカのデモクラシー』で描いた世界である。ただし、アプルビーは、トクヴィルが見たジャクソン期よりもまえに、ジェファソンの時代にすでにトクヴィルが描いた世界が現われていたという解釈をとっている。[28]

このように、革命史研究では、アメリカ革命からデモクラシーが生まれ、それが革命後のアメリカにおいて定着していったというのが支配的な見解である。革命の伝統がデモクラシーであるか共和政であるかの違いはあれ、革命後に革命の伝統が失われていったと論じるアーレントとは異なる立場である。

三　連邦憲法と革命

アーレントは、市民的自由の保障ではなく、権力の構成（自由の構成でもある）という観点から憲法を考察している。ただし、彼女から見れば、自由と一体になった権力はすでに植民地時代に成立していたのであり、革命は、「事実上」成立していた権力を「合法的」なものにしたにすぎない。革命の中心問題は、権力ではなく、権威をどのように創出するかであった。ローマの共和制では元老院が担保し、イギリス国制のもとでは国王が保障していた権威を、どのようにしてイギリス国制から離脱したアメリカが獲得するのかという問題である。その点で、アーレントは、司法制度に注目する。元老院としての上院ではなく、最高裁判所を頂点とする司法制度（司法審査権も含めて）が、建国という行為がもつ権威、建国の精神を体現している。[29]

それにたいし、革命史研究では、もっぱら執行権と立法権の関係づけ方に焦点が当てられて権力分立が制度化されたことが説かれる。権力への不信感が共有されていたことが、まず論じられ、その観点から連邦制および三権分立制が制度化された。邦政治（議会優位の政治体制であり、「デモクラシーの行きすぎ」と見なされていた）の弊害を取り除くために執行権を強化することが図られつつも、君主制が陥りやすい専制を避けるために議会による統制を内蔵させるという均衡抑制の妙味が語られてきた(30)。アーレントとは異なり、憲法制定は市民的自由の保障という観点から説かれていない。邦憲法とは違い、憲法典には権利章典がなかったし、第一回連邦議会で修正条項として権利章典と呼ばれる修正第一条から第一〇条が付け加えられたけれども、その重要性が説かれるようになるのは二〇世紀になってからである。革命史研究は、権力の構成それ自体への関心からではなく、自由を保障するシステムとしての三権分立に関心を寄せてきたのであった。よく知られているように、自由を保障するための垂直的な権力分割（連邦制）と水平的な権力分割（三権分立）というマディソンの議論がもっともよく言及される憲法論である。なぜ、権利章典が設けられていないのかという問い（アーレントにとっては重要な問いではないが、革命史研究にとって重大な問い）にたいする回答は、憲法制定者たちは「権力の構成」に関心があったという観点から書かれるのではなく、自由の保障はいわば前提でありその前提のもとに権力機構が設計されたと説かれる。

このように、憲法は、共和主義的研究においても、権力と自由を対抗的に捉えるというロック的な権力観（自由観）から説明されてきた。共和政の言い換えでもある混合政体に代わって、ロック的な三権分立が制度化されたのが連邦憲法であった。そこでは、司法は、権力の一部として理解されることはあっても、アーレントのいうように権威の機関として捉えられることはなかった。そもそも、アーレントが憲法制定者たちは理解していたと論じるローマ的な権力と権威との区別は、革命史研究では意識されていない。

革命史研究は、人民に権力だけではなく権威の源泉も基礎づけた。そして、その権威とは、アーレント的な「創設と関わる権威（authority）」ではなく、「権力の正統化（legitimacy）」としての権威である。連邦憲法は、世界で初めて政体を人民主権によって正統化した文書としての画期性が強調されることになった。したがって、革命史研究においては、連邦憲法制定以降の歴史を、「失われていく革命の伝統」というアーレント的な観点から解釈する発想は生まれなかった。むしろ、革命の伝統が制度化されていく過程としてその歴史は語られることになった。マディソンが区別しているデモクラシーと共和政の区別は、革命史研究では意識されず、共和政はデモクラシー（代議制デモクラシー）として、しかも、人びとの政治参加ではなく権力の制限が共和政の精髄であるとして理解されている。そこで焦点を当てられるのは、区制を説いたジェファソンではなく、大統領として、ハミルトン的な強大な政府を縮小していったジェファソンであり、権力の制限、権力の相互抑制を説いた『ザ・フェデラリスト』のマディソンである。

このような解釈の仕方は、ポコックの影響を受けた歴史家たちにも、リベラリズムの世界の到来を辿ろうとする歴史家たちにも共通している。[31] ウッドは、アーレントとおなじように、繁栄の約束や富の追求は共和主義の物質的基礎を崩していったと論じるが、これらの歴史家たちにとっては、ジェファソン主義のもとでの繁栄や富の追求は共和主義（じつはデモクラシー）を補強する基盤でありつづけた。アーレントの視点からは、野放図な富の追求に歯止めをかける開明的な自己利益というトクヴィルが描いたような事態を説明できない。彼女は、憲法制定以降から現代までのアメリカ史を私的領域の肥大化として描いている。それにたいして、革命史研究は、トクヴィルの描いた世界へとデモクラシーの発展をつなげ、政治的自由（公的な事柄に関わる自由）や公的事柄への献身というアーレント的な政治をそこに読み込もうとしているといえるのではないか。トクヴィルがいるために、アーレントは必要ない。政治を消滅させる原因とアーレントがみなした私的領域（社会）の肥大化、画一主義、世論の専制についての危機感は、トクヴィルがいることによって回避される。

おわりに――問われるべき課題

これまでの論述を踏まえて、『革命について』の視点から見たときの革命史研究の特徴についてのべておきたい。最初に指摘しておきたいのは、革命史研究に見られる政治および権力にたいする一方での警戒と他方でのナイーブな肯定の共存である。政治とは個々人が公的事柄の審議や決定に直接に関わる営みであり、したがって連邦制や代議制は政治が消失する危険性をはらんでいるというアーレントやウォリンがもっている認識は革命史研究者には共有されていない。革命史研究は、共和政をマディソンに倣って連邦共和政として、また、代議制として理解しつつも、マディソンとは異なり、代議制を有徳者を選出する濾過のシステムとしてではなく、トマス・ペイン（Thomas Paine）のように、代理・反映の制度として理解する。したがって、それは、寡頭制にはならない。また、連邦制は、連邦政府と邦政府との権限の分割の制度として理解され、アーレントが引用するジェファソンのように、公的自由や公的幸福が保障される空間を共同体や区のような末端レベルから積み上げていく制度としては考えられていない。人びとの政治参加が保障され、それゆえに、権力が抑制可能なものになったというのが革命史研究の連邦共和制理解である。

ところで、人民の政治参加が保障される制度としての共和政が説かれながらも、自由の行使としての公的事柄への参加（権力の行使）は、アーレントのようには重視されない。経済活動と区別された意味での政治空間は極小化していく。ただし、それは、アーレントが恐れたように、人びとが私的領域に関心を埋没させていくことを意味しない。経済活動や自発的結社などの私的領域での行動は、それ自体が公的な精神を育んでいく。アーレントに言及しない革命史研究が一九九〇年代以降ハバーマスを引用するようになったのは、ハバーマスが、一九世紀的世界をトクヴィルの描く画のなかに位置づけてくれるからである。

そこで、二つ目に指摘しておきたいのは、革命史研究が、トクヴィル（あるいは、ハバーマス）に依拠しながらも、アーレントには言及しないことをどのように理解すれば良いのかという問題である。アーレントもトクヴィルやハバーマスも、画一性への警戒や差異性の重視という点では共通している。両者を分かつ点は、（市民）社会の理解の仕方にあるといわれることが多い(32)。そのことを前提にしつつ、革命史研究に目を移すならば、革命史研究が、自由と平等を実現する共和政（デモクラシー）の実現を説いてはいるけれども、より重視したのは自由よりも平等であったということが、トクヴィルを重視しアーレントを受け入れなかった理由の一つではないかということである。トクヴィルも、アーレントとおなじように、差異の確保や画一性の回避を論じているが、アーレントには、トクヴィルのような平等への強い関心はない。むしろ、卓越性を説いている。それは、ウッドが卓越性を説いたジョン・アダムズを時代遅れの共和主義者として描いたように、革命史研究が革命によって否定されたものとして捉えた資質である(33)。

差異性のない自由が政治を消失させてしまうという認識は革命史研究にはない。一九九〇年代に盛んになった多文化主義的なアメリカ史研究は、差異性に注目するようになった。しかし、その差異性は、ジェンダー、エスニシティ、階級、人種のような集団的に理解された差異性である。アメリカ自由主義の同調性《コンフォーミズム》を説いたハーツが現在ほとんどアメリカ理解のための文献として受け入れられていない理由の一つは、ハーツが、アメリカ社会におけるそのような差異性を議論の射程に含めていないからである。おそらく、ハーツとおなじように、アーレントもそのような観点から差異性を理解したのではないだろう。むしろ、両者は、個々の人間のもつ固有性に着目した差異性の認識であったといえるだろう。ハーツは、一九五〇年代のアメリカにおいてそのような差異性が消滅したことに危機感を抱いて、アメリカ史を読み直していった。そのようなハーツを受け入れないアメリカ史（革命史）研究が、アーレントを受け入れないのは当然のことだろう。『全体主義の起原』を書いたアーレントは、『アメリカ自由主義の伝統』を書いたハーツと、アメリカ理解では共通している側面をもっているように思える。『革命について』は、『アメリカ自由主義の伝統』、『豊かな社会』、『孤独な群衆』、『アメリカの政治的伝統』が書かれた五〇年代アメリカを踏まえないでは書かれることがなかった書物かもしれない。

（1） アメリカ革命研究のなかに『革命について』を位置づけた論文として、Lisa Disch, "How Could Hannah Arendt Glorify the American Revolution and Revile the French?: *Placing On Revolution* in Historiography of the French and American Revolutions," in *European Journal of Political Theory*, vol.10, no.3（July 2011）, pp. 351–370.

（2） Eric J. Hobsbawm, "Review Essay on Hannah Arendt's *On Revolution*," *History and Theory*, no. 4（1965）, p. 252.

（3） Richard Hofstadter, *American Political Tradition and the Men Who Made It*, New York: A. A. Knopf, 1948; Louis Hartz, *The Liberal Tradition in America*, New York: Harcourt, Brace, and World, Inc., 1955.（田口富久治・泉昌一訳『アメリカの政治的伝統――その形成者たち』（1～2）岩波書店、一九五九年）アメリカ建国期研究における解釈のパラダイムについては、Daniel T. Rodgers, "Republicanism: the Career of a Concept," *The Journal of American History*, vol. 79, no. 1（June, 1992）, pp. 11–38 を参照。

（4） Bernard Bailyn, *The Ideological Origins of the American Revolution*, Cambridge, Mass: Harvard University Press, 1967; Gordon S. Wood, *The Creation of the American Republic, 1776–1787*, Chapel Hill: North Carolina University Press, 1969; J. G. A. Pocock, *The Machiavellian Moment: Florentine Political Thought and the Atlantic Republican Tradition*, Princeton: Princeton University Press, 1975（（田中秀夫・奥田

敬・森岡邦泰訳）『マキァヴェリアン・モーメント』名古屋大学出版会、二〇〇八年).

（5） たとえば、Richard Hofstadter, *The Paranoid Style in American Politics and Other Essays*, New York: Vintage, 1965.

（6） ハバーマスに依拠しながら公共空間の成立を論じた代表的な研究として、Mary P. Ryan, *Civic Wars: Democracy and Public Life in the American City during the Nineteenth Century*, Oakland, Cal.: University of California Press, 1997がある。ところで、ポコック的な共和義的解釈にしたがって建国期研究を行った故ランス・バニングは、『ウィリアム・アンド・メアリー・クオータリー』において、ジェファソン派における公的領域と私的領域の関連づけを理解するために、『革命について』における「幸福の追求」の分析を借りることが有効であると論じている。Lance Banning, "Jeffersonian Ideology Revisited: Liberal and Classical Ideas in the New American Republic," *William and Marg Quartenly*, vol.43（Jan.1986）, pp. 3–19.

（7） ウォリン（Sheldon S. Wolin）は、*Democracy Incorporated: Managed Democracy and the Specter of Inverted Totalitarianism*, Princeton: Princeton University Press, 2010において、アメリカン・デモクラシーの原初的形態を考察する際に、社会史・民衆史の著作であるGary Nash, *The Unknown American Revolution: The Unruly Birth of Democracy and the Struggle to Create America*, New York: Penguin Books, 2005を参照している。

（8） Hannah Arendt, *On Revolution*, New York: Penguin Books, 1963, p. 110. 以下、*OR*と略記する。なお、同書からの引用に際しては、『革命について』志水速雄訳、筑摩書房、一九九五年を用いた。ただし、一部改訳した箇所もある。

（9） Hartz, *op. cit.*, p. 6. 同書からの引用に際しては、有賀貞訳『アメリカ自由主義の伝統』、講談社学術文庫、一九九四年を用いた。ただし、一部改訳した箇所もある。

（10） Hartz, *op. cit.*, p. 60.

（11） Rodgers, *op. cit.*, p. 13.

（12） Hartz, *op. cit.*, p. 55.

（13） Hartz, *op. cit.*, pp. 67, 71, 73.

（14） Arendt, *OR.*, p. 126.

（15） Arendt, *OR.*, pp. 50, 58.

（16） Arendt, *OR.*, p. 211.

（17） Hartz, *op. cit.*, p. 46.

（18） Hartz, *op. cit.*, pp. 60, 61.

（19） Hartz, *op. cit.*, p. 50.

（20） 共和主義研究の整理については、Rodgers, *op. cit.* に負っている。

（21） ポコックの解釈枠組みを使いながら、革命期を政治経済的視点から考察した代表的な研究として、Drew McCoy, *Elusive Republic: Political Economy in Jeffersonian America*, Chapel Hill: North Carolina University Press, 1980.

（22） Gordon S. Wood, "Rhetoric and Reality in the American Revolution," *William and Mary Quarterly*, vol. 23, no. 1（Jan., 1966）, p. 23; Arendt, *OR.*, p. 166.

（23） Arendt, *OR.*, p. 246.

（24） ウォリン（千葉眞・斎藤眞・山岡龍一・木部尚志共訳）『アメリカ憲法の呪縛』みすず書房、二〇〇六年、第五章を参照。

（25） チャールズ・A・ビアード（池本幸三訳）『合衆国憲法の経済的解釈』研究社、一九七四年（原著は、一九一三年）。

（26） デモクラシーへの移行についての解釈を明快に提示しているのは、Gordon S. Wood, *The Radicalism of the American Revolution*, New York: Knopf, 1991.

（27） Wood, *ibid*, chap.14.

（28） Joyce Appleby, *Capitalism and a New Social Order: The Republican Vision of the 1790s*, New York: New York University Press, 1984.

（29） Arendt, *OR.*, chap.5.

（30） Wood, *Creation*.

（31） *William and Mary Quartery*, vo.43 に掲載された、以下の二つの論文を参照のこと。Lance Banning, *ibid.*, pp. 3–19; Joyce Appleby, "Republicanism in Old and New Contexts," pp. 20–34.

（32） 谷澤正嗣「公共性と市民社会」川崎修・杉田敦編『現代政治理論』有斐閣、二〇〇六年、二三四―二三九頁。

（33） Wood, *Creation*, chap.14.

第一〇章　アーレント革命論への疑問
――フランス革命と「社会問題」の理解を中心に

松本礼二

はじめに

ハンナ・アーレント（Hannah Arendt）の『革命について』は革命の歴史研究ではない。アメリカ革命とフランス革命の比較はなるほどこの本に一貫する問題関心だが、歴史的比較とは言い難い。二つの革命の比較は革命の当事者や同時代の観察者から現代の歴史家に至るまで、様々な形で試みられており、現に『革命について』が刊行された時期には、北大西洋世界の共通の文脈において一八世紀後半の諸革命を論じたパーマー（Robert R. Palmer）の「民主主義革命」の概念やゴドショー（Jacques Godechot）の「大西洋革命論」が革命史学を賑わせていた。アーレントはパーマーの著書をたびたび引用しており、実際『革命について』執筆の一つのきっかけはパーマーとの接触にあったようであるが、[1]「構成合議体 constituted bodies」という「民主主義革命」論の鍵概念の理解について異を唱えている。パーマーがこれを一八世紀大西洋世界に共通の制度として革命の前提をなすと見るのに対して、身分制議会や都市評議会などヨーロッパのそれは旧秩序に組み込まれた特権団体にすぎず、したがって革命によって廃棄される運命にあったとアーレントは述べる。これと対照的に、北米植民地のそれは、メイフラワー盟約によるプリマス植民地の建設が典型的に示すように、自ら権力を定立した自己組織体なのであって、アメリカ革命における「自由の創設」の原型をなすというのである（Ch. 5, n. 2, p. 312）。

そもそも、アーレントの関心は二つの革命の共通性と相違を一八世紀後半の大西洋世界の歴史的文脈の中で具体的に検証するというより、その独自の革命観、あるべき革命の概念をまず措定し、それに照らして二つの革命の現実の進行（とアーレントがみなすもの）を比較して、一方の「成功」と他方の「失敗」の対照を描き出すことにあるように思われる。「惨事に終わったフランス革命が世界史をつくり、見事に成功したアメリカ革命の方は局地的重要性をほとんど出ない出来事にとどまった悲しい真実」（p. 49）を逆転すること、アーレントはこの書を著した根本の動機をそう述べる。その際、アメリカ革命を論ずる場合には、アーレント哲学に基づく独自の（しばしば強引な）論理や解釈がないわけではないが、史料に一応当たり、「建国の父たち」を中心に革命指導者の言説（中でも、アーレントが自説の論拠として決定的なところで参照を求めるのは『ダヴィラ』などジョン・アダムズ（John Adams）のそれである）を直接検討しており、革命史学の成果についても先に挙げたパーマーの著作を始め、当時利用し得た研究成果を相当程度用いている。したがって、アーレントの主張の当否をアメリカの歴史的現実に照らして検証することはある程度可能であろう。ところが、フランス革命を論ずる際には、前作『人間の条件』に展開されたアーレント自身の政治哲学からの演繹の論理と、逆にロシア・ボルシェヴィキ革命がスターリニズムのテロルに終わった経緯からフランス革命の恐怖政治を逆照射する遡及的発想が目立つ。ロベスピエール（Maximilien M. I. Robespierre）やサン＝ジュスト（Louis Antoine Lèon de Saint-Just）の言説など史料の引用もあり、革命史学の研究成果も利用されてはいるが、歴史研究の成果によって革命を解釈しているというより、アーレントの哲学から論理的に導かれる見方を補強するために史料を用いているという印象が強い。史料の解釈はしばしば文脈を無視して恣意的であり、後に指摘するように、引用のテキスト自体間違っていることさえある。フランス革命が原罪説を投げ捨て、人間にとって根源的な「善 good」と「悪 evil」の問題を徳 virtue と悪徳 vice の対立に解消したことが恐怖政治に道を開いたという核心的な命題は、メルヴィル（Herman Melville）の『ビリー・バッド』やドストエフスキー（Fjodor M. Dostojevskij）の大審問官の文学的比喩に訴えて説明される（pp. 77–83）。その結果、フランス革命が論理必然的にジャコバン独裁と恐怖政治に至ったというアーレントの論理は反証不可能なトートロジーに陥っているのではないかという疑問を消し難い。

本章は、アーレントのフランス革命観に焦点を絞り、特に「社会問題」の介在がアメリカ革命と対照的な「失敗」にこれを導き、その先例が一九世紀以降の諸革命に決定的な悪しき遺産を残したという中心的な主張について、史料的検討を含めて若干の批判を試みるものである。『革命について』の内容を革命史学の知見に照らして全面的に検討しようとするものではない。全面的な歴史的検証は筆者の能力に余り、このような小稿でなしうることでもない。本書においても、アメリカ革命については中野勝郎氏の別稿が用意されている。そもそも歴史的理解を目指していない著作を歴史の知見に照らして批判、検証することにどれだけの意味があるかという疑問もあろう。歴史家として例外的にアーレントの革命論を書評したホブズボーム（Eric J. Hobsbawm）の言を借りれば、それはシラー（Johann C. Friedrich Schiller）の『ドン・カルロス』を史実に照らして批判するようなものかもしれない。(2) それでも、政治哲学業界におけるアーレント産業の隆盛にもかかわらず、歴史家はほとんどこれに唱和していないのは、(3) 歴史家の側の怠慢ではなく、アーレントのテキストに責任があることを言っておく意味はあろう。

一　革命とはなにか――アーレントの定義

『革命について』が前提するアーレントの革命の定義の核心は次の二点である。

まず、それは新しい始まり、多くの場合、暴力によってもたらされる始まりでなければならない。第二に、それは自由の創設 foundation でなければばならない。暴政からの解放の欲求は人を革命に駆り立てる最大の動因だが、圧政や抑圧からの解放 liberation にとどまるならば、革命とは言えない。なんらかの形で専制や抑圧体制を穏健化し、人民の（私的な）自由と権利を保障すれば足りるからである。革命の名に値するのは、civil liberties の保障を超えて、人民が自由を行使しうる政治体制の創設を目指すものだけである。

この定義は歴史上の諸革命の検討から帰納されたものではない。むしろ、当事者がそう称したか、後世の歴史家が革命と呼んだかを問わず、歴史上のたいていの革命を考察対象から除外し、主題をアメリカ革命とフランス革命という二つの近代革命に絞り込むための定義とさえ言えるであろう。(4) アーレントは revolution の語義の検討から「始まり」としての革命という独自の規定を引き出す。元来、天体の軌道運動を意味した revolution の語が政治変動の意に転用されたとき、それはなお法則的に繰り返される反復を含意していた。ホッブス（Thomas Hobbes）が『ビヒモス』において王政復古を revolution と呼んだところに、それは明確であり、「名誉革命 the Glorious Revolution」という呼称にも自由への回帰の含意が込められていたとアーレントは言う。これに対して、新たな事態の突然の出来という意味で革命の語が使われた最初の事例を、アーレントはバスティーユ砲撃の報に接した際のルイ一六世とその側近、リヤンクール公とのやり取りに見出す。アンシャン・レジームの社会構造の生理として繰り返し起こってもいずれは鎮まる「暴動 révolte」の一つとこれを受けとめた国王に対して、「いえ、陛下、革命 révolution でございます」と後者は答えたというのである。それは循環的時間概念から直線的概念への転換を前提にして、革命の含意が天体の軌道運動に由来する反復の法則性から不可抗性 irresistibility に大きくシフトした瞬間であった（p. 41）。

この語義理解はむろんアーレントの独創ではなく、通説と言ってよいが、反復、回帰ではなく新事態の出現と革命を理解することは、古代以来の政体循環論の一局面としての政治変動のすべてを考察の対象から外すことを意味する。アメリカ革命、フランス革命に先行する近代の革命の例としても、一七世紀のイギリス革命を除外している点は注意すべきであろう。イギリス革命を含めて「ブルジョワ革命」と一括するかつてのマルクス主義の見方は今日支持しがたいとしても、アメリカ革命、フランス革命の当事者自身、前世紀イングランドの革命は倣うべき、あるいは避けるべき先例として常に念頭においていたことは紛れもない事実だからである。アーレント自身、一七世紀イギリスの政治変動が様々な点で一八世紀の二つの革命を予告していると認めている。内乱の推移、下層階級からなる急進派の形成とその革命指導部との対立、アメリカ革命における「自由の創設」の先駆けたるレヴェラーズの成文憲法案などなど（p. 36ff.）。

一八世紀の革命自体、当初から新しさの意識をもっていたわけではなく、イギリス革命と同じように復古の要求に始まったこともまたアーレントは承認している。アメリカ革命は七年戦争以後の植民地への課税強化に対する旧来の植民地自治に基づく抵抗に始まった。フランス革命は王権に対する高等法院の抵抗（「貴族反動」あるいは「貴族の革命」に始まり、二〇〇年近い中断を経ての全身分会議の招集がきっかけを与えた。アーレントは「来るべき革命の目的はアンシャン・レジームの転覆ではなく、その修復だと思っていたかのようだ」というトクヴィル（Alexis de Tocqueville）の言葉を引いているが、「ヨーロッパでは古いのは自由であって、専制こそ新しい En Europe, c'est la liberté qui est ancienne, et le despotisme qui est moderne」[5]というスタール夫人（Mme de Staël）の言葉を付け加えることもできよう。ただ、前世紀のイギリス革命の当事者が党派を問わず、最後まで自らの行為を不当に奪われた自由と秩序の回復と意識し続けたのに対して、同じく復古の要求に始まったアメリカ革命とフランス革命においては、ある段階から、世界史にかつてない事業への挑戦という自覚が生まれたというのがアーレントの主張である。新なるものはなんでも望ましいという今日通俗化している心性は近代革命が生んだ「革命的精神 revolutionary spirit」の特徴であって、革命そのものの精神ではない。革命を行った人々は自らのつくり出したものに執着するという意味でむしろ保守化するのが普通であって、アメリカ革命やフランス革命の当事者が事態の新しさを意識しだすのは、革命が引き返せない地点に至ってからのことである[6]（以上 pp. 34–35）。この点も、アーレントの言うとおりであって、新しい何かを始めるという意識をアメリカ革命の指導者がいだいたのは、おそらく、独立戦争の帰趨が定まり、各邦憲法の制定の段階に至ってからのことであろう。ゲーテ（Johann Wolfgang von Goethe）がヴァルミーで発した有名な言葉が示すように、フランス革命の世界史的新しさに最初に驚いたのは、むしろ外の観察者であった。

以上述べたように、「始まり」としての革命というアーレントの規定は、革命という出来事の歴史的説明としては、アメリカ革命とフランス革命を含めて説得力をまったくもたない。アーレント自身がそれを認めているようなものである。新しい何かを実現しようとして始まり、そして成功したと言えるような革命は歴史上まず存在しない。にもかかわらず、アーレントがアメリカ革命とフランス革命における始まりの契機を強調するのは、具体的には成文憲法の制定による政治体の創出という二つの革命の共通の事業を近代における「自由の構成」の最初の実例と見るからである。そしてこれをあくまで「始まり」と呼ぶのは、自由な政治体の創出自体、歴史の因果関係に拘束されない人間の自由な行為でなければならないからである。このことを何よりも証するのは、アーレントが「始まり」の究極のモデルとして、ローマの建国神話（ロムルスとヌマ）と旧約のヘブライ説話（カインとアベル）が伝える「始まりの暴力」を挙げていることである。歴史に実在した先例としては、もちろんギリシャのポリスの立法者やルネッサンス・イタリアの都市国家の君主、あるいは僭主が挙げられよう。これらの歴史的実例を理論化したマキアヴェリ（Niccolò Machiavelli）は「革命の精神的父」（p. 31）と位置づけられる。[7] ただし、マキアヴェリ自身はルネッサンス人文主義の教養世界に安息しており、一五、一六世紀におけるイタリア都市国家の信じがたい混乱は中世自治都市の自治と自由の終わりであって、近代革命の始まりではなかった（p. 31）。

革命論に限らず、アーレントの政治理論一般に言えることだが、近代 modernity の批判を課題としながら、これを考える理論枠組や概念はすべて古典古代のそれ、ポリスの政治生活の中で生まれた思想に求め、しかも古典理論が近代の現実にどのように働きかけ、同時に自らをいかに変容させていったかを究明するという思想史的関心を排して、いわば近代を裁く不変の準拠枠として一貫してこれに依拠するのはその著しい特徴である。「適切に言って、近代以前に革命は存在しなかった」（p. 2）と対象を近代革命に限りながら、「始まりとしての革命」という規定を古典古代の経験や神話から引き出す論法はその典型である。

二　自由と必然——革命的民衆を動かすもの

実のところ、自由な創設行為としての始まりというアーレントの革命の規定は、アメリカ革命と対照的にフランス革命が自由の反対物に転化したという対照を描き出すための論理的前提と考える方が理解しやすい。アメリカ建国の父たちがあくまで人間の自由への信頼を失わず、それゆえ政治的自由を保障する政体の創出という革命の本来の課題を見失わなかったのに対して、同じ自由への希求に始まったフランス革命は意図せざる展開を遂げる中で、人間は自由に歴史をつくるどころか、歴史の必然に縛られる存在であるという正反対の見方を生み出した。アーレントは人間の始めた革命が人間の統御し得ない奔流となって、あらゆる人々をのみこみ、押し流していくというメタファー（カミーユ・デムーラン（Camille Desmoulins）の「革命の奔流 torrent révolutionnaire」やヴェルニヨー（Pierre Victurnien Vergniaud）の「革命は革命の子供たちを食い尽くす」という言葉など）の氾濫をたどり、歴史の必然、不可抗性の観念を生み出したところにフランス革命の思想史的帰結を見出す。

理性と自由の名において新たな時代を切り開こうとしたフランス革命の試みが、人間の制御し得ない歴史の力を解き放ったという逆説も、もちろんアーレントの発見ではない。サン＝ジュストの「事情の力 la force des choses」や「人間が革命を導くのではなく、革命が人間を操っている」というド・メストル（Joseph de Maistre）の言葉が示すように、革命の指導者と反革命論者双方の認識にそれは早くから示されている。一九世紀のあらゆる歴史哲学はそこから出発しており、ヘーゲル（Georg Wilhelm Friedrich Hegel）にその最も体系的な表現を見る（「理論的に、フランス革命の最も長期に及ぶ帰結はヘーゲル哲学における近代的歴史概念の誕生である」p. 45）のも通説的な見方と言ってよい。

アーレントに独自なのは、フランス革命が歴史の不可抗性 irresistibility という観念を生んだ要因を何よりも革命的群衆の登場に見出す点である。それは革命の発端から明らかだとして、アーレントがバスティーユ砲撃の報に接した際のルイ一六世とリヤンクール公との対話に革命概念の転換の画期を見出していることはすでに見た。リヤンクール公がこの出来事を不可抗と見た理由はなによりもパリの街頭に出た群衆、その数の力に圧倒されたからだとして、アーレントはこう述べている。

「この群衆、いっぱいの陽の光の中にはじめて現れたこの群衆は、実際、貧乏人と虐げられた人々からなる群衆であり、以前のいかなる世紀にも闇と屈辱の中におかれていた人々の群れであった。この時以来元に戻しえなくなったこと、革命の推進者と見物人が直ちにそう認識したことは、公的な領域——それは記憶の届く限り、自由な人々、すなわち生きる必要《ネセシティー》、肉体的な必要《ネセシティー》につながる一切の配慮から自由な人々に留保されていた——がその空間と光をこの膨大な多数者、日々の必要に駆り立てられているがゆえに自由でない多数の人々に提供すべきだということである」(p. 41)。

ここにはアーレントのフランス革命論の核心、考えるべき重要な論点がすべて出ている。自由の領域たる政治と生物学的必然としての生命の維持に発する経済あるいは家政(オイコス)とを範疇的に区別するのはアーレント政治哲学の基底にある考え方だが、ここではその意味での自由と必然との二項対立がそのまま政治の本来の担い手とその外におかれてきた貧困大衆との峻別に移されている。「社会問題」による政治領域の侵犯にフランス革命の「失敗」の根本的原因を見出すアーレントの論理は、すべてこの自由と必然の範疇的峻別に基づいている。

しかしながら、先の引用において「必要」という別の訳語をあえて与えたように、生きるためのパンの欲求が生物学的必然に制約されているという場合の必然《ネセシティー》と、歴史の出来事の連鎖を必然《ネセシティー》、不可抗の過程と受けとめることとでは、同じ必然といっても明らかに意味が異なる。アーレントは necessity の語の多義性、日本語なら「必然」、「必要」、「困窮」と訳し分けられるようなこの語の多義性を意識的に利用して、自由の創設を目指した革命が貧困大衆の政治過程への登場と「社会問題」への関心によって必然の過程をたどって恐怖政治に至ったという論理を展開しているのである。これを言葉の詐術とまでは言わぬとしても、そうした演繹的論理が革命的群衆の実態を具体的に明らかにすべき歴史研究への道を閉ざしていることは確かである。

歴史の必然、不可抗の観念についても、個々の出来事の規模と突発性に圧倒されてこれを不可抗と受け取ることと出来事の連鎖に必然のつながりを見出すこととは同じではなかろう。パリの民衆の街頭行動はたしかに支配層のある部分を驚愕、恐怖せしめたであろうが、彼らがこれを本当に逆らい難く、統御し得ないものと受け取っていたかは、疑問の余地がある。革命初期における民衆の直接行動としては、七月一四日のバスティーユ襲撃よりも同年一〇月五、六日のヴェルサイユ行進の方がはるかに大規模で、支配層の心胆を寒からしめたであろう。少なくとも、それは国王一家と国民議会をヴェルサイユからパリに強制移転させるという「元に戻しえない irrevocable」帰結を生んだ。この出来事が国境を越えてヨーロッパ全体の支配層に与えた衝撃はバーク（Edmund Burke）の『フランス革命の省察』における煽情的な描写にも現れている。だが、一七九〇年に「騎士道の時代は去り、詭弁家、守銭奴、計算屋の時代が続く」と書き、やがてフランス革命に「アナーキーの方法化」を見出すバークの洞察は例外的に時代に先駆けた予見なのではないかと考える余地もある。トクヴィルはフランス革命の初期段階におけるヨーロッパ諸国の反応は、わが身に及ぶ危機と革命の波及を警戒するどころか、革命によって弱体化する隣国につけ込んで利得を得る好機到来と期待するものばかりだったとしている(8)。革命の進行とともに、革命を悪魔視するような過剰な恐怖心が広がったこととの落差は、彼にとって驚きであった。

革命が予想外の展開を遂げる節目節目にパリの民衆蜂起が役割を果たしたことは事実である。その結果、革命の指導者の多くが党派を問わず状況に流され、当初の立場を変えていき、否応なくサン＝ジュストのいわゆる「事情の力」を意識させられたのも確かであろう。だが、パリの民衆が街頭に繰り出した動機をすべてパンの要求に帰するアーレントの見方は少なくとも極度の単純化であり、今日の革命史学が支持するものではない。バスティーユ砲撃からパリにとどまらず全土に及んだ最大の民衆蜂起たる一七九二年八月一〇日の「第二の革命」に至るまで、民衆を立ち上がらせたのはなによりも「貴族の陰謀」や「国王の裏切り（外敵との結託）」への反発であり、扇動家は意識的にその風評を流した。食糧暴動は早くから起こっているが、パリの民衆運動というより、地方都市に偶発した例が多い。山岳派公会の時期になると、サンキュロットは「享受の平等」を求めて「生存権」を主張し、最高価格制や穀物取引の制限といった経済要求を打ち出しており、だからこそソブール（Albert Soboul）はそこにブルジョワジーの利害に対立する「社会革命」を見出し[9]、アーレントもある意味でそうした解釈に依拠しているといえよう。だが、フランス革命期の民衆運動は資本主義以前の伝統的心性に色濃く彩られていた。ジョルジュ・ルフェーヴル（Georges Lefebvre）の『革命的群衆』以来、歴史家はル・ボン（Gustave Le Bon）の言うようなアモルフな群衆がいかにして「革命的結集体 le rassemblement révolutionnaire」に転化するか、「革命的集合心性」がどのように形成されるかを個別の事例に即して具体的に明らかにしてきた[10]。その際、一様に強調されるのは、フランス革命期の民衆の行動様式がアンシャン・レジームの心性や習俗に規定され、それと連続している事実である。アーレントの尊重するトクヴィルもまた、七月一四日以後に出されたパンフレット類を渉猟して、そこに実際に振るわれた以上に残虐な暴力の描写が溢れていることに驚き、これをアンシャン・レジームにおいて日常的見聞だった残酷な刑罰によって培われた想像力の所産だとしている。「これらはすべてアンシヤン・レジームの拷問のよりおぞましい模倣に過ぎず、刑罰が習俗に及ぼす影響力をこれ以上に示すものはない。(11)」

以上に若干を示した歴史研究の成果を少しでも参照するならば、フランス革命期の民衆蜂起を等し並みに生活の必要に迫られたパンの要求に帰着させるアーレントの議論がいかに粗雑な一般化であるかは明白であろう。

三　ルソーとフランス革命——アーレントのルソー批判とその批判

アーレントはパリの民衆の直接行動に「社会問題」の露頭を見出し、アメリカ革命の「成功」とは対照的なフランス革命の「失敗」の原因をそこに求めながら、革命的群衆の実態に迫ることもなければ、サンキュロットの社会的要求の具体的内容を究明しようともしない。彼女が描き出すのは貧困大衆が大挙して街頭に繰り出し、抵抗し難い奔流となってすべての人を巻き込んでいく姿、民衆蜂起のそうしたイメージである。「社会問題」が革命の最大の関心事となったという意味は、貧困大衆に対する同情が革命の指導者、特に山岳派公会期のジャコバン派幹部の心をとらえ、民衆との一体化が革命を推進する彼らの正統性意識の核となったということである。そして、ロベスピエールやサン＝ジュストに典型的なそうした心性を準備した思想家として、アーレントが誰よりも指弾するのはルソー（Jean-Jacques Rousseau）である。

ルソーがフランス革命に影響を及ぼしたのは確かであり、ロベスピエールを筆頭にジャコバン派指導者のルソー崇拝は紛れもない事実であるから、ルソーにジャコバン独裁と恐怖政治の思想的責任を帰するのも、ルソー解釈としての当否を別にして、珍しい論難ではない。だが、アーレントの論点、論じ方には独自なものがある。

『革命について』におけるアーレントのルソー批判の焦点は二つある。一つは「一般意志」の概念が革命のつくり出した国民の一体性、「一にして不可分な」フランス国民というイメージの理論的源泉となったことを指摘し、派閥や党派を容認して政治の前提である複数性を担保したアメリカ革命の指導者の論理との対照を強調する点である。第二は、『人間不平等起源論』における「憐みの情」(ルソーの原語は pitié だが、英語では compassion と訳され、アーレントは何らの注釈なしに、一貫して英語を用いている)の観念が貧しい民衆に対する同情の感情をかきたて、それがジャコバン指導者の革命的民衆への同調の心理的基盤をなしたという議論である。

「特殊意思」を排して「一般意思」に主権の表現を見るルソーの論理が意見と利害の多様性を消去して、全体主義への道を開いたという論難は英米の自由主義の立場からしばしばなされる常套的批判である。それにまったく根拠がないわけではない。アーレントは派閥や党派を容認したマディソン(James Madison)の論理(『ザ・フェデラリスト』第一〇編)とルソーの一般意思の概念とを対照させ、単一不可分の主権的意思によって一つになるフランス革命の国民概念と、利害と意見の多様性を前提に討論を通じて合意の達成を目指すアメリカ的政治観との対立の源泉をそこに見出している(pp. 88–89)。ルソーの一般意思の概念がフランス革命を通じて国民国家の統合原理に転釈されたのは事実だが、ルソー自身は政治社会を小規模な都市国家モデルで考えていたことは疑えないので、その点をどこまで彼の理論に帰すことができるかは大いに疑問である。少なくとも、アーレントが特殊意思の総体としての全体意思から一般意思を区別するルソーの論理(『社会契約論』第二編三章)を内外に存在する共通の敵を措定して国家の統合を図る国民国家の論理の先駆けのように言う(p. 73)のは、アナクロニズムのそしりを免れないであろう。

フランス革命における「社会問題」の表出に直接つながるルソーの言説として、アーレントが一般意思の概念以上に重視するのは、『人間不平等起源論』における「憐みの情 pitié」の観念である。ルソーは人間の本源的善性を前提に「憐みの情」を人間に生得のものと認め、文明社会においてこの自然人の徳性をまだしもとどめているのは貧しい庶民であって、学を誇る紳士連中ではないと難じた。アーレントは上流社会の腐敗と偽善を告発し、差別と貧困に苦しむ民衆との共苦を説くルソーの情緒的な社会批判が困窮者に対する「同情の情熱 passion of compassion」をかきたて、遂には「不幸なものたち les malheureux」への同情をもって国民を一つにし「徳のテロル」に突き進むロベスピエールの論理に至ったと主張する。ルソーの pitié の概念から「徳の発条《バネ》としての憐みの情には、残酷そのものより残酷をなす大きな力があることが示された」（p. 85）という恐怖政治の帰結を導くアーレントの論理は、第一にルソーの pitié に英語では compassion の訳語があてられ、第二に passion が情熱、情念であると同時に受苦、受難を、したがって compassion は同情であると同時に共苦を意味するという言葉の多義性を最大限に活用した観念連合に基づいており、多くの疑問がわく。ルソーが啓蒙の理性万能主義に人間の自然本性からの逸脱を見て、感性の復権を唱えたのは事実であるが、情念を賛美してロマン主義の先駆けとなったように言う（p. 75）アーレントの解釈は今日のルソー研究ではまず支持されない。明らかにホッブスを意識して、自然人は人と人との交渉から生まれる「虚栄心」や「他人の評価」に動かされず、「尊敬の念」も「侮蔑心」も知らないと述べているように、ホッブスが自然状態を戦争状態に転化させる要因と見たもろもろの情念は、ルソーにとって人間の自然に備わるものではなく、社会が生んだものであった。「他のあらゆる情念と同じく、恋愛でさえも、人間にとってしばしば不幸となるあの熱を帯びるのは、ただ社会においてだけである」[12]。「情念が激しければ激しいほど、これを閉じ込めるためにいっそう法律が必要だ」と述べるルソーがロマン主義的な情念の賛美からほど遠いことは明らかであろう。ルソーにおける「理性への反逆 rebellion against reason」

（アーレントがロマン主義を評した言葉であって、むろんルソーについてそう言うのは正確でない）のキーワードは情念ではなく「良心 conscience」である。アーレントはジャコバン指導者におけるルソーの用語の氾濫の一例として、「あらゆる定義を良心に引き戻さなければならない。知性はあらゆる徳を処刑台に送る詭弁家である。Il faut ramener toutes les définitions à la conscience ; l'esprit est un sophiste qui conduit toutes les vertus à l'échafaud.」というサン＝ジュストの言葉を適切にも引いている(13)（p. 75）が、「良心」という用語をまったく無視して、情念と理性の対比という自身の視座の中での議論に終始している。この言葉が出てくるサン＝ジュストの『共和政の諸制度についての断片』（*Fragmens sur les institutions républicaines, ouvrage posthume de Saint-Juste, précédé d'une notice par Ch. Nodier*, Paris: Techener, 1831）は、むろん早書きの未定稿ではあるが、ルソー流の用語と論理による革命政府の意味づけ、擁護論としてアーレントの注意を引いて当然だが、passion の概念は何の役割も果たしていない。パリの民衆の国民公会への陳情には、「憐みの情によって、人間性への愛によって、非人間的たれ Par pitié, par amour pour la humanité, soyez inhumain !」（p. 85）というようなルソーの用語の氾濫が数多く見られるとアーレントは言うが、ルソー起源の用語の流通がルソーの論理の受容を証すると言えるかは大いに疑問である。

四　ルソーの「自然人」と革命的民衆

『革命について』におけるアーレントの議論の中でも、最大のナンセンスは、革命期の急進化したパリの民衆にルソーの「自然人」の化身を見出す見解であろう。「不幸な人々がパリの街頭に現れたとき、それはあたかもルソーの〈自然人〉、〈原初の状態〉における〈真の欲求〉をもったその姿が形を与えられたように見えたに違いなく、そして実際、革命は〈自然人を発見するためになされねばならぬ実験〉以外の何ものでもないように思われたはずである」(p. 105)。

ここでアーレントはこの独断を裏づける史料を何一つ挙げていない。引用しているのは、立憲議会が役割を終えて以後、革命の主導権は急進的な民衆の手に渡り、議会は何の役割も果たせなくなったというアクトン卿(Lord Acton)の革命史の常識を確認する文章だけである。急進化した民衆は支配層の「人為の法」を破って「自然」の法に従い、「自然それ自体の力」、「根源的な必然(原初の必要とも訳せよう)elemental necessity の力」に駆り立てられるというアーレントのレトリックは、生命維持の必要に発する「社会問題」によって民衆運動の急進化を説明するための強弁に聞こえる。革命の急進化とともに「不幸な人々」は「怒れる人々(過激派)les enragés」に変貌し、干渉戦争と共に、「怒り」と「復讐」が革命の推進力になるとして、アーレントは「復讐は自由の唯一の源泉であり、われわれが犠牲をささげるべき唯一の女神である」[14]という急進派の言葉を引く(p. 106)。ここまでくるとルソーの「自然人」からの隔たりはあまりに大きく、アーレント自身、「パリの怒れる大衆」にルソーの「原初の人 original man」の「自然の声 the voice of nature」を聞いては、人間本性の善性や人民の不可謬を信じることは難しかったろうと付け加えるほどである。『人間不平等起源論』のテキストに即して理解する限り、ルソーの自然人は「不幸な人々」どころか自然の幸福に完全に自足しており、ルソーにとって他者に対する怒りに駆られる行動ほど自然に反するものはない。

以上述べたように、フランス革命における急進的民衆運動に「社会問題」の露頭を認め、その思想的前提をルソーに見出すアーレントの主張は、論理の上でも史料的裏づけの点でも疑問が多い。革命が反革命や外からの干渉との対抗の中で急進化し革命独裁に転化する現象は、ジャコバン独裁からスターリン(Iosif Stalin)の粛清までたしかに繰り返されているが、これをすべて「社会問題」が政治の領域を侵犯したことの必然の帰結として、「革命的群衆」の姿を等し並みに共和暦二年のパリのサンキュロットのモデルで描くことはできない。アーレントはフランス革命の民衆蜂起が一九世紀のパリで繰り返されたと七月革命からパリ・コミューンまでの年号を挙げているが、たとえば、一八三〇年七月の「光栄の三日」に立ち上がったパリの民衆を率いたのは貧困大衆どころか「理工科学校生《ポリテクニシャン》」のようなエリート学生を含む中産階級の青年たちであった(15)。アーレントが言うような純粋な経済要求を掲げた大規模な民衆蜂起は国立作業場の閉鎖に抗議して立ち上がった一八四八年六月のパリの労働者が最初の例であろう。産業革命が生んだ「社会問題」がそこに最も深刻な形で露頭していることは紛れもなく、だからこそ、かつてない規模の軍事力の行使によって反乱は徹底的に制圧されたのである。一九世紀産業社会に大規模に登場した労働大衆を「野蛮（sauvage, barbar）」と形容する修辞は流行したが(16)、それはルソーの「自然人」や「高貴な野蛮人」ではなく、ローマ帝国を崩壊に導いたゲルマンの「蛮人 les barbars」を念頭におくものであった。

最後に、一九世紀の固有の意味での「社会問題」に取り組んで、ルソーの理論をアーレントとは対照的な形で参照したトクヴィルの著作に注意を喚起しておきたい。マンチェスターやバーミンガムのようなイギリス工業都市における労働者の生活状態を実見した経験から、トクヴィルは救貧問題に時代の緊急の課題を見出し、一八三〇年代後半に二つの論文を書いている。その第一論文(17)で、明らかに『人間不平等起源論』を下敷きにして、原初の自然状態に貧困は存在せず、貧困問題は産業化、工業化の進展につれて生まれたものだと論じている。ルソーの「自然人」との類推で理解しうる困窮者は「植物的幸福 le bonheur végétatif」に自足していた中世農業社会の貧しい農民までであって、産業文明の生み出す賃労働者ではない。アーレントとトクヴィル、どちらがルソーのテキストを正しく読み、「社会問題」の理解に生かしているかは明らかであろう。

アーレントがフランス革命との対比でその成功を祝福するアメリカ革命の理解についても、検討すべき点は多い。一つだけ問題を指摘すれば、アーレントはアメリカが貧困から免れ、「社会問題」から自由であった幸運にその成功の因を求めるのだが、この幸運の条件は煎じ詰めれば奴隷制と西方における広大な無主地の存在がこれを保証していたことに尽きるのは、アーレント自身の叙述が示している。実際、南北戦争とフロンティアの消滅がこの二条件を失わしめた一九世紀末以降、新移民の流入とも絡んでアメリカ社会はヨーロッパとは様相を異にする「社会問題」に直面せざるを得なかった。アーレントの議論は、建国の父たちの叡智がこの新しい状況に対処するいかなる方向を示しうるか、何ひとつ示唆を与えない。

おわりに

かつて、アイザイア・バーリン（Isaiah Berlin）はアーレントの政治哲学には確かな論拠が欠け、「形而上学的自由連想」の所産にすぎぬと評したことがある。(18)『革命について』の中心的な論理、「自由」と「必然」の範疇的峻別に立って、「必然」の領域に発する「社会問題」が「自由」の領域たる政治を占拠したことがフランス革命の「失敗」を運命づけ、恐怖政治を「必然」ならしめたという議論や、ルソーの「憐みの情 pitié」の観念が貧困大衆に対する「同情の情熱 the passion of compassion」を燃え上がらせ、ジャコバン指導者に感染して、「不幸な人々 les malheurx」や「怒れる人々 les enragés」への同情と一体化が革命の推進力になったことが恐怖政治の心理的基盤を準備したというような主張は、まさに「自由連想」の典型であろう。自由連想をもってある種の哲学を語ることはできるかもしれない。だが、歴史を書くことはできない。

エリック・ホブズボームはアーレントの強い知性と広範な読書、時としてことの本質を衝く洞察といったメリットを認め、この本に興味を覚え有益とみなす読者はいるだろうが、革命の歴史的社会学的研究に従事する者はその中に含まれないと書評を結んでいる。『革命について』刊行後半世紀を超えて、事情は変わっていない。

（1） François Charbonneau, "Comment lire *Essai sur la révolution* d'Hannah Arendt ?" *Revue de philosophie politique de l'Ulg*, n.5 (mai 2013) によると、アーレント自身が著作のきっかけと認める「合衆国と革命精神 The United States and the Revolutionary Spirit」を主題とするプリンストンにおけるセミナーはパーマーが主催したもので、アーレントはパーマーの議論を承知の上で、無視したのだという。なお、本章における『革命について』のテキストは、Hannah Arendt, *On Revolution* (NY: Viking Compass Edition, 1965) を用い、この本からの引用は括弧でページ数のみを記す。邦訳（志水速雄訳『革命について』、ちくま学芸文庫）は参照したが、訳文はすべて筆者自身のものである。

（2） Eric J. Hobsbawm, "*On Revolution*. By Hannah Arendt," *History and Theory*, IV–2 1965, pp. 252–258.

（3） にもかかわらず、アーレントの革命論をアメリカ革命のいわゆる共和主義的解釈やフランス革命史学の「修正主義」の先駆けとみなすような見解がなくはない（歴史家がそう言っているわけではないが）ので、歴史学界に後に台頭したこれらの学説との違いを指摘しておくことには意味があろう。ポコック（John G.A. Pocock）やウッド（Gordon S. Wood）の先導した共和主義的解釈は古典古代に淵源する共和主義の言説がルネッサンス以来ヨーロッパ近代に再生、発展し、一七世紀イングランドを経て北米植民地に渡ってアメリカ革命の知的起源をなしたことに着目し、共和主義の言説、イデオロギーの分析に関心を集中するものである。これに対して、アーレントがアメリカに見出した共和主義とは、なによりもポリスに類する政治空間、そこでの人々の政治経験であり、アメリカ革命とは植民時代にすでにあったこの空間をナショナルなレベルで確立し、あらためて創設する試みであった。フランス革命への影響についても、アーレントは理論やイデオロギーでなく、アメリカに現に実現している平等で豊かな社会のイメージ自体が、ヨーロッパの貧困と不平等との対照において決定的であったと、クレヴクール（Michel Jean de Crèvecœur）を引いて強調する。第二に、歴史家たちがアメリカ革命を導いた共和主義の言説に注目するのは、それが現実との交渉の中で何を生み出し、また言説自体どのように変化していったか、共和主義の想定と異なる一九世紀アメリカの現実がいかにして生まれたかといったその後の歴史の展開への関心と結びついている。そうした観点からアメリカ革命が何を生み出したかを見事に描き出したのがゴードン・ウッドの『アメリカ革命の急進主義』（Gordon S. Wood, *The Radicalism of the American Revolution*, NY: Knopf, 1992）であることは言うまでもない。アーレントには「どこからどこへ」という変化のプロセスの究明という歴史家の関心は欠如しているから、そうした変化はすべて建国の父たちの経験と理念からの堕落あるいは偏奇として嘆きの対象になるだけである。

フランス革命史学における修正主義、特にフランソワ・フュレ（François Furet）のフランス革命論は恐怖政治にスターリニズムのテロルの手本を見出す点で、たしかにアーレントと問題意識を共有する。だが、問題の焦点を「政治の幻想 l'immaginaire politique」の肥大化に見出し、ジャコバン言説の分析に向かうフュレの見地からすると、「社会問題」の介在に恐怖政治の根本原因を求めるアーレントの立論は正統派の社会経済的解釈に無批判に依拠するものと映る。フュレによれば、階級分析から革命の政治過程を理解することは「革命史学に流布する最大の誤解」なのである。フュレの影響下にジャコバン政治言説の分析を全面的に遂行した Lucien Jaume, *Les discours jacobins et la démocratie*（Paris : Fayard, 1989）はアーレントの書を参考文献に挙げてはいるが、「社会問題」への関説は一切ない。Ferenc Fehér, *The Frozen Revolution: An Essay on Jacobinism*（Cambridge: Cambridge University Press, 1987）は修正主義以後のジャコバン独裁研究の中で例外的にアーレントに言及しているが、社会的なものが政治に優越したのではなく、政治の論理の優越こそフランス革命に一貫する特質だとしてアーレントを斥ける。なお、フュレのフランス革命論については、松本礼二「フランソワ・フュレのフランス革命論」（『一八世紀の革命と近代国家の形成』日本政治学会年報一九九〇年』岩波書店、一九九一年、所収）を参照。

（4） ホブズボームは革命の定義をめぐるアーレントのこの予備的考察（それにしては長く、力が入っているが）を「シャドー・ボクシング」の一言で片づけている。Hobsbawm, *op. cit.*

（5） Mme de Staël, *Considérations sur les principaux évènements de la Révolution Française*（Paris : Delauney, 3me édition, 1820）, t. 1, pp. 17–18.

（6） ただし、近代革命の起動者たちが新を求める精神と無縁であったのと対照的に、科学と哲学の領域では、一七世紀以来、人は争って新たな発見と新たな体系を求め、これを誇っていた（ガリレイ、デカルト、ホッブス）とアーレントは指摘している。そして、この新たな真理を求める精神が、「自然の秩序はすべて変わった。道徳と政治の秩序もすべて変わらねばならない」というロベスピエールの言葉と共に、二〇〇年の時を経て哲学と科学の領域から政治の世界に移転されたとき、それは人を不断に行動に駆り立てる多数者の精神となって新たなストーリーが始まると、後の行論を予告している（pp. 41–42）。

（7）アーレントが自由な創設行為の理論、それもマキアヴェリよりずっと時代の近い理論であるルソーの立法者の観念に言及しないのは不思議である。その答えは、ルソーをジャコバン独裁の理論的源泉として一貫して敵視するアーレントの「好み」以外に思いつかない。

（8）Alexis de Tocqueville, *L'Ancien régime et la révolution, Œuvres*（Pléiade）, III, 2003 Livre premier, Ch. 1.

（9）アルベール・ソブール、井上幸治監訳『フランス革命と民衆』（新評論、一九八三年）、第二章。この邦訳はソブールの博士論文の一部を訳者が編集したものである。博士論文全体は一九五八年に刊行されているが、アーレントが利用しているのは東独で出版されたドイツ語版資料集、Walter Markov & Albert Soboul, eds., *Die Sankulotten von Paris, Dokumente zur Geschichte der Volksbewegung 1793–94*, 1957 である。

（10）G・ルフェーヴル著（二宮宏之訳）『革命的群衆』創文社、一九八二年。George Rudé, *The Crowd in the French Revolution*, Oxford: Oxford. University Press., 1951（前川貞次郎・野口名隆・服部春彦訳『フランス革命と群衆』ミネルヴァ書房、一九六三年）。

（11）Tocqueville, *op. cit.*, p. 581. 革命期の民衆の暴力がアンシャン・レジームの刑罰の模倣であったことは、近年の実証研究もまた確認している。参照、早川理穂「パリの民衆運動と暴力」（山崎耕一・松浦義弘編『フランス革命史の現在』山川出版社、二〇一三年、第二章）。

（12）Jean-Jacques Rousseau, *Discours sur l'origine et les fondements de l'inégalité parmi les hommes, Œuvres complètes*, Pléiade, III, 1964, p. 158,（小林善彦訳）『人間不平等起源論』、中公文庫、一九七四年、七二頁。

（13）アーレントは conscience（良心）がルソーのキー・コンセプトであることを見過ごしているだけだが、邦訳（前掲、ちくま学芸文庫、一二〇頁）はこれを「意識」と解して、まったく意味不明な訳文となっている。このような翻訳を「現代の古典」ともちあげる日本のアーレント学とは何だろうか。

（14） アーレントは英語（« Vengeance is the only source of liberty, the only goddess we ought to bring sacrifices to. »）で引いているが、フランス語原文は « Vengeance, oui, vengeance : voilà la sœur de la liberté, voilà la déesse à qui nous devons sacrifier. »（「復讐、そう、復讐だ。それこそ自由の姉妹であり、我らが身を捧ぐべき女神だ」）であって、アーレントの引用には間違いがある。この言葉は、マラー（Jean-Paul Marat）の暗殺の後、マラー本人と、同じく暗殺されたル・プルティエ＝サンファルジョー（Le Peletier Saint-Fargeau）の革命への貢献をたたえて胸像がつくられ、除幕式が行われた際の演説（Discours d'Alexandre Rousselin, sur les mesures de salut public qui doivent accompagner et suivre l'acceptation de l'acte constitutionel, et sur les précautions de prendre contre la sensibilité nationale à l'époque du 10 août.）で言われたものである。演説を行ったアレクサンドル・ルスランをアーレントは「過激派 les enragés」でエベール派（アーレントはこの二つを区別していない）の活動家だとしているが、確かではない。

（15） ドラクロワ（Eugène Delacroix）の名画が示すように、七月革命の勃発が事後的にフランス革命期の革命的民衆のイメージを蘇らせたという方が事実に近いであろう。七月王政期に形成されたパリの民衆の神秘的表象については、Nathalie Jakobowitz, *1830 : Le Peuple de Paris, Révolution et représentations sociales*（Rennes : Presses Universitaires de Rennes, 2009）の詳細な検討を参照。

（16） Louis Chevalier, *Classes laborieuses et classes dangereuses à Paris pendant la première moitié du XIXe siècle*（Paris : Librairie Générale Française, 1978）pp. 594–596.

（17） Tocqueville, “Mémoire sur le paupérisme,” *Œuvres*（Pléiade）, I, 1991, pp. 1155–1180. この論文は一八三五年にシェルブールのアカデミーの報告集に発表されているが、二つ目の論文はトクヴィルの生前には公刊されなかった。

（18） Ramin Jahanbegloo, *Isaiah Berlin en toutes libertés*（Paris : Félin, 1991）邦訳、I・バーリン／R・ジャハンベグロー（河合秀和訳）『ある思想家の回想』みすず書房、一九九三年、一二五頁。

〈人名〉

索　引

〈事項〉

保坂稔（ほさか　みのる）
長崎大学環境科学部教授。1971年生まれ。上智大学大学院文学研究科博士後期課程修了。博士（社会学）。専門分野：社会学理論、社会調査論、環境社会学。主要著作：『現代社会と権威主義――フランクフルト学派権威論の再構成』（東信堂、2003年）、『緑の党政権の誕生――保守的な地域における環境運動の展開』（晃洋書房、2013年）、ほか。

森分大輔（もりわけ　だいすけ）
聖学院大学基礎総合教育部准教授。1968年生まれ。成蹊大学大学院法学政治学研究科博士後期課程単位取得退学。博士（政治学）。専門分野：ヨーロッパ政治思想史。主要著作：『ハンナ・アレント研究――「始まり」と社会契約』（風行社、2007年）、『連邦制の逆説――効果的な統治制度か？』（共著、ナカニシヤ出版、2016年）、ほか。

山本信人（やまもと　のぶと）
慶應義塾大学法学部教授。1963年生まれ。コーネル大学大学院政治学研究科博士課程修了。Ph.D. in Government. 専門分野：東南アジア政治史。主要著作：『東南アジア地域研究入門3　政治』（監修・編著、慶應義塾大学出版会、2016年）、『東南アジアからの問いかけ』（編著、同、2009年）、ほか。

中野勝郎（なかの　かつろう）
法政大学法学部教授。1958年生まれ。東京大学大学院法学政治学研究科単位取得退学。博士（法学）。専門分野：アメリカ政治史。主要著作：『アメリカ連邦体制の確立――ハミルトンと共和政』（東京大学出版会、1993年）、『近代アメリカの公共圏と市民――デモクラシーの政治文化史』（共著、東京大学出版会、2017年）、ほか。

松本礼二（まつもと　れいじ）
早稲田大学名誉教授。1946年生まれ。東京大学大学院法学政治学研究科博士課程中途退学。専門分野：政治思想史。主要著作：『トクヴィルで考える』（みすず書房、2011年）、“Fukuzawa Yukichi and Maruyama Masao: Two “Liberal” Readings of Tocqueville in Japan,” *Revue Tocqueville/Tocqueville Review*, vol. 38–n. 1（2017）、ほか。

［編者紹介］

川崎修（かわさき　おさむ）

立教大学法学部教授。1958年生まれ。東京大学法学部卒業。専門分野：政治学、政治学史。主要著作：『ハンナ・アレント』（講談社学術文庫、2014年）、『ハンナ・アレントの政治理論　アレント論集Ⅰ』（岩波書店、2010）、『ハンナ・アレントと現代思想　アレント論集Ⅱ』（同、2010年）、ほか。

萩原能久（はぎわら　よしひさ）

慶應義塾大学法学部教授。1956年生まれ。慶應義塾大学大学院法学研究科博士課程単位取得退学。専門分野：政治哲学、現代政治理論。主要著作：『ポスト・ウォー・シティズンシップの思想的基盤』（編著、慶應義塾大学出版会、2008年）、マイケル・ウォルツァー『正しい戦争と不正な戦争』（監訳、風行社、2008年）、ほか。

出岡直也（いづおか　なおや）

慶應義塾大学法学部教授。1959年生まれ。東京大学法学部卒業。専門分野：ラテンアメリカ政治。主要著作：『脱新自由主義の時代？——新しい政治経済秩序の模索』（仙石学編、共著、京都大学学術出版会、2017年）、「ラテンアメリカ、特にアルゼンチンにおける「ネオポピュリズム」に関する一考察——同地域の「民主主義の時代」の性格解明の一助として」『国際政治』131号、2002年、ほか。

［執筆者紹介］

森川輝一（もりかわ　てるかず）

京都大学大学院法学研究科教授。1971年生まれ。京都大学大学院法学研究科博士後期課程単位取得退学。博士（法学）。専門分野：政治思想史。主要著作：『〈始まり〉のアーレント——「出生」の思想の誕生』（岩波書店、2010年）、『講義　政治思想と文学』（共編著、ナカニシヤ出版、2017年）、ほか。

空井護（そらい　まもる）

北海道大学大学院公共政策学連携研究部教授。1967年生まれ。東京大学大学院法学政治学研究科修士課程修了。専門分野：現代政治分析。主要著作：『リアル・デモクラシー——ポスト「日本型利益政治」の構想』（共著、岩波書店、2016年）、「政権選択にまつわる対照性の揺らぎ」『法律時報』88巻5号、2016年、ほか。

伊東孝之（いとう　たかゆき）

北海道大学・早稲田大学名誉教授。1941年生まれ。東京大学大学院社会学研究科博士後期課程単位取得退学。専門分野：比較政治学。主要著作：『ポーランド現代史』（山川出版社、1988年）、『ポスト冷戦時代のロシア外交』（共編著、有信堂高文社、1999年）、ほか。

アーレントと二〇世紀の経験

2017 年 9 月 30 日　初版第 1 刷発行

編著者――――川崎修・萩原能久・出岡直也
発行者――――古屋正博
発行所――――慶應義塾大学出版会株式会社
〒 108-8346　東京都港区三田 2-19-30
TEL〔編集部〕03-3451-0931
〔営業部〕03-3451-3584〈ご注文〉
〔　〃　〕03-3451-6926
FAX〔営業部〕03-3451-3122
振替　00190-8-155497
http://www.keio-up.co.jp/
装　丁――――土屋光（Perfect Vacuum）（写真提供：dpa/時事通信フォト）
印刷・製本――株式会社理想社
カバー印刷――株式会社太平印刷社

Printed in Japan　ISBN 978-4-7664-2440-9